兰州大学中央高校基本科研业务费专项资金项目
[23lzujbkyjh003]阶段性成果

兰州大学外国语学院出版经费资助

东西方文明的碰撞与融合

EVOLUTION OF THE JAPANESE
Social and Psychic

日本社会心理发展史

[美] 西德尼·刘易斯·古利克 —— 著
Sidney Lewis Gulick

张敏 柴櫹 —— 译

中国社会科学出版社

图书在版编目（CIP）数据

东西方文明的碰撞与融合：日本社会心理发展史／（美）西德尼·刘易斯·古利克（Sidney Lewis Gulick）著；张敏，柴樠译. -- 北京：中国社会科学出版社，2024.11. -- ISBN 978-7-5227-4380-6

Ⅰ.C912.6-093.13

中国国家版本馆 CIP 数据核字第 2024204PA8 号

出 版 人	赵剑英
责任编辑	张　浡
责任校对	姜志菊
责任印制	李寡寡

出　　版	中国社会科学出版社
社　　址	北京鼓楼西大街甲 158 号
邮　　编	100720
网　　址	http://www.csspw.cn
发 行 部	010-84083685
门 市 部	010-84029450
经　　销	新华书店及其他书店
印　　刷	北京明恒达印务有限公司
装　　订	廊坊市广阳区广增装订厂
版　　次	2024 年 11 月第 1 版
印　　次	2024 年 11 月第 1 次印刷
开　　本	710×1000　1/16
印　　张	16.5
插　　页	2
字　　数	240 千字
定　　价	79.00 元

凡购买中国社会科学出版社图书，如有质量问题请与本社营销中心联系调换
电话：010-84083683
版权所有　侵权必究

目　录

译者序 ·· （1）

引　言 ·· （1）

第一章　历史进程 ·· （1）
　第一节　基本认识 ·· （1）
　第二节　历史概况 ·· （8）
　第三节　进步之困 ··· （18）
　第四节　进步之道 ··· （23）

第二章　民族性格与特质 ······································ （30）
　第一节　敏感 ··· （30）
　第二节　群情、退位 ··· （35）
　第三节　英雄、崇拜 ··· （39）
　第四节　婚恋 ··· （44）
　第五节　开朗、勤奋、信任、多疑 ······················· （51）
　第六节　舐犊之情 ··· （57）
　第七节　嫉妒、复仇、恻隐 ································· （60）
　第八节　野心、自负 ··· （66）
　第九节　爱国、神化、勇气 ································· （71）
　第十节　善变、麻木、寡欲 ································· （79）

第三章　思维与道德 (84)

- 第一节　审美 (84)
- 第二节　记忆、模仿 (95)
- 第三节　创造、原创 (103)
- 第四节　"名义主义" (108)
- 第五节　智力 (112)
- 第六节　哲思 (115)
- 第七节　想象力 (122)
- 第八节　道德理想 (133)
- 第九节　道德理想（续） (139)
- 第十节　道德习俗 (149)

第四章　宗教信仰 (158)

- 第一节　宗教信仰 (158)
- 第二节　宗教现象 (165)
- 第三节　宗教观念 (173)
- 第四节　宗教习俗 (179)
- 第五节　日本佛教观 (183)
- 第六节　集体与个人 (186)

第五章　人格与宗教 (194)

- 第一节　民族发展规律 (194)
- 第二节　日本人"无人格"？ (201)
- 第三节　日本人并非"无人格" (209)
- 第四节　日本佛教无人格？ (220)
- 第五节　三教中的人格性 (227)
- 第六节　何为日本人的本质特征？ (232)

结　语 (242)

译者序

历史的脉络,既由自然地理雕塑,更由人类的行为与决策铸成。特别是在 19 世纪末至 20 世纪初,这一时期标志着东西方交流的一次高峰,日本无疑成为这场文化交锋中异常独特且关键的研究焦点。它不仅实现了从封建制度到现代国家的跨越,更是在东西方文化的相遇与融合过程中,孕育出独有的社会心理与文化特征。《东西方文明的碰撞与融合:日本社会心理发展史》(*Evolution of the Japanese*:*Social and Psychic*)便是在这个重要的历史与文化交汇点中诞生的杰作。

作者西德尼·刘易斯·古利克(Sidney Lewis Gulick,1860—1945)生于马绍尔群岛,是一位杰出的教育家、作家和传教士。古利克先生不仅是一位深受敬重的学者,更是一座跨文化的桥梁,他一生致力于促进日本与美国之间的文化理解与友好交流。其作品不仅反映他对于日本社会的深刻洞察与全面分析,更显露出他对文化交流与文明差异的深刻理解。

作为古利克先生代表作之一,《东西方文明的碰撞与融合:日本社会心理发展史》生动地勾画日本在东西方文明交汇处所占据的特殊位置,展现了日本在文明的互动下形成的民族性格、思维方式、道德观念以及宗教信仰的特质。

在本书序言中,作者以一种客观的笔触描绘 19 世纪末受西方威胁的日本如何做出历史性重大抉择。这背后不仅是两种文明的冲突，更是对人与社会本质关系的深层审视。通过对日本的分析，作者指出民族心理、道德品质及其生理特征静态不变的观点是错误的。文明差异并非与生俱来，而是在学习、适应、融合中逐渐产生。这一观点对于今天全球化背景下的所有文化都具有重要的启示意义。

"民族性格与特质"一章深入探讨日本在面对外来文化冲击的同时，如何努力维护自身独特的社会性格和文化特质，展示了日本对外界的敏感性、群体意识，以及爱国、神化、勇气方面的复杂性。

在"思维与道德"章节，古利克揭示了日本社会在极力吸纳西方先进思想的同时，如何保留自身的道德观念核心。在这一艰难过程中，日本展现了对外来文化极强的开放性和包容性，同时也证明了文化是一个动态的双向流动过程，换句话说，外来文明的内徙与日本文化的外传可谓同时进行，日本文化也由此更加多姿多彩。

在探讨"人格与宗教"的关系部分，作者深刻剖析宗教信仰对于日本社会心理和人格形成的全面影响。宗教包括的元素远超宗教信仰的融合与变革，它更是关于人格如何形成、发展和塑造，并最终构成日本整个社会精神面貌。

可以说，这部作品的每一章节，每一个故事，都是一扇明窗。透过它们，我们可以清楚地发现在东西方文明激烈碰撞与逐步融合的历史舞台上，日本如何经历从排斥到接纳，从封闭到开放的复杂转变心理过程。这不仅是对日本社会的一次深刻剖析，也是对文明交流与互鉴规律的生动诠释。

在翻译过程中，兰州大学外国语学院李路含、魏晨曦、马晨静、王泽皓、宁玉琪、柴芊妤以及华中科技大学外国语学院博士生赵燕凤、南京大学外国语学院博士生王朝政参与了部分翻译工作。衷心感谢兰州大学社会科学处、兰州大学外国语学院、中国社会科学出版社诸位同仁的鼎力相助，玉成此著。

"以古为镜，可以知兴替；以人为镜，可以明得失"。译者衷心

译者序

希望此书能对当代读者有所助益，于思于勉。千虑一得之作，无能为役，尚祈诸君不吝指教，玉汝臻全。

译者谨识

2024 年 4 月于兰州大学　茸尨斋

引　言

19世纪末，帝国主义侵华事件标志着中国与世界进入新的历史纪元。东西方两种文明之间的冲突使得闭关锁国、封建迷信、落后腐败之下的积贫积弱悉数尽显。当近代中国遭遇危难，初登世界政治、军事舞台的日本却一跃跻身于强国之列，享有与其他大国治理松散、落后民族所谓的"权力"。

至于东西方两个文明冲突的背后，究竟存在怎样的意义以及作何理解？这归结于一个问题——人与社会的关系是什么？勒庞教授[①]与其他学者指出，一个民族的心理素质、道德品质以及生理特征相仿，亘古不变。倘若该论断成立，那么中国近代史上的矛盾囿于民族矛盾而非文明冲突。

不过，对日本稍加了解之人就能发现上述论断中的谬误。假如东方人带有恒定不变的特质，东方国家之一的日本无法与西方拥有紧密、和谐的互动。

事实上，东西方冲突并非与生俱来，也与民族矛盾无关，只与文明相关。冲突本质源于世界观、人生观与生活方式的矛盾。一旦近代中国从蒙昧中觉醒，开始在真理与正义的基石上搭建文明的庙宇，冲突便会结束。日本与西方的冲突正是如此。现在的日本正亦步亦趋地学习西方科学、国民教育，确保政府保障民众的权利，吸

[①]　古斯塔夫·勒庞（Gustave Le Bon，1841—1931），法国社会心理学家、社会学家，群体心理学的创始人，有"群体社会的马基雅维利"之称。——译者注

收先进思想，成为西方世界的一部分。这一代表性事件表明，区分民族差异首要在于文明。这也意味着欧洲人、美国人和东方人都可以享有伟大的理想和至高的行为准则。民族之间亦可通力合作，谋求共同福祉。

西方曾经花费大量时间了解日本与中国的种种变化。近代中国因沧桑巨变，尤为瞩目。但有一点可以肯定：蒸汽机与发电业已敲开这两个古老国度的大门。

千百年来，不同人种历经了自身衍变，产生了千差万别的语言，造就了不同的习俗、文明、思想体系与世界观，生理与心理差异同样显著。而不同人种之间产生冲突在所难免。归根结底，碰撞的根源在于思想分歧而非民族矛盾。如今，孤立、趋异的时代早已落幕，国家联合与趋同发展的时代已然开启。正如历史上那些不结盟的部落最终被结盟部落吞并，拒绝与时俱进的民族与国家势必陷入绝境。

一个经济、政治、知识、道德、宗教纵深交流的新时代正在到来。广泛、深刻的交流最终会带给我们什么？在这场交流中，民族会改变自身性格吗？会摈弃自身文明，投向另一种截然不同的文明吗？亘古不变、坚守本源的民族之"魂"是否真的存在？近代日本发生的一切是否只是形式上的革新？东方民族的命运是否已成定局？

上述问题的答案隐藏在对日本这个神奇国度的探讨中。但需补充一点，问题的答案取决于如何看待东西方民族特质。若视民族性为生理性，民族性则亘古不变；若视民族性为社会产物，改变在所难免。既然民族与民族之间开始了空前交流，预判影响结果显得极为重要。我们须明确个体与群体的关系本质，梳理社会秩序与个体、民族之间的关系，方能通晓推动社会发展的规律与力量，预判民族之间自由交往后带来的结果。

少有国家能如日本，将社会发展规律体现得如此清晰。正是日本社会的近代转型，解答了社会发展与民族性之间的关系问题。由于日本先于东方诸国习得了西方思想与生活方式，我们认识日本便极为关键，探究其国民性非常必要。谁能够真正了解日本，谁就拥有破解中国与东方之谜的钥匙。当然，日本国民与日本制度本身就值得深究。日本人又是极为有趣甚至称得上奇葩的存在。总之，日本既非地狱也非天堂，而是一个人口密集、蓬勃发展的东方国家。

当今，西方对日本的认知极为矛盾。埃德温·阿诺德爵士①评价"日本人的天性，与其说像人，不如说是鸟或者蝴蝶"。耐普先生（A. M. Knapp）认为："日本是这个世界上唯一不让人失望的国度……其独特性无与伦比，是梦想与魔幻的融合之地。即便日本出现在其他星球，它的国民依旧是独一无二的存在。"不过，一位久居于此的西人却将日本视作"失望之地"。而最奇特的现象莫过于西方游客和记者，他们只在几天或者几周的游览、采访后，对日本人国民性妄下结论；当然，也有其他西方作者将日本视为梦想之国，择居于此。不论如何，上述截然相反的论断为西方世界了解日本提供了丰富素材。

首先，西方世界获得的印象都是诗人不切实际的幻想抑或游客草率的结论。《日本邮报》（*The Japan Mail*）近日刊登了一篇社论，作者如是写道：

> 阿诺德和小泉八云②明显抛弃逻辑，放飞想象。二人笔下的日本如夜晚诗情画意，如火山磅礴汹涌，读起来让人欣喜。比起这两位自诩深入的研究，但凡与日本各阶层亲密交往之人都会将二者对于日本大部分的描写视作欣悦的幻想。可以说，两位作者让诗意的想象信马由缰，仅以文学的角度创作，取得了罕有成功……若将此视为日本思想与生活，是不可靠的……他们赋予日本事物极端的形式与极致美感，但那些事物从未存在，抑或是日本人头脑中不成熟的想法罢了。创作不可避免地犯下

---

① 埃德温·阿诺德爵士（Sir Edwin Arnold, 1832—1904），英国诗人、记者，代表作有《亚洲之光》。——译者注

② 小泉八云（Patrick Lafcadio Hearn, 1850—1904），爱尔兰裔日本作家，现代怪谈文学鼻祖，代表作有《怪谈》《来自东方》等。——译者注

失实之罪，而非30年前真实的日本，只是虚构的理想国。是时候点明这一点了：即便这些作品极大地取悦了西方民众，但它们伤害了很多日本国民，倘若篇幅允许，这一事实不难论证。

——《日本邮报》1898年5月7日

更加不利的是游客和记者匆匆写就，却广为流传的观点。如果游客和记者能够意识到自身的浅薄以及撰写的文章拥有不可避免局限性的话，那么这个世界上就会减少大量粗陋之辞抑或错漏百出之语。现下，人们普遍认为日本近代发展并非正常甚至违背规律，主要是受到上述仓促炮制的肤浅文章影响。在为日本近代发展欢欣鼓舞的群体之中，少有西人真正了解日本史或者日本民众的智慧。

张伯伦教授[①]指出："《帕尔摩报》（*Pall Mall Gazette*）的旅行专员亨利·诺曼先生（Henry Norman）见解独到，大约90年前，他在题为《学校里的国家》（'A Nation at School'）快报文章中，生动讲述日本教育，但读后的观感却是日本人一直自学成才。在另一篇题为《武装起来的日本》（'Japan in Arms'）的快报中，他又提及'日本军队重组''横须贺船厂'等事件，却故意略去整肃日本军队的法国人以及船厂由法国兴建的事实。无独有偶，探讨日本报业发展的诺曼也无视日本第一份报纸由英国人创办的真相。总之，这些快报看似详尽，实则故弄玄虚。上述例子只是西人故意歪曲日本历史的手段之一。背后的理由不难推测，一个本身就很精彩的故事，若添油加醋，更能取悦读者。若追根溯源、细查引证，便可发现日本与凭空捏造的神话传说毫不相干。"[②]

毕竟，民族之间存在误解不算稀奇。想要真正了解异族语言、

---

① 巴泽尔·贺尔·张伯伦（Basil Hall Chamberlain，1850—1935），英国知名日本学学者、语言学家，《古事记》英译者。——译者注

② Basil Hall Chamberlain, *Things Japanese: Being Notes on Various Subjects Connected with Japan for the Use of Travellers and Other*, London: Kegan Paul, 1891, p. 166.

引言

生活方式乃至思维习惯,更是难上加难。多数人幼年时期形成的观念根深蒂固,以至于即便面对基本事实,若与之相悖,也会视而不见。倘若某人一心认定日本是一片梦想之地,旧有社会制度毫无缺陷,那么会对任何重要的反面事实置若罔闻;若早有成见,指出日本本质上是一个落后的东方之国,他就不会轻易相信日本的宗教与道德生活抑或传统习俗中存在任何值得赞许之处。

正如法国在一些重要领域无法理解英国;英国在某些方面难以理解德国;德国又无法想象邻国;甚至英美两个国家也因他国边界争端而兵戎相见,那又有何希望让西人理解东方人,或让东方人了解西人呢?

这一困难看似无法克服,但我相信,东西方对彼此的误解与失实描述最主要的原因在于,双方大多误解人与社会关系本质,也歪曲了人与社会发展的根本原则。在东方,这种误解根植于多神论以及相伴相生的君权神授论。故此,外族在东方人眼中常被视作劣等民族。

虽然劣等民族论已被西方摒弃,但普罗大众以及自视受过高等教育之人,依旧为其所缚。他们用现代社会学理论维护民族自豪感与民族主义。于是,西方的傲慢与自大有了正当理由,强调适者生存进化,发展停滞则退化的观念。

不过在佐证民族自豪感方面,最玄幻的学界观点便是社会生物性。这类学者大多将社会假设为生物有机体,其演变规律基于生物进化法则。这一假设并不陌生,因为直到最近,最知名的社会学家们仍然抱有这种误解。比如,斯宾塞[①]就将社会学视为生物学分支。而更多的当代社会学家,如富兰克林·亨利·吉丁斯[②]和亚瑟·费尔班克斯[③],他们竭力坚持社会本质的精神性,不接受社会生物性假设,认为它不足以表达社会实质。他们坚称社会的生物性只是一种

[①] 赫伯特·斯宾塞(Herbert Spencer, 1820—1903),英国哲学家、社会达尔文主义之父。他提出将"适者生存"理论应用在社会学当中,尤其是教育及阶级斗争。——译者注

[②] 富兰克林·亨利·吉丁斯(Franklin Henry Giddings, 1855—1931),美国社会学家、经济学家。——译者注

[③] 亚瑟·费尔班克斯(Arthur Fairbanks, 1864—1944),美国美术史学家。——译者注

类比，虽有助于揭示社会生活和社会结构的某些特征，但将之视作社会的全部贻害无穷。同时就活动与发展规律而言，精神性和生物性二者大相径庭，正如生物活动和化学反应迥然不同。

如果日本的西方旅居者能够理解精神发展和文明进步背后的规律，运用这些规律阐释日本近代发展的话，那么日本在西方不会如此神秘，该国家也不会"脱胎换骨"摆脱过去数千年的传承。因此，对日本的普遍误解不仅仅是因为"追根溯源、细查引证，便可发现日本的进步与凭空捏造的神话传说那样引人入胜"，而是因为如今仍然广为流传的观点认为，社会是具有生物性的有机体，因此受生物进化规律支配。在此推论下，有人认为日本的进步是表面的，另一批人指出，日本的进步不知何故脱离了其他民族的发展规律。也有人断言，民族性是大脑结构的产物；只有改变大脑构造，民族性才会改变。大脑决定文明，而非文明决定大脑。正是上述错误观点使得诸多学者不可避免地曲解日本，同时也迎合了西人的傲慢与偏见。

不过，误解日本也反映出另一个问题：西方民族因其拥有独特的大脑构造以及千百年来生物进化而得的智慧理应处于文明阶段，并在科学、哲学、实政方面取得极高的成就。以下的观点也许会被社会学家当作歪理邪说，但我的研究却让我坚信，当今人类各大民族的主要差别不在于生理而在于社会秩序。不是生理与心理之别，而是单纯的社会心理差异所致。盎格鲁—撒克逊人之所以是盎格鲁—撒克逊人，源于社会传承。中国人之所以是中国人，也是基于中国社会传承。除了近代少数几位社会学家之外，社会传承、发展和生理遗传进化之间的明显差异从未受到重视。社会关系、隔阂、传承在一度发达的语言、文明发展过程乃至在人类起源中所起到的作用被忽视。

同时，决定社会心理进化的另一个更重要的也是通常被社会学家们所忽视的因素，即人格（personality）的属性与功能。尽管近年来，一些著名学者对其偶有提及，但人格并未成为任何社会理论体系的核心。但在我看来，人格才是人类进化与人类社会的独有特征，也应当是社会学研究的根本。诸多论说东方的学者都会强调所谓的"无人格"(impersonal)特征。这个概念相当重要，我会在本书后续章节中详尽论述，予以否定。

总之，社会现象无法凭借单一的生理、生物抑或心理术语得到充分阐述，因为人与社会之间所映射出的人格超越了以上范畴。正是人格区分了人类与动物。人类社会是由具有自我意识，拥有自我决定能力的个人组成的。社会进化的总因是人格，进化的目标是人格，社会发展的起因和终点也是人格。影响或决定社会发展的因素正是影响或决定人格的因素。

坦白地说，本著虽然基于生物进化论假设，但从未试图为其辩护。读者切莫误会，我同样假定伦理、宗教、社会进步的自然主义起源抑或生物进化起源。虽然达尔文、华莱士[1]、勒孔特[2]抑或其他生物进化论的支持者是否完整表述人类进化中的各个要素，这一点值得存疑。但能够确定的是，那些宗教学家、伦理学家与社会学家试图借助人类生理进化因素解释人类向着更高级进化，这一点显然以失败告终。无论斯宾塞、吉丁斯、孔德[3]、沃德[4]、基德[5]、萨瑟兰[6]等杰出学者的社会学阐释多么值得称道，我们依然有必要对人类的道德与宗教发展进行更加全面的思考。因为，任何低于人格的术语都无法阐释或者表述人类的高级进化。

---

[1] 阿尔弗雷德·拉塞尔·华莱士（Alfred Russel Wallace，1823—1913），英国博物学家、探险家、地理学家、人类学家与生物学家，代表作有《马来群岛》。——译者注

[2] 约翰·伊顿·勒孔特（John Eatton Le Conte，1784—1860），美国博物学家。——译者注

[3] 奥古斯特·孔德（Isidore Marie Auguste François Xavier Comte，1798—1857），法国著名哲学家、社会学家和实证主义的创始人。他开创了社会学这一学科，被尊称为"社会学之父"。他创立的实证主义学说是西方哲学由近代转入现代的重要标志之一。——译者注

[4] 莱斯特·弗兰克·沃德（Lester Frank Ward，1841—1913），美国植物学家、古生物学家和社会学家，曾担任美国社会学协会第一任主席。——译者注

[5] 本杰明·基德（Benjamin Kidd，1858—1916），英国社会学家，代表作有《社会进化》等。——译者注

[6] 埃德温·哈丁·萨瑟兰（Edwin Hardin Sutherland，1883—1950），美国著名犯罪学家，代表作有《犯罪学》。——译者注

第一章 历史进程

第一节 基本认识

在牛津大学，一位受过良好教育、博览群书的英国绅士问我："如今的日本如此巨变，您能道出其中的原委吗？"一位美国人在谈及近代日本时，也指出这一现象太不真实、令人费解。"如此迅猛的发展，却无深厚的历史根基，日本是如何做到的？"两位绅士对日本的看法在西方相当普遍。

事实上，少有像日本这样的国家完全颠覆了西方世界的固有认知。日清战争之前，对于绝大多数西人来说，日本只是临近中国的一座岛屿而已，其居民既古怪又有趣。可如今，不论男女老少，无人不晓这片领土不大、民众矮小，被讽为"倭人（Wojen）"的国家竟然从海、陆两翼攻击了几十倍之大的中国。

如此远离西方的国家竟然在世界范围内获得巨大改观，确实前所未见。而电报、报纸、记者、作家、游客的著录也让西方对日本的认识彻底改观。不过，我们有理由相信，西方对日本崛起乃至日本在世界的声望依然存在诸多误解。多数西人指出，摈弃自身文明、引进西方文明的过程中，日本已经进入了全新时代：侵占朝鲜，强攻旅顺、威海，袭击天津，在与清政府的海陆战争中取得胜利，这些归功于日本西式海陆军队。很多人也承认西化多年的日本，发展之迅猛远超他国，战前声望与其成就并不相符。于是，西人妄加揣测，日本过去三十年间发生的巨变是一场革命而非进步，是对旧文明的摒弃，对新文明的吸收。在这些人的眼中，日本旧文明付之一炬，而从西方引入的新文明业已深深地根植于日本沃土。

就在几个月之前，京都（Kyoto）的某个大户人家不愿使用西方商品，坚持使用旧式工具，甚至连日本随处可见的便利物——炼油灯也不曾使用，反倒偏爱晦暗的老式素油灯。但最近，京都新开了一家电灯公司，家家户户安置了电灯，许多私人住宅也不例外。这户人家终究无法抵抗新式照明带来的优势。上述事件正是日本现代化转型中的典例。可以说，新日本绝非旧日本循序渐进发展的结果。

不过有些方面，日本与西方背道而驰。我们曾认为，任何异教徒国家都无法发展，更别说没有西人的帮助。我们也以为，国力增长是持续几十年甚至几百年的漫长过程。但上述两种认知在日本都不成立。这座"侏儒小国"本被视为"未开化"的"异教"国家仅仅几十年的发展令人刮目。

难道我们的推断有误？日本只是个例外？还是我们掌握的信息不准确？日本近代史让我们勉强接受"推本国之陈，纳西方之新"是日本获取新力量，提升国际地位的陈词滥调。但深入探究，今日的日本是否回答了我们试图寻找的答案？日本为何急速转向西方？又是以怎样的心理，致使尚未开化的民族在须臾之间靠近并吸收与自身有着云泥之别的他国文明？要知道，雅利安人花费千年时光才将文明发展至成熟。日本这个弹丸之国西化到何种程度？只有刨除外界，考察内在，才能准确回答上述问题，发现真相。

在梳理日本古代史的过程中，我们又会遇到同样的问题。是何种心理让日本在千年前吸收华夏文化、哲学与语言，自身文明却停滞不前？又是什么原因导致他们接纳了来自中国与印度的宗教，而日本宗教无论在教义、伦理、仪式等方面依然滞留于早期阶段？又是什么样的原因让日本既能吸收下至中国词语、上至中国宗教的一切事物，却能让日本文明、语言和宗教与上述截然不同？

第一章 历史进程

上述问题又在日本新时期民众生活中再度出现。为什么日本能够如此轻易地抛弃数百年的习俗？又是怎样的精神特质导致19世纪的日本与中国在对待西方文明的态度上截然相反？为何日本派遣成千上万的学生到西方世界观摩、学习，博采众长并带回日本，而近代中国闭关自守，无视西方文明与制度？面对以上问题，若将中、日差异单纯归咎于环境是行不通的。因为二者的环境似乎无本质上的区别。差异似乎可追溯到彼此在精神与性格上的不同。有人指出，凭借日本新政体，重组的社会结构，兴修的公路与铁路，新建的电报以及政府等，特别是借用欧洲模式，配备欧式武器的海陆军，便能够了解日本崛起及其国际声望提升的秘密。但是，这些人与那些通过人体解剖探究生命之谜的人没有什么不同。

假借外部视角进行诠释都是错误的，从未有哪个国家在没有摧毁旧文明、建立新文明的外国军队入侵的情况下，进步如革命般显著。也没有哪根魔杖能够对着土地一次施法，就让该国的民众忘记千百年来的传承，完全顺应新政权的惯例。更没有哪棵非凡的文明之树在未允之地生根、发芽、发展、壮大。

相比以上观点，认为旧日本向新日本转型中完全水到渠成的说法更令人信服。这是一种持续的成长过程，不单单是外部因素累积所致，也非复制西方科学与制度。它更像是一种基于现有思想与制度的内涵式发展。新日本正是旧体制和新环境相互碰撞的产物。一直处于发展的日本史可追溯到1500年前。其间，日本一直在为近代腾飞做准备。只待新境到来，便可巨变。随着日本研究逐渐深入，这一观点的正确性也会显现。我们应指出，许多人将日本的成就归因于西方文明，但事实远非如此：日本从西方获益匪浅，但绝非来者不拒。

我们可以借助"什么是文明基本要素"的答案厘清思路。文明是否意味着更加便捷的器械，如铁路、电报、邮局、产品、机器以及其他设施？又或者说，文明难道不是反映社会、智力与道德的一种状态？答案显然是后者，缘由在于未开化的民族也可以引入先进的工具，但无法借其开化，仅能推动文明的发展。而文明既是精神的、社会的，也是道德的。只有当广大民众的思想与品格全面进步，该国的文明才能发展。如今，日本只是单纯地引入西方先进工具？换句话说，日本的新文明仅流于表面，有名无实？的确，日本引进西方诸多事物，但取得的成就还是基于社会、智力与道德发展。本书后续几章将对这一问题详加诠释。在过去的50年中，与其他民族相比，日本在民众才智、工业、政治等方面的发展显得尤为突出。

  对于任何一位受过教育，勤于思考的西人来讲，日本的崛起不难理解，所有人类都在进步，所有生物都在进化，都是在新环境下对旧有器官的改造。比如现代机车并非完全由詹姆斯·瓦特[①]所创，它是人类几千年的经验以及后续发展成果，最初可能受一根滚木的启发，继而制成一辆粗陋的马车，随后又有种种发明对其改进，最终成就19世纪伟大的奇迹。不过，那些秉持现代科学观之人指出，进步与优化是持续的，思想与道德亦是如此，高级事物能够从低级事物中寻得基础与根源。不仅生物进化如此，社会发展如是。要想了解今日的日本就不能简单判定，因其采用西方生产工具和资料，就拥有了当前国力与地位。因为，了解历史的学者十分清楚，一个国家不可能临时起意、毫无准备地"接纳"外来文明。

  对日本发展的研究需要不同寻常的切入点。首先，日本历经了独特的环境变化。历史反映了自身发展规律，但这些规律在外部无法看清。其次，日本正处于发展关键期，颇似一位即将步入成年的青年人，精力旺盛。短短四五年之后，日本就像从青涩的男孩成长为优雅、高贵的绅士，又如无知的少女变为成熟的女性。对那些欲意洞察日本发展关键期的研究者来说，这几年格外值得关注。

  其他国家也不例外，发展速度或一瞬千里，或默默耕耘；或与日俱进，令人振奋。欧洲的文艺复兴正是如此，在这一不平凡的时

[①] 詹姆斯·瓦特（James Watt, 1736—1819），英国发明家、企业家，第一次工业革命的重要人物，与著名制造商马修·博尔顿合作生产蒸汽机。——译者注

期，艺术、科学、哲学随着欧洲思想的觉醒而发展。我认为，欧洲的过去就是日本的现在，日本正在"重生"，正在历经自己的"复兴"。日本许多蛰伏的才能正在苏醒。只有自力更生，方能配得上雄心壮志。纵使饱经风雨，日本的自信与壮志也未被消磨。不提那些西方批评家，就连日本都不清楚自身的潜力如何。它正处于新思想、新精神与新力量的首次迸发期。它的梦想绚丽如虹、灿烂夺目。它的斗志高昂、努力向上。可以说，日本19世纪上半叶的发展满足了我们的期待，而这只是开始。

在19世纪光芒的闪耀下，在空前的机遇中，日本迈出了自身发展史上最伟大的一步，无数知识分子观察并记录这一壮举，其中多人也是推动者。日本与欧洲的报纸、杂志浩如烟海，为无数读者带来世界各地的时事新闻。无数电报、信件自远东与西方传递，似是天意使然：日本的现代化推迟到19世纪下半叶，蒸汽机与电力的出现恰好弥合时空差距，使得日本的发展获得空前深入研究的机遇。这就像有人在自己的实验室进行进化实验，一边施加条件，一边记录结果。

新日本的发展吸引有识之士的另一个原因在于以小见大，以物喻人。去过日内瓦的游客不会错过阿尔沃河与罗纳河交汇之处的胜景。淡蓝的罗纳河从平静的日内瓦湖缓缓流出、清澈纯净。阿尔沃河从勃朗峰的冰川和沙莫尼的汹涌湍涛中奔腾而入，激荡有力的水流中遍布碎石，裹挟大量泥沙。两条河流汇聚一处，却形成百条截然不同的支流。前者水质浑浊，后者晶莹剔透，时而罗纳河的清流进入阿尔沃河，瞬间被周遭的泥沙携走，失去本真的纯净；时而一股浑浊的阿尔沃河水冲入碧蓝的罗纳河，被周围的清水稀释，涤净原本的泥污。绵延几英里后，二者愈发难解难分，最终融为一体，成为全新的河流。

如今的日本正在经历人类历史上一个独特的发展期。东西文明开始在同一空间（日本）涌动。彼此在社会结构、政府、价值、道德、宗教、精神、形而上学等层面颇为不同，能否共存？抑或一方驱赶、消灭一方？果真如此，哪种文明会获得最终胜利？或者出现两种文明的进阶版？换句话说，能否产生一种全新的、日式的、东西合璧的文明？

对智慧之人来说，答案显而易见。埃塞俄比亚人能够改变自己的肤色？豹子能够改变自身的斑点？日本传承下来的生活习俗、思维语言习惯以及千百年来在中国文学、佛教和儒家伦理熏陶下的成果绝无丢弃的可能。"童年决定了人的一生"，这句话不仅适用于个人，也适用于民族。青年人在家中养成的思维习惯、意志、精神以及这些品质在言行举止中的表现，很大程度上决定了以后的生活。同样，日本的精神与道德史也在语言与思想，特别是在民族气质和性格中留下厚重的烙印。不论日本如何西化，都无法抹杀自身的东方本色。因为，日本永远是日本，而非其他。

可以说，日本已经产生了东西合璧的文明。虽日渐西化，但我们无理由认为日本会完全西化。旅日的西人总会对日本的东方特色啧啧称奇，日本的西方特征也会给亚洲游客留下深刻的印象。这种渐进式的西化会根据社会发展规律而行，本书随后的章节会更加全面、深刻地诠释这一点。

与之相关的另一个重要问题在于我们能否区别东西方特质。无论日本从西方学习多少，日本人依旧是东方人，其文明亘古带有东方印记。对上述问题的艰难解答也将在本书结尾章节予以深究。

一个人若想对日本正在进行的东西交融过程拥有充分的了解，除了上文两河交汇的例子之外，我们还需要补充一个例子，它对应着另一种现象。现在，请试想两座冰川相撞的场景。强大的挤压！壮观的磨蚀！剧烈的变化！雄伟的破裂！这就是两种文明的接触状态，并非光滑无声，而是伴随压力与痛苦且多方碰撞。而居于两种文化洪流压力之人自会摧毁殆尽。

我们经常拿印度与日本相较。两国都在发生社会巨变，东西文明在这两个国家均处于关联与冲突当中，但二者的差异极为显著。最明显的例子是印度迫于殖民者的武力，移风易俗；日本却因天皇意愿，主动变革。这是至关重要的本质差异。印度社会的发展在很大程度上是被迫的，是真正意义上的人为发展。与之相对，日本的发展未受到外力的胁迫。除两次军事事件外，日本历史上从未受到它国炮火的洗礼。这些年的变化只与日本统治者有关。统治者推行了一系列连西方君主都不敢实施的变革，例如，1000—1200年前，汉字、中国文学与宗教的引进也非中国皇帝征服了日本，而是多才多艺的日本民众自由选择的结果，就像罗马人汲取雅典文化，完全出于自主、自愿。不过，认识之后的冲动与占领下的强迫存在云泥之别，后者是印度实例，前者是日本写照。

同时，日本与日本民众又展现出惊人反差。一方面，从未有一个国家能够在1500多年的历史中未受侵略，却被他国文明高度影响甚至反受制约。当近代历史再度重演，欧洲取代中国和印度的优势地位，西方文学、语言、科学甚至习俗在日本大受欢迎并发挥着重要作用。这一切完全始于自发。日本选择的科学、教育、治理、政体以及19世纪的文学和法律，一言以蔽之，均来自西方，这并不是人为施压或军事占领造成的。选择西方文明以及随之而来的发展完全是民众自由意志的结果。这让我想起孟席斯博士[①]在《宗教史》(History of Religion)中所说："古希腊不是被东方征服的，而是借助新思想的交流，使其东方化，获得了新生。"总之，自由选择让日本拒绝了中国的天文学、外科学、医学和法学。同时，日本最初接受西人进入日本从事贸易活动也可能出于恐惧，但现在对外贸易已经得到日本的接受与认可。

因此，真正能够让日本的实力和声誉青云直上的原因，既不是日本文明的外在成就，也不在于外国施压，而是出于日本世代相传的精神与品格：对新的激励环境做出反应；沿着真正的发展道路前行。所以，日本并非脱胎换骨，而是新的生命力为自身增添了光彩。

---

① 艾伦·孟席斯（Allan Menzies，1845—1916），苏格兰牧师、作家和翻译家。——译者注

第二节　历史概况

《古事记》(Kojiki)和《日本书纪》(Nihongi)当中有多少故事可信，依旧是学界争论的话题。但可以肯定，日本早期历史颇具神话色彩，这些神话主要源自三个地区：南部的九州（Kyushu）、中东部的大和（Yamato）以及中西部的出云（Izumo）。上述两部神话记录了日本南部诸神后裔征服日本中东部与中西部的故事。据推测，这三个地区反映了日本三次移民浪潮，也正是这三次移民潮将今天的大和祖先带到了这些海岸。但还有种假设：移居后，三方彼此孤立，只在长期繁衍、扩大疆域后，冲突开始发生。

尽管日本早期的记载颇具神话色彩，但据考证，祖先是来自日本西部、南部的统治者，他们驱逐了中东部的原住民并逐步占领整片土地。近代日本人的外表、语言也足以证明其祖先并非同根同源。学者还追溯到日本人是马来人、蒙古人、乌拉尔－阿尔泰人的混合人种。这些民族的早期交融是否与日本人极强的适应性有关，仍待深入探究。

距今虽无可靠记载，但原始部落冲突的确促进了民族交融。征服者在胜利后建立联盟，推动语言、习俗、思想的发展，最终实现各部落社会与精神上的统一。而这种统一意识又在与北部阿伊努人（the Ainu）的长期斗争中得到强化，直至18世纪，阿伊努人才被征服。

有记载的日本正史始于公元5—6世纪。我们发现，该时期的各个部落开始融合，但部落与宗族之间的争斗接连不断。战争延续了数十年甚至长达数百年之久。这说明日本借助通婚，吸纳朝鲜传播而来的中、印文明，以及名义上承认天皇为神授统治者等方式，经较长时间才使得宗族与文明空前一致。但从现代意义上讲，此刻的日本并不是一个真正意义上的国家。

不过，数百年与阿伊努人的战争极大影响了日本政体。公元883年，幕府时代（Shogunate）来临，抵御阿伊努人的首领由天皇任命，封号"征夷大将军（The Barbarian-expelling Generalissimo）"。随着权力的扩大，几个世纪后的幕府已然篡夺了日本政权。

至于中国汉字、文学与儒家思想很可能在公元元年前后经朝鲜传入日本。日本已知最古老的著作（由汉字撰写）可追溯到公元8世纪。在这一时期，佛教首次传入日本，直至公元9—10世纪，神道教（Shinto）以及日本一众神明被纳入日本佛教体系。自此，佛教成为日本普罗大众信奉的宗教。至今在日本境内，雄伟的寺庙、祷念的僧尼以及盛大的佛教仪式随处可见。

在公元后的几百年间，日本与邻国的交往展现了自身善于借鉴、活学活用的特质。这些特质在近代亦体现明显。在与中国的交往中，遥遥领先的华夏文明对日本文明的成长与发展无异于灭顶之灾。当时，日本因无法解决思想与物质生活中的困境，全盘接受了来自中国与朝鲜的文明成果，最终致使自身发展停滞不前。日本宗教也深受佛教影响，甚至千年后依然毫无寸进。事实上，区别与界定日本宗教与外来宗教不过是最近之事，这还归功于19世纪下半叶和20世纪初日本学者的最新研究。如今，多数日本人也不知晓日本宗教的源头。

过早接触博大精深的中国文学作品同样抑制了日本语言与文学的发展。为了满足思想与文明的发展需要，日本迅速引入汉语，这一举措不仅阻碍日语自身发展，也让近代日语成为日本语和日化汉语的杂合体。同样，日本哲学依赖于中国和印度精妙高深的哲学体系。

自正史以来，日本政府本质上是封建政府。权势宗族为争夺领导权互相倾轧，日本政治史亦围绕这些宗族的命运展开。虽然天皇一脉从未断绝，但很少掌控实权。

15—16世纪，日本开始向外扩张，掠夺中国海岸并将其势力南扩至暹罗，在1592年大举入侵朝鲜，这看似是日本成为世界列强的开端，但当时的日本由强大、精明的德川家族（Tokugawa family）掌控，该家族和平发展与自给自足的政策导致这一梦想无法快速实现。

德川家族上台后，对日本社会进行系列改革。首先，西方国家

（西班牙、葡萄牙）的商人和传教士被逐出日本。自由发展了50余年已浸染日本宗教体系的基督教（罗马天主教）被连根拔起。其次，禁止国外旅行与外贸活动。儒家思想中的朱学被纳为日本官学，教化民众。自此建立的日本封建制度，其内在等级森严，民众各居其位，难以阶级逾越。在德川家族统治时期，封建充分发展并延续250余年。至于欧洲有哪个国家如日本长期而彻底地实行封建统治，我们不得而知。

在这一阶段，没有任何国家干扰日本社会，除了每年固定的3艘荷兰商船、偶尔偏航的船只以及被迫迁往长崎岛居住的15—20名荷兰人外，日本与外界再无任何往来。

普通游客甚至日本民众对德川家族统治到19世纪中叶的这段历史也知之甚少，直至1854年，马休·卡尔布莱斯·佩里[1]准将率军轰开日本国门，日本随后的变化都可归咎于外国施压。有趣的是，佩里并不了解当时的日本学者努力削弱德川幕府的权威，拥护已为傀儡的天皇一脉。

作为驻日传教士，我对日本人实质的精神与道德水平不甚了解。身披笨重铠甲，手持老式火枪的日本人极易辨别，西人会轻易得出日本人尚未开化的论断。我们无法得知日本人或者他国之人精通日语以及日本思想体系需要怎样的智力。但在日本人眼中，西人同样怪诞野蛮。他们用"不洁""狗""红毛怪"等词汇描述西人，西方同样将日本人视为一群智力不高的蛮人。

当时的日本无需过多描述。毫无对外贸易的日本也能自给自足，只不过船小、路窄；教育只限"封建领主"大名（daimyo）与武士（samurai）阶级；宗族互访受限；儒家思想作为唯一道德标准。自17世纪初，被视为"邪道"的基督教被明令禁止。民众普遍认为日本极为神圣，外国人到此会玷污日本，又被视为疾病之源。与中国

---

[1] 马休·卡尔布莱斯·佩里（Matthew Calbraith Perry，1794—1858），美国海军将领，1854年率领远征军打开日本国门，并与日本签署《日美亲善条约》（又称《神奈川条约》）。——译者注

相仿，日本的教育只限于日本典籍，而对于数学、通史、科学一概不知。16世纪，西班牙人和葡萄牙人将枪炮、火药带入日本，日本未加改进。至于造船术，19世纪中叶与16世纪中叶相差无几，甚至一些方面还不如16世纪先进。随着9—10世纪佛教的传入，日本建筑得到极大发展，但此后未有任何实质性进步。

与进步甚微的外交与工业相比，日本在其他方面确实存在发展。"元和偃武（the great peace）"时期的学者辈出，日本文化更加普及，教育受到重视。但堕落的僧侣生活遭到谴责，日本人试图复兴"心学"这一儒家流派改变日本。同时，绘画与手工的非凡成就也让如今的日本匠人、画家相形见绌。

事实上，日本旧有政体与秩序得以延续有着多重原因：无外敌侵扰让日本保留部族性质的社会组织结构；自然环境多山，交流方式原始而缓慢；无中央集权观念。此外，日本强调对上级、祖先的绝对服从，上述种种基本扼杀了个人创新的可能性。故此，日本缺失了自身发展的关键性因素——个人发展。

曾经的日本似乎要拒绝一切外来事物，但新日本恰恰相反。为何产生如此巨大的差异？

首先，我们应当注意，德川幕府的专制统治严厉打压了个人发展，迫使反对之声日渐高涨。其次，幕府不仅禁止基督教，还禁绝宗教、哲学与政治上的一切独立思想。若有异议，不仅成为异端邪说，还被视作谋逆不忠。通过专制，德川幕府实现了长达两百余年的和平统治，但近千年来的日本，部落与宗族激烈斗争、宿怨不断，其和平状态实则是以个人思想与行动自由为代价的。德川幕府逐渐引发能人志士的反对。强大的压迫让他们开始对自身的思想与历史进行反思。事实上，他们的精力也无处发泄。在研究过往并将结果与现实相较后，18世纪的日本学者逐渐意识到，德川家族正行使着从未被正式授予的权力：天皇只是一个穷困潦倒的傀儡，操纵他的家族不仅夺取了军权，也将包括税收在内的政府职能揽入囊中。

上述观点最初由学者秘密提出，后逐渐渗透到其他阶级，并被日本文化素养较高的军事阶级——武士接受。他们的反抗情绪由德川幕府的专制统治激起，与忠君情感自然联结。不过西人很难理解忠君的全部意义。几个世纪以来，效忠天皇被视为美德。根据日本通俗史记载，无人敢违逆天皇的旨意，除非反抗当权派而起义。但是，每次起义又打着为天皇而战的旗号，实则是清君侧、夺皇权。当学者们宣称德川幕府谋权篡位，天皇被剥夺应有权力时，日本民众找到了宣泄口，忠君爱国之情也由此激发。毫不夸张地说，即使无外国干涉，德川幕府也会被推翻，天皇统治亦会恢复。但西方侵略加速了日本国家的内部变革。至于这种外部影响发挥到怎样的程度，我们有必要深入厘清。

谈判期间，佩里准将误以为自己在与日本政府交涉，后来得知德川幕府签约并未得到天皇授权。德川幕府与各大臣、宗族虽希望将西人逐出日本，但有心无力。反倒让宗族认为德川幕府背叛了国家，于是，他们积极抵御外敌，也极力反对幕府。美国人要求日本政府——"德川幕府"履行条约，由于宗族的阻挠，德川幕府未能履约。而当宗族要求废除条约，驱逐那些令人憎恨的西人，德川幕府又无能为力。结果导致西人与宗族仆从——武士发生多次严重冲突。竭力保护西人的幕府只能在无可逃避的情况下履行条约，但它无法控制早已叛变的宗族。几名西人被杀，接踵而来的是严厉的报复——西方炮舰两次轰炸日本城镇。上述事件让日本整个军事阶级明白，单靠个人或者地区势力无法反抗西人。救国的第一步是统一日本。短暂的挣扎后，德川幕府于1867—1868年被推翻，天皇大赦、日本一统。

推翻幕府统治，终结封建统治下的宗族、领主与世袭制度，在真正民族统一的基础上，确立中央集权、君主集权，这很大程度上依赖于西人的刺激。他们迫使日本形成前所未有由首脑直接联系与掌控的民族统一体。天皇即位，日本也迎来了近代历史新纪元，史称"明治（Meiji）"，即"开明的统治"。

甫一成立的新政府却同样发现了自身在外交上陷入两难困境。西

第一章 历史进程

方坚持签订条约，天皇须完全接受。天皇政府也清醒地认识到对西人动武必然失败。但西方思想可用来实现国家与政治的统一。约翰·斯图亚特·穆勒①的《代议制政府》(*Representative Government*) 很早被译成日语，有识之士争相阅读。其结果导致封建制度分崩离析，新思想被迅速接纳，日本随即制定宪法，成立了地方议会和国会。在此意义上，西方的国家治理与政治实践让日本产生了思想变化，而这些变化对日本的国家发展至关重要。

西方向日本施压并输出政治理念同时，日本也在实施这些理念并竭力获得各类资本：蒸汽船、邮电、印刷机、大众教育和现代海陆军队。假如没有上述资本，日本迅速转型将是一项极为漫长、艰巨的任务。相对于地方势力，上述事物赋予了中央政府无与伦比的优势。现在，与多个地区的便捷沟通帮助中央政府迅速制定政策并有效执行。天皇政府凭借此类工具，再度掌握了国家实权。

于是，我们便为历史上惊为天人的国家改变找到了答案。如今的日本对西方的态度与过往大相径庭，令人费解。但进一步了解事实真相的话，有助于消除固有印象。

日本新政府做了些什么呢？如果"驱逐西人日前无法实现，也不可取。我们需要了解西方力量的源泉，要学习西方的语言与科学，弄清蒸汽船和战舰的制造。须勘破西人的一切秘密，而后方能毫不费力地将西人赶走。因此，将他们的活动范围谨慎地限制在通商口岸的同时，也要尽可能地加以利用。"

这一国策迅速获得日本全民的支持。其中的缘由令他国难以理解：若这一政策由德川幕府制定，必然不会被广泛接受。政策一旦代表了天皇意志，在忠君与爱国精神盛行的日本，民众便无条件地接受。此现象在其他国家并不多见。在明治元年（1868 年），天皇颁布了一道法令，最后两条如下：

---

① 约翰·斯图亚特·穆勒（John Stuart Mill, 1806—1873），英国著名哲学家、心理学家和经济学家，19 世纪影响力极大的古典自由主义思想家，支持杰里米·边沁（Jeremy Bentham）的功利主义。——译者注

古老、原始的习俗将由永恒的宇宙法则①替代。

寻求世界各地最先进的知识，增进帝国的福祉。

日本得以培养人才、得以发生改变皆得益于此政策。每年，日本派遣数百名青年出国学习，并将西方权力与财富的秘密带回日本。日本随后修建公路、铁路、邮政、电报，兴建公立学校、学院以及一所由外籍教师组成讲授西方科学、历史和语言的大学；创办各类日报、周报、月报、杂志；建造工厂、码头和船坞；促进国内外贸易；成立代议制政府。总之，这些都是日本明治初期政策施行的成果，用武力驱逐西人在当时无异于痴人说梦，但改为智取，便取得真正意义上的成果。

之后的日本国策与其说是为了留住西人，倒不如视作师夷长技以除夷。日本教育和工业的诸多方面都能证明，这是日本的一贯策略。西人无法在日本私企或者政府部门任职终身。西人的用处不在于他能够做什么，而在于他能够教什么。一旦日本人能够胜任西人的工作，后者将被抛弃。

本书的宗旨并非是对新日本的成就进行事无巨细的统计，亨利·诺曼②所著《真实的日本：当代日本礼仪、道德、行政与政治研究》(*The Real Japan: Studies of Contemporary Japanese Manners, Morals, Administration and Politics*)、斯塔福德·兰塞姆③的《转型中的日本：中日战争以来日本人的进步、政策和方法比较研究》(*Japan in Transition: A Comparative Study of the Progress, Policy and Methods of the Japanese Since their War with China*) 和约翰·考德威尔·卡尔霍恩④的

---

① 人类社会是宇宙法则的产物。宇宙法则是人类社会的宇宙精神——社会科学（形而上学、意识形态、上层建筑）与人类社会的宇宙物质——自然科学（形而下学、经济基础、科学技术）对立统一的法则。——译者注

② 亨利·诺曼（Henry Norman, 1858—1936），英国记者。——译者注

③ 斯塔福德·兰塞姆（Stafford Ransome, 1860—1931），英国自由记者、作家。——译者注

④ 约翰·考德威尔·卡尔霍恩（John Caldwell Calhoun Newton, 1848—1931），美国传教士。——译者注

《日本：国家、法院与民众》（*Japan：Country，Court and People*）中的相关资料早已一应俱全。我们只需认识到日本已完全抛弃，或者彻底改变自身古老而独特的东方文明外部特征，并用西方文明取而代之，这便足够了。现在，日本政府不再专制、独裁、世袭，采用宪政和代议制。市级、省级、国家级立法议会成立且运作良好。封建旧俗由编纂完善的成文法取代，刑讯逼供亦被废除。全面西化的陆军和高效的海军世人瞩目。过往少数人享有且仅限于中国典籍的教育体系已被大众教育取代。目前，日本的公立学校超过3万所，教师约10万名（包括4278名女教师），招收超过450万名学生（女学生超过150万）；据说日本另需3万名老师。学校宿舍资源紧张，全国初高中因宿舍不足而拒绝了将近一半的入学申请。

封建下的闭关、自守和压迫不复存在，取而代之的是出行、言论和出版自由。报纸、杂志和书籍发行量惊人。每年有20家发行量百万份的日报，其中两家报社的发行量更是高达2400万份和2100万份。

由宪法保障、法院落实的人身、政治和宗教自由历经20多年已基本实现。中医大多被西医取代，不过部分日本民众依然钟爱中医。天皇政府在所有公共事务中遵循西方卫生原则，因此国民健康水平显著提高，人口增速惊人。1872年，日本人口为3300万，1898年达到4500万。明治之前寥若晨星的肉铺已遍及全国，曾经作为奢侈品的大米成为必备主食。

邮政、电报相当完备。除偏远山区外，公路、铁路取代了旧式人行道。所有城镇均建立各式工厂。1864年仅有34家商业公司和银行的日本，如今已拥有上千家银行和商业公司，贸易空前繁荣。可以说，现在的日本不再是一个农民与士兵之国，而是一个农民与商人之国。国家的财富迅速增长，国际贸易蓬勃发展，急速扩张。日本商船在世界各地随处可见。

所有这些变化都发生在30年内，由于变化迅猛，日本的生产力达到空前高度，以至于有人建议重写日本史，将明治元年（1868年）而非传说中神武天皇（Jimmu Tenno）登基的公元前660年定义为日本皇纪。

日本民众对天皇推翻"幕府"以及"维新"的看法见于《远东》(*The Far East*)：

> 明治维新是日本最伟大的革命，它魔杖一挥，让国家脱胎换骨；是明治维新推翻统治日本250多年的德川幕府，让我们与西人平起平坐；把封建领主的地位从半神降为平民，剥夺武士封地，将其贬为庶民；是明治维新让我们学会建造砖瓦屋、铁船、铁桥，告别木船、木桥的时代；是明治维新让我们不再惧怕日食和彗星，让我们知道地震非地下的神鱼所致；是明治维新让我们学会使用电报通信，用铁路代替轿子出行；是明治维新告诉我们，地球绕太阳公转，月球上没有兔子；是明治维新让苏格拉底和亚里士多德替代孔孟，让莎士比亚和歌德代替曲亭马琴①和近松门左卫门②；也是明治维新让我们不再诉诸武力。总之，明治维新后，行政、艺术、科学、文学、语言、品位、风俗、生活等都产生了巨变。③

明治维新同样让日本爱国主义蓬勃发展，这也是日本的显著特征。"ai-koku-shin"的出现完全印证了上述观点的正确性。该词字面意为"爱国之心"，但需注意，"koku"在过去从未代表国家，仅指宗族领地。假如有日本人问我的家乡在哪里，我就会用"koku"这个单词，反之亦然。事实上，旧日本没有与英语中"my country（我的国家）"相对应的词汇，只有"宗族领土"的概念。随着宗族的消失，旧词赋予新义。"ai-koku-shin"不再指代对宗族的热爱，而是热爱整个国家。日本的统一终于在国民的心目中占据重要地位，给

---

① 曲亭马琴（1767—1848），原名泷泽兴邦，日本江户时代著名小说家。——译者注
② 近松门左卫门（1653—1725），原名杉森信盛，日本江户时代净琉璃（木偶戏）和歌舞伎剧作者。——译者注
③ Archibald John Little, *The Far East*, Oxford: The Clarendon Press, 1905, p.541.

予民众前所未有且不分地区的爱国之情。但是这种仅由一代日本人产生的感情极易畸形。它既傲慢又专横,且不切实际,常常表现为对外国人毫不掩饰的蔑视,对日本天皇的绝对效忠,以及言语中对天皇和天皇政府致以最高的敬意。倘若有人不经意间透露出一丝对天皇的不敬,必然招致最为强烈的憎恨。

以上论述也有佐证。1891年8月,日本文部大臣大崎(Y. Osaki)先生时常批判日本过分尊崇有钱人的风气。在一次演讲中,他指出:"日本人比美国人更爱钱。假如日本也是共和制国家,那么我坚信,日本会提名财团出身的岩崎或者三井做首相,但美国人绝不会提名铁路大亨范德比尔特或者黄金大盗古尔德之类的角色。"不久,舆论群起而攻之,因为大崎暗示日本有可能成为共和制国家。舆论风暴愈演愈烈,最终导致大崎先生被迫辞职,暂别政治。

另外在1898年10月,民众要求文部省(教育部)对相关新政重新评估——是否允许外国人参与日本青少年教育。民众普遍认为,不应让外国人教育本国青年,以免削弱青少年的爱国情感。当时只有镰田(Y. Kamada)一人提出更为开明的建议,他坚称:"日本的爱国主义是对外交往的结果,也是明治时代的产物。它是对整个国家的爱,并随时准备为国家牺牲一切。"

在1891年,熊本男校的一位老师在演讲时公开表示,全人类都应情同手足,学校须秉持四海之内皆兄弟的博爱办学理念。但是这种普世思想立即遭到当地爱国民众的强烈反对,以至于县长要求该校解雇这名教师。现今,日本有个强势的政党以"日本主义"为口号,将所有的博爱之辞贬斥为爱国精神的缺失。看穿该政党肤浅的观点,反对这种狭隘主义之人不在少数。不过我们须注意,虽然这种爱国主义在日本横行,但它也是民族觉醒的标志之一。

作为日本近代精神的产物——爱国情感可以通过以下事件进一步说明。首先,过往的日本连国旗都没有,白底红日旗直到1859年才成为国旗。自公元7世纪以来,日本盛行以太阳象征天皇,这一习惯还是从中国传播而来的。"1859年,日本需要类似于欧洲诸国的旗帜，太阳旗便应运而生。"① 其次，日本确立公历 2 月 11 日为"纪元节（Kigensetsu）"，庆祝公元前 660 年日本神武天皇登基。但这一法定节日直至 1890 年才得以设立。

历经短短几十年的巨变，日本的变化是本质上的还是流于表面？新的社会秩序是勒庞教授所说的"一件借来的华衣，终将被暴力革命推翻"？还是兰塞姆先生指出的"牢固特性"？

这一问题的答案将在本书之后的相关章节得以论证。其间，我们主要探寻日本民族性的本质和发展，相信只有以这样的途径，才能为这一问题的解答提供重要启示。②

第三节　进步之困

什么是进步？衡量进步的标准是什么？如今，过着西式生活的日本人学习西方思想，究竟是进步还是退步？生活俭朴的日本民众无欲无求，相比之下，西方总是欲壑难填，有人据此认定，日本比西方更文明。

日本迅速抛弃了原有思维模式并以西方舶来品取而代之，究竟是得是失？人们常将快乐作为评判标准。不过在我看来，这是误导，即使这一标准多少存在合理之处，但它十分模糊。快乐标准论的拥护者坚称，来自新形势的压力正在剥夺日本人过往的快乐。毫无疑问，在西式生活袭来之前，"旧藩时代"的民众简单又淳朴，他们日复一日过着无忧无虑的幸福生活。

依靠大名恩惠，武士生活平静安逸，至少不用操心柴米油盐，也无需辛苦劳作。他们子承父业、代代相继，属于特定阶层；即便大名的生活相对奢靡，他们也从未像近代欧洲、美洲存在巨大的阶

---

① Basil Hall Chamberlain, *Things Japanese: Being Notes on Various Subjects Connected with Japan*, London: Kegan Paul, 1890, p. 156.

② 不要只看到日本如今的成就，就误认为日本已经在多个重要领域超越了西方国家。事实远非如此。——作者注

级差距。一般来说只要有粮食，民众就有吃的。集体主义在当时的日本普遍存在，特别重视宗族观念，因此并无极度贫困的日本民众。

　　假如探究止步于此，那么可以说，日本已经达到了自身发展的顶峰。但随着探索的继续深入，我们发现祥和、安定的普通民众阶层也伴有诸多不良特征。首先，最突出的问题便是武士阶级的专横。关于武士肆意妄为的故事在民间流传甚广。手无寸铁之人一旦冒犯了武士，哪怕只是鸡毛蒜皮的小事也会招致报复。乞丐、农民会被无情砍杀，而武士杀人有时不过是为了试刀而已。曾经，有人跟我这样描述日本史："武士砍下民众的脑袋就像切萝卜（daikon）般稀松平常。"过去，我常向日本朋友请教，就算新形势下生活日益困难，日本是否愿意回归传统？无人予我肯定答复。追问下，我发现享受过个人权利与自由的民族绝不会再次屈服于严刑峻法、乖戾专制，而他们否定的底气正是源于一视同仁的律法。

　　但是，日本人未被西化的显著特征又是他们在上级、长官面前的谄媚态度。高高在上、冷酷无情的统治者让臣民心生恐惧。无论何时，皇族出现，平民必须听从命令、伏地叩拜、以示敬意。如若不然，皇族随侍将其立即处死，以示惩戒。第一次做客熊本的我惊奇地发现，只要途中遇见骑马进城的农民，他们无一例外停下马、解下头巾，若无他物，便会摘下眼镜，以示尊敬。一旦有人知晓我的传教士身份，无论在哪里，举止又会变成粗鲁的瞪视。西人很难理解这种伴随古代政体发展而来、极为跋扈又谄媚的态度。不过，区分平民天生谦逊以及武士刻意顺从倒是相对容易。

　　日本旧体制的另一特点在于民众生活的空虚。教育资源只限于为数不多的武士阶级。即便如此，武士接受到的教育也非全面，所学内容大多限于中华典籍。虽有寺庙设立的私塾，但民众多不会读写，只有贵族才会，再加上过去的日本没有出行自由，只有上过战场抑或出差之人才有遇见其他氏族的机会，这导致广大民众的思想局限于狭小世界。总之，日本民众生于斯、长于斯、终老于斯，武士阶级拥有更大的自由。当我们将近代日本报纸杂志所呈现的思想与西方相较的话，日本古代生活未免过于贫乏！

旧日本的第三个特征与女性境遇有关。对日本过往的赞颂者似乎刻意忘记劳苦大众的存在。与其他东方国家相比，日本女性尽管享有更大的自由，但在赋权方面处处设限。"女人是男性玩物"的观点在如今的日本依然存在。几百年来，"女性唯一的职责是为男人生儿育女"。这一主流思想决定了女性在家庭与社会中的地位。同样生而为人的女性具备独立意志和人生价值的观点尚未获得共识。"凡是宽厚的欧洲人都会对日本女性一直以来的遭遇感到痛心……日本女性的命运可以归结为'三从'：未嫁从父、出嫁从夫、夫死从子。时至今日，日本最尊贵的公爵夫人或侯爵夫人依然要为她们的丈夫做牛做马。她们尽心事奉，哪怕丈夫外出寻欢作乐，也要在厅堂中鞠躬送行。"[1] 日本著名儒学家贝原益轩[2]所著的《女大学》（*The Greater Learning for Women*）以女性责任为主题，总结了日本社会的普遍看法。200多年来，此书一直是日本规训女子的教科书。它要求妻子敬顺丈夫、曲从公婆、和睦姻亲。这在任何一位拥有自尊心的西方女性眼中都是难以容忍的。请允许我援引下面一段话，证明此观点。

"夫君是天，女子要时刻谨记敬顺丈夫，免受打骂。""未经父母或媒人允许，女子不得交友或与他人亲近。女子须舍生忘死、坚如磐石、恪守礼节。""女子本无主，丈夫则为主。敬奉之、尊崇之，不可轻薄怠慢。女子终身当温良恭顺……丈夫有令，妻当从之……丈夫一怒，妻惧而顺之。"

在上述教条中，无一词汇包含爱意。对西人来讲，英语中最甜美之词，家庭幸福的基础，夫妻子嗣之间的羁绊——"爱"在这部日本女性行为指南中从未出现。

---

[1] 英国历史学家张伯伦所说。——作者注
[2] 贝原益轩（1630—1714），日本江户时代初期儒学家、博物学家、平民教育家和本草学家。代表作有《益轩十训》《大和本草》《慎思录》《大疑录》等。——译者注

第一章 历史进程

即使如今，离婚在日本社会也是平常之事。据孔子所言，离婚有七出之律：不顺父母，无子，淫，妒，有恶疾，多言，窃盗。简言之，一旦男人厌倦妻子，便可与之离婚。

倘若《女大学》反复强调丈夫对妻子、岳父、岳母的责任就像妻子对丈夫、父母责任的话，那么此书也未必漏洞百出。但事实远非如此，在日本，女性几乎毫无权利可言，她们却以惊人的耐力忍受命运的不公。基于几个世纪日本男性几近残暴的虐待，日本女性已经摸索出一套极为迷人、耐心且谦逊的行为举止。在这一方面，其他诸国女性无法匹敌。我们无法想象，任何一位懂得爱与家庭意义的欧洲人会认为这是种幸福。在日本，每三对夫妻中就有一对选择离婚，想到这一点难免令人心痛。这还不包括试婚后分居的男女。此外，上述比例未曾考虑上层社会中大量存在的妾室。因为有了妾室，离婚变得多余。

不过，我不认为日本古代女性的境遇都是悲惨的，也不乏快乐甚至幸福的家庭，许多夫妻之间也有爱意萦绕。但总的来说，日本女性地位低下、缺少权利[①]、依附男性、生存艰难，这些都需改进。

上述古代日本的三大特征让我们对何为进步有了大致了解。可以说，真正的进步在于缓慢但不间断的社会结构转型当中。这种转型在确保自身结构更加紧密的同时，也为所有个体创造了机遇，让他们最终获得自由、富足、充实的人生，并且日益激发自身的潜力与才能。在此基础上，进步正是不断成长的社会结构，它伴随着越来越多的个人自由，给予这个社会更加丰富的色彩。而这种无关浅薄的色彩又关乎男性气概与女性气质的普遍发展：男性和女性都拥有不可估量的潜能，开发这些潜能需要一定的自由、责任与关怀。此外，养成男子气概和女性气质的元素还包括智育和视野。长远来看，这些都会为未开化的男性与女性带来更为持久的欢乐。

当幸福成为主要目标的时候，西化的日本是否进步的问题便难以解答，因为孩童（古代日本）的快乐与成年人（近代日本）的快乐全

---

① 时至明治时代，妻子才有主动离婚的权利。——作者注

然不同，无论遇到怎样的困难，对现实生活一无所知的孩子都会发笑，因为他无法理解自己所处的真实环境。我认为，这种无知的快乐正是绝大多数古人的快乐。他们的快乐在于无知、简朴而落后的生活。他们习惯了暴政，却从未想过反抗。他们熟知苦难，却不被触动。被斩首的尸体，受酷刑的囚犯，独断专行的丈夫，奴颜婢膝的平民，颐指气使的统治者，辛苦劳作与黯淡无光的生存前景都太过寻常，以至于在这种社会秩序下煎熬着的民众未曾尝试逃离。

间或有贤明、刚正的统治者以公义治国，但这些人也只是例外。他们是个体，而非民众赖以生存的社会体系。能否由这样的人治国也是概率事件，因为人们做梦都没想到自身会有任何选举、发言的机会。日本社会结构从来受军国主义影响的。即便在最仁慈的君主治下，对定罪囚犯乃至所有嫌疑人施以酷刑是惯有之事。有的当权者可能树立良好榜样，但他们不会改变社会体制。他们所占有的不仅仅是土地，还包括生活其上无法寻得更好归宿的劳苦民众。即便这些人不算奴隶，他们也是农奴。这种社会体制无法提升民众的教育水平与生活水准，抑或加强男子气概与女性气质。在这一时代，人类的快乐在某种程度上出于内心的麻木和对苦难的漠视。悲苦哀恸，人皆自渡。这样的社会群体本身亦不会怜悯苦难之人。他们将麻风病人赶出家门任其流浪，使其靠陌生人的施舍过活。如此野蛮的风俗时至今日未曾断绝。曾听说"日本人极度厌恶疾病，旅行者常因饥渴或疾病死于路旁，主人将身染顽疾、一贫如洗的仆人扔出家门。"无情的抛弃比比皆是，以至于日本政府一度发布公告，禁止上述行为，因为"每当暴发传染病，死伤无数。"在日本，七个"秽多（Eta）"[①]才抵得上一个平民，乞丐从严格意义上讲并不是人。

因此需要注意，那些大谈特谈古代日本幸福生活之人犯了大错。他们忽略了生活中所有可悲的本质，只关注到普通百姓像孩子般天

---

① 秽多与非人是日本的贱民阶层。他们处于旧日本社会的最底层，受尽侮辱，生命也无保障。——译者注

真甚至幼稚的快活，误认为过去比现在美好。他们同样忽视了当今时代的深刻幸福与普遍繁荣。贸易、商业、制造、旅行、报刊的互联互通带来了前所未有的充实与富裕。人的权益得到保障，民众拥有了财产、人权与自由。即便一些事物带来了责任、义务和焦虑，但依旧让生活更有价值，也更加愉快。这就是为什么从未有人在我面前流露出一丝一毫要抛弃现在、重返过去生活的意愿。

因此，我要尽可能郑重地强调，进步本身并不轻松、纯粹，也不与民族统一、政治集权有关；进步问题在于如何调整社会结构，如何让人得到更多的发展机会。而进步的标准又在于个体人格发展的深度与广度。只有人格的完善才是进步的唯一标准与终点。

第四节　进步之道

进步作为一种观念完全发轫于现代。古人虽在进步，但他们是无意识、盲目地前行，如我们所见，他们为求生存不得已为之。欧洲、西亚、非洲的古文明正是如此，东方也不例外。当时，人类的目标并非求得发展，而是沿袭祖宗律法，遵循久远年代丧失意义的风俗礼仪。而对传统盲目的坚守，不过是自诩虔诚之人的吹嘘，想竭力成为孝子贤孙。

在这种情况下，进步从何谈起？19 世纪中叶的日本彻底摆脱传统，怎么会有如此巨大的变化？当今的日本热衷在所有领域力争上游。这就出现了矛盾，过往的日本抵制进步，如今又拥护进步，这一矛盾该怎样解释？

在本书后续章节中，我们发现，发展的第一步就是利用扩展疆土、巩固习俗的方式壮大社会。进入这一阶段后，最大的问题是破除"旧有习惯"，赋予个人自由，做出必要变革。我们无需考虑如何实现这一目标，只是指出进一步发展仅能借助个人主义，或者更准确地说，凭借社群个人主义（communo-individualism）的发展来实现。今时今日，如何打破"旧有习惯"这一问题须引发关注。

沃尔特·白芝浩①认为，作为历史性问题，这一过程是以政府协商为基础的。在此前提下，各种原则问题得以讨论，诸多具体措施征询民众认可。该方法会切实推动社会发展，让多数人的意见取代少数人意见，促进独立思考与自主行动，最终推动变革。可以说，广开言路、采取行动的政府能够利用各种有用的思想与有效做法。但经验表明，发扬"旧有习惯"要比政府协商容易得多，因此发展地方自治主义远没有发展社会个人主义困难。19世纪之前的中国、印度和日本便是典例，这些国家囿于过往成就，且旧有律法、习俗导致个体无法差异式发展。总之，没有政府协商，就没有变革。没有变革，就没有进步。

白芝浩先生对这一问题的重要贡献无可争辩。但他是否点明打破"旧有习惯"的困难之处，抑或揭示了进步的真正根源，值得商榷。进步不单是寡头政治或者种姓制度的进步，它也是全体民众的进步。而要实现这样的进步，不仅需要政府协商，政府职能还须在不同程度上由统治者掌控。

历史表明，只有注重男子气概与女性气质的内在无限价值，真正意义上的进步才会实现。这一概念非政府协商的产物，恰恰相反，这一概念是政府协商后广为接受的结果。

我发现，东方历史中既无探寻人类内在价值的偏好，也无推行政府协商原则的趋向。若凭他们自己，这些国家没有一个能够打破习惯的束缚，达到高度的个人自由。虽然日本在旧的"政体"下可能实现完全的中央集权，但我认为这种集权不会带来更多的个人自由或者民众如今享有的宪法权利。无论日本取得何种进步，它的政府仍然是专制的，普通日本民众依旧是无助、绝望的奴隶。艺术在此兴许繁荣，百姓抑或满足，但他们无法获得生命的自由与充实。在上一章，我们也能看到，人格的发展才是真正进步的标准和目标。

---

① 沃尔特·白芝浩（Walter Bagehot，1826—1877），英国著名经济学家、政治社会学家和公法学家。——译者注

第一章 历史进程

若读者认可上述论断且认为人的内在价值无法在日本自发产生，那么便会得出结论，日本的进步依靠的是外来因素。事实的确如此。不论日本是否承认，彻底废弃封建社会制度，引进西方立宪制和代议制，日本已然接受男女内在价值与政府协商原则。于此，日本凭借模仿而非创新的手段，走上了不断进步的道路。

近代日本所迈出的这一步极为重要，我们还需深入分析其进步方式。之前，本书已经简要说明日本如何从西方学到民族统一以及进步所必需的物质手段。在此层面，思想和生产资料两大进步要素同整个国家的高速发展息息相关，也需多加考量。

日本对思想和生产资料的利用始于模仿，但要确保切实而持久的进步，二者须逐步独立于西方。首先要引入新思想。只要陈旧的思维还占据民众的头脑，协商便毫无动力。一旦新思想引发民众的关注与理解，头脑也就自发觉醒并惊人地活跃。过往的停滞不复存在，协商随即开始；即便新思想未被全部接受，但终究会触发改变。假如这些思想只存在于某些脱离于现实的抽象概念中，它们同样无人问津。只有为人所用的思想，方能发挥实效，增强国家实力。

当1854年佩里准将轰开日本国门，沉睡了长达两个半世纪之久的日本人猛然惊醒。自己闭目塞听之际，他国已然崛起。新思想在这些国家的进步中发挥着巨大作用，也赋予了东方人闻所未闻的神秘力量。这不仅涉及枪支、船炮建造，机械发明，征服自然，还包括政府、法律、宗教的发展以及西人极为珍视的家庭与个人等观念。只需与西方交往几年，就能让最保守的日本人相信，除非自己能够智取强攻，掌握实力的秘诀，否则日本一定为更强大的国家所灭。因此，自保是迫使顽固派接受新思想的首要动力。

日本人对形势的分析无疑是正确的。若继续固守陈旧的生活方式、社会秩序和风俗习惯，结果不必多言。19世纪的非洲和印度以及近代的朝鲜都是典例。只要了解日本同外国的赔款条约和武装冲突——四国舰队炮击下关与鹿儿岛，就不难发现，宗族割据且固守封建制度的日本早就并入了某些欧洲强国的版图。之所以幸免，是因为日本拥有非凡的民族特性——观察力、鉴赏力与模仿力。总之，日本凭借对环境的敏锐应变拯救了自己。

自救的主因是习得大量新思想，即使毫无开创的力量，日本也证明了自身具备理解、欣赏新思想的能力，至少在某种程度上是这样的。最初，他们只关注文明的外部成果，寻找能够立即促使本国完成中央集权的事物。随后，他们迅速吸收西方军事思想，派遣青年人出国学习，并不惜重金聘请西人到日本教学。日本人随即掌握了新思想精髓。

在此影响下，历史证明最利于文明持续发展的条件是民权，同时个人自由也不妨碍国家统一，且个人对国家的直接责任不受任何中间势力的干涉。民权与个人自由又是宪法与立法机关制定的法律所赋予民众的权益。最终，政府协商机制正式创立。

需要注意，在过往的变革中，日本尽可能地让旧秩序不受干扰，例如，在不破坏封建秩序、不废除封建令制国的情况下，重组海陆两军，但很快发现这是徒劳的。旧文明是一个整体，它就像多米诺骨牌，牵一发而动全身。任何一块积木的倒下，都会对整体产生影响。民众同样发现，教育、交通、法理、刑罚、社会地位以及国家与个人，国家与家庭，宗教与家庭的关系这些旧有观念都或多或少存在缺陷。所以在这场新运动面前，无论多么顽固的旧思想都须让位。如今的日本可以说是一个新世界。40年前的日本人不仅会对现在的外部环境、生活和政体所发生的巨变啧啧惊奇，也会对旧文明的彻底变革顿感惊讶。说得直白些，现在不再是儿子服从父亲，而是父亲听从儿子。不再是统治者指挥民众，而是民众指挥统治者。民众亦不再劳苦供养国家，而是国家努力保护民众。

这些新思想和新实践能否算作进步，取决于个人对生活的看法。若符合前文所述，那么日本的转型必定是一种进步。但在此，我要提请各位，取得进步的必要条件是全方位获取新思想。日本不仅接受了大量新思想，还在这一过程中采用某种社会结构，即通过人格的发展来刺激新思想的不断涌现。所以，日本的确在不断前进。它模仿强国，将国民教育、个人权利和自由的血液注入自身，重获新生。总之，日本开始成为个人主义国家，引入一套有利于人格多元发展的社会秩序。

第二条发展之路是物质进步，重要性极为明显。文笔优美、才华横溢的日本作家已经充分描述了日本朴素的非机械文明所带来的优势以及它在接受西方机械文明中所犯的错误。所以不妨再多谈一点，也就是说，发展的第二个要素在于增加机械使用。

日本的狂热崇拜者很难找到恰当的单词，赞美明治维新之前日本的朴素文明。那时候，没有家具弄乱房间，没有丑陋的机械与巨大的噪声折磨视听，没有工厂浓厚的黑烟污浊天空，也没有火车在城镇呼啸而过惊扰熟睡婴儿。当时，人们睡在简易的榻榻米上，踩的是草鞋，穿的是土布，用的是木筷，食物和炊具样式不多，住的也是极为狭窄的木屋。一切与旧日本有关的事物都会令西方仰慕者青睐。一位西方日本迷在一篇阐述日本古代文明优于西方文明的文章中这样说道："没有家具，没有累赘，没有几件体面的衣服就能过活，这不光展现日本人在奋斗中所具备的优势，也揭示西方文明的弱点，让我们反思自身生活中许多无用之物，比如肉类、面包、黄油、玻璃窗和炉火，帽子、白衬衫、毛线衣、靴子、鞋子，箱子、袋子、盒子、床架、床垫、床单和毯子。这些物品日本人都可以不用，没有这些更好。"① 诚然，上述关于简约魅力的论述是真实的，但末尾却是假设，作者未对该论断做出评判。假如没有这些西式工具，日本真的会更好吗？日本人显然不这么想。只要浏览这位作者所列举的必需品，就会发现如今日本引进的西方器具是多么的广泛，日本人当然会认为这些东西要么有助于健康，要么能够增加舒适度。随处可见的商店与肉铺便是最好的证明。不过，这依然不足以解释西方产品在日本的风靡度。

即使衬衫洗得浆硬在西方都可成为自身继续存在的理由。这一

---

① Lafcadio Hearn, *Kokoro*, Frankfurt a. Main: Ruütten & Loening, 1905, p. 31.

论证能够反映西方文明的绝大多数工具都有其明确的用途与价值，要么让所有者更舒适、更幸福，要么能够改善健康、增强体魄、振奋精神。是什么让西人比日本人更长寿？为什么西人的孩子精力更充沛？或者反过来说，自西医引入日本后，人口为何飞速增长？日本的新生儿不长麻子？盲人的数量不断减少？为什么各类工具——人力车、铁路、道路、自来水、下水道、椅子、桌子、帽子、雨伞、灯、钟表、玻璃窗和鞋子都在迅速增加？此类问题不胜枚举，答案不言自明。

深入挖掘上述细节看似多余，但不难发现这一现象背后的本质。一直以来，人类唯一优于动物之处便是使用工具。动物凭借蛮力完成人类借助工具完成的工作。民族不同，创造力不同。以文明程度较为发达的民族个体为例，将他脱离于工具或者机器，毫无疑问无法匹敌文明程度落后民族中的个体。但是，让一万个发展程度较高之人与一万个发展程度较低的人竞争，且每个人都使用擅长的工具，那么哪个民族更优越，答案显而易见。

换句话说，人类的进步之道在于逐渐掌控自然。先了解自然，后借助工具，再利用自然之力。所有的机器、工具、家具、衣服、房屋、食品、鞋子、铁路、电报、打字机、手表以及其他无数所谓的"累赘"，都是西人对健康、财富、知识、独立、舒适和旅行，即自身幸福的追求。使用工具，人类掌控自然，消弭时间与空间的差距，藐视暴风雨，开掘隧道，于巉岩乱石间开采珍贵的矿物和金属，并用"魔法"摆脱元素之限，让自然界交出金、银还有更珍贵的铁金属。凭借这些，人类修筑广阔的城市和公园，建造铁路和远洋轮船，可以周游世界，既不怕野兽，也不怕他国，一切皆服从于人类的命令和意志。同时，人类对宇宙的研究不亚于对自身所处世界的了解。也是凭借工具，人类探索无限深远的微观世界。所以说，这些身负骂名的"累赘"，无论基于物质还是出于精神，不论在现实还是在理想，都为人类带来丰富成果。这些"累赘"让人受益并反映人类真实的内在本性、自由与人格。当然，比起健康、长寿、知识与享受，工具也能为人类带来最为深刻的不幸。不过这一教训在于如何正确使用这些工具，而非彻底禁用，不必将工具贴上阻碍进步的标签。

事实是现代西方文明的缺陷不在于机械、工具的泛滥，在于对进步的真正本质与合理目标的错误认知。这些错误认知蒙蔽了众人双眼，认为太多的男男女女只求一己私欲和个人幸福，阻碍广泛的福祉。进入市场和工厂、进入政党和国家活动又是实现更高级进步的关键。不过，任谁都可以看到人类从猿类缓慢进化成人的努力与挣扎，都不会质疑人类所取得的进步。越来越多的人了解到个性的价值，也愈发渴望拥有它。努力和发展的真正目标从未像19世纪末这般清晰。对某些国家乃至全世界来说，利于自身发展的世界环境从未如此光明。闭关自守、与世隔绝已不复存在。国家间的自由交往传播思想，并以社会组织和机械发明的形式运用到实际生活中。这就让那些在社会和文明发展上多少有些落后的国家能够在较短的时间内获得先进国家凭借有利条件和长期艰苦努力所取得的优势。于是，民族激励了民族，长期演变而形成的思想、习俗、制度、机制促进彼此变革。通过社会遗传，先进民族缓慢获得的优势迅速累积到那些真正渴望发展的其他民族身上。如此一来，日本近代发展中的矛盾便可迎刃而解。

第二章　民族性格与特质

第一节　敏感

本章开始，我们将对日本社会心理深入研究，试图对其做出更为全面的阐释，并基于日本长期以来社会秩序的特殊性，揭示这些特质的起因。在日本人心理机制的研究中，我们还会不断回答一个重要问题——日本人的一些特质是否与生俱来？无法改变？如何阐释日本社会过去、现在、未来以及如何理解社会发展的一般性质，又取决于这一问题的答案。

我们自然会从日本人对外界环境的敏感入手，因为这一特质似乎更加符合天性。的确，与大多数民族相比，日本人会更快感知并且迅速适应环境变化。

过去30年的历史见证这一特质的发展。日本倾覆封建制度并非效仿西方，而在于自发觉醒，民众或多或少意识到封建制度无法维护国家完整。在此意义上，日本封建制度的消亡是出于直觉而非深思熟虑的结果。

我与英国剑桥大学福赛斯（Forsythe）博士、戴尔（Dale）博士的谈话中，特别询问他们与日本留学生的交往经历，二人都谈到同一现象：来自日本的留学生极易受到朋友的影响，以至于在极短时间内不仅模仿对方的穿着，也模仿他们的举止和发音。从欧洲度长假归来的日本人尤为有趣，如从法国归来的日本人明显带有法国人的举止与腔调，穿着打扮也颇为法式。从德国度假回来的日本人，举手投足间又流露出德国人的刻板、严肃。若在德、法两国各待上一个暑期，那么他的身上会兼具德、法文化。

日本人的敏感还表现在许多意想不到的方面。一位善于观察的女传教士曾说，自己时常好奇为何顽劣任性的孩子在接受日本教育后，会成为受人尊敬的社会名流。她得出的结论是：这些孩子犯错后不会受罚，而是遭到嘲笑。在日本，常有人跟孩子们讲，做错事会被人耻笑。这是件多么可怕的事情！

因此，害怕嘲笑对维护道德标准具有极为重要的社会学启示。在古代，对于拖欠债务的武士，债主可以公开嘲笑；负责为本书打字的日本小伙也表示，自己儿时听过一次演讲。主讲人询问下方的儿童，这世界上最可怕的事物是什么？孩子们给出"蛇""野兽""父亲""神仙""鬼魂""撒旦""地狱"等答案。这些固然可怕，但主讲人告诉孩子，最可怕的是"被人嘲笑"。这场生动的演讲给这名打字员留下了挥之不去的童年阴影。读到本章节时，他突然意识到，害怕嘲笑深刻影响着自己的生活。这一心理也在日本青年的德育中发挥重要作用。

畏惧嘲笑的心理自然让人细致入微地观察周遭的一切：衣着、举止、谈吐等等，并通过模仿，迅速与旁人保持一致。日本留学生对新环境敏感也就不难解释了。这种敏感有利有弊。前文已经提到敏感能够让人恪守道德标准，日本许多极为成功的改革也可能源于该国对国外批评的敏感。

根据传统，日本人在衣着方面相当自由。他们对赤身裸体浑然不觉，致使外国人视日本为野蛮国度。这种指责虽然不堪，却非空穴来风。日本在诸多方面可与他国一较高下，但在社会风化方面，自古至今更似半开化民族。为了应对这一批评，日本明治之初便颁布法令，禁止民众在城市赤身露体。公共澡堂也按西方惯例，分成男女隔间。不过，法令大多在外国人聚居区执行，城镇、村庄约束较少。但不可否认，这些法令颁布25年后，日本几乎所有的地方政府都已执行。

另一个典例是日本人对中国台湾的看法。日本政府因其在中国台湾所犯下的罪行，广遭主流媒体抨击。但奇怪的是，日方认为治理不善才会让本国受到国际轻视，仿佛最重要的问题是他国的看法，而非政府的诚实正义。以下摘文更可说明此点：

在日本，许多学校就学生如何对待外国人给予明示。经多方查阅，我挑选以下规定，加以简要说明。

（1）切勿在街道上追喊西人。

（2）礼貌回答西人的提问。若对方无法理解，可向警方求助。

（3）西人无故送礼不得收受，也不可索要过分回报。

（4）西人购物时切勿围观，以免令其不快，如此行为会让本国蒙羞。

（5）四海之内皆兄弟，不必害怕西人。平等相待、如常交往、不卑不亢。

（6）谨防抱团反对、敌视西人，人之好坏在于言行而非国籍。

（7）与西人交往数年，关系密切，恐被洋风、洋俗所惑，须持警惕。

（8）致意西人时脱帽即可，不必鞠躬。

（9）会见西人须穿戴整齐，不可裸露身体。

（10）尊敬祖先、热情好客，切勿因他人是基督徒而视为仇敌。

（11）周游世界，须掌握一门外语。

（12）谨防卖国求荣。禁止向西人出售日本房屋或土地。

（13）与西人比赛中努力求胜。铭记忠孝是最宝贵的民族财富。

上述规则并无多大问题。但第7条略带狭隘和偏见。正如《时事新报》（*Jiji Shimpo*）指出，禁止向西人出售房屋或土地，荒诞可笑。①

日本人的敏感利于社会团结，维护国家利益。这一特质往往使日本人的精神活动与情感活动共时发生。诚然，它在一段时间内会

---

① 《日本邮报》1899年9月30日。——作者注

阻碍改革，但之后又会加速变革。敏感让人难以挣脱周围环境的束缚，开始新的征程。这尽管阻碍个人进步，但能够促进社会的宏观进步。在特殊环境中暂时摆脱国家环境的日本人也常会被敏感再度拉回过往的生活状态。日本人很少觉察到这一点，但据我观察，西人同样未曾意识到敏感的力量。

在日本人身上，与外界敏感相关的品质，诸如灵活、适应、（头脑与身体）敏捷、关注细节与精确模仿，反过来又会加重敏感。

相反，中国人缺乏这种特性。比较居住美国一年以后的中国人与日本人，后者在衣着、举止等方面与西人无异，若非身材矮小、亚洲面孔以及蹩脚的英语，极易被误认为是美国人。而中国人完全不同！他们依旧保留鲜明的中国风格，所戴之帽是中国移民的传统样式，衣着虽不似中国本土，但非美式。总之，中国人不会费力迎合周遭的一切，而是别具一格。

因此，我将日本人试图与周围人的习俗和外表保持一致的诉求称之为敏感。这一特质还见于许多细微之处，如梳西式发型，在日本军队、警察、官员和受过教育的人群中，戴西帽、穿西服已相当普遍。洋椅、洋桌、洋灯、洋窗以及其他洋物件同样盛行。这种现象很大程度上是由于日本人思维灵活，易于接受新观念与新方法，愿意尝试新事物，接受新词汇。尝试后，若方便、有效、有趣，便会留用。而这种灵活性从某种程度上说，正是日本民族善变的内因。他们如此轻松地接受了新方法，以至于被视为反复无常。驻日传教士时常惊叹，几年前熟知的粗犷、蠢笨的男孩如今却成为一位相貌英俊、功成名就的绅士。我相信，正是日本人的敏感、灵活，他们才能快速吸收外来文明。

当然也存在例外。突出之例便是日本人虽购买西人器械，却未因地制宜进行改良。即使在现代日本公立学校的课本中，汉字从未按照笔画的复杂程度排序。他们似乎从未想到简化，不过现在倒有西人正尝试简化汉字。通常，出现这种例外可能源于创造力的缺乏。但笔者认为，较之物质与环境，日本人对个体与人群更加敏感。

本章深入讨论的这一特性——敏感，常被视作由大脑和神经结构决定且每代人通过遗传获得的先天特质。但仔细研究发现这种阐释毫无根据。用这些特性作为无法解释的经验主义事实，既回避问题，又将答案推给充斥着生物学、人类学、社会学等诸多难题的史前时代。

正是国内环境和社会秩序塑造了日本人的灵活性、善于模仿和对外界环境的敏感。现代心理学家呼吁有意识和无意识的模仿对人类进化和社会群体统一所产生的惊人作用。吉恩·加布里埃尔·塔尔德教授[①]甚至将模仿视为人类进化的基本法则。他指出，模仿在每个人的生活中都发挥作用，改变人类所有的思想、行为与感受。在人类文明发展当中，鲜少有人思考，多数人只在模仿。

稍加厘清西方文明的发展方式，我们便能确认模仿发挥的主导功用。日本并非个例，它集中模仿西方的特殊历史时期的确引人关注，但模仿之迅速却是特殊历史环境所致。长久以来，日本与世隔绝，在恢复对外交往的过程中，发现西方在诸多重要领域遥遥领先。自然法则无情如斯，留给日本的唯一出路便是快速模仿。若古代日本未模仿中国，近代日本从未模仿西方，则国之不存，又焉有独立。

因此，模仿公认的先进文明是日本社会秩序的有机组成与自觉元素，其模仿程度也是其他民族无法比拟的。

日本与他国模仿的区别在于后者鄙夷异族，不承认也不了解外来文明的优越，仅仅模仿细节。日本却能够发现外国文明的整体优势并希望将其广泛吸收，这就让日本民众拥有了模仿精神，使得模仿成为日本社会传承的一部分。这在很大程度上解释了日本与中国面对西方的显著差异。日本人去西方是为了尽可能地学习所有知识，中国人则不为其左右。日本人的模仿让自身对外界的所有变化极度敏感，永远关注细节并让自己迅速适应环境。相反，中国人不甚在

---

① 塔尔德（Jean Gabriel Tarde，1843—1904），法国社会学家、心理学家，模仿理论创始人，代表作有《模仿的法则》。——译者注

意周遭环境，因为中国人拥有自己的主见。当然，在特殊情况下，若抛弃了华夏文明，中国人也会在衣着、言谈、举止和思想等方面西化。但这种情况罕见。

在日本西化过程中还有一个更加有效的因素，那就是日本封建制度。其显著特征之一是下级对上级绝对服从。关注细节、绝对服从、有意模仿、隐秘、多疑等特质都在这一社会制度下得到高度发展。每一种特征都是敏感连接外界的具体表现。自古以来，任何新观念或者新习俗若要为日本民众接受，上位者的倡议必不可少。16世纪的基督教和8世纪的佛教之所以被日本广为接受，是因为二者在当时得到权贵的拥护。早期中国文明与近代西方文明也是由少数贵族和皇帝认可，后被普通百姓接受。因此，日本人的一大特点便是百姓时刻保持与统治者的理念和目标的高度一致，这同样是日本封建制度的性质所致，让国民高度服从统治者并赋予日本独有的外界敏感性。

对上位者细微情绪变化的感知以及相应的灵活调适是日本重要的社会特征，也是原有社会秩序的必然产物。缺乏上述特质之人即便在现实斗争中生存下来，也会在争夺社会地位中一败涂地。于是，敏感与灵活在日本得到高度发展。

纵观影响日本人极度敏感的精神内质，我们能够清楚地发现，上述由敏感引发的特征，显然与其固有民族性无关。我们需要在具体的社会秩序与环境中加以充分理解。

第二节　群情、退位

我们很早意识到日本人是情绪化的，却对他们的这种天性没有完全了解。现实中，情绪化贯穿日本人的一生并支配着其心理活动，其作用方式与影响之深远超西人理解。群情曾多次席卷日本，顷刻激起的公众舆论让他国错愕。这让我想起在日本近代政治生活中，中日甲午海战前的几个月，日本内阁与在野党争斗不休。在野政党坚持认为，日本内阁应照搬英国体制，对把持众议院的执政党负责，如此才能团结一致。不过依据日本宪法，内阁只对天皇负责，无需因执政党的更迭而变动。举国上下为此吵得不可开交，国会也不断解散重组。在新晋的国会中，支持内阁决策的投票又从未赢得多数席位，导致内阁无法推行任何政策。在野党多次拒绝内阁提出的财政预算，原因是内阁没有能力管理巨额的财政开支。囿于宪法规定，内阁不止一次被迫延用前一年的财政预算，勉强维系政府运转。这种反内阁的情绪遍及全国，甚至东京处处是"政治流氓"（soshi），让人担心内阁成员的人身安全。报纸大肆批评政府铺张浪费，一场政治震荡似乎不可避免。而在此时，国际军事彻底改变了群情。

原本在内阁，日清战争只是窃窃私议，后又传得沸沸扬扬，舆情发展得极为迅速。与中国几次交战取胜，彻底激发了日本人心中狂热的好战情绪，在野党与内阁的争论被抛之脑后。日本国会紧急召开临时会议，就战争费用表决，平日对内阁缺乏信心或管理政府日常开支等言论无人再提。相反，要求战争拨款1.5亿日元的提案一经提出，不到5分钟全票通过。

如此彻底的转变很难在英国、美国甚至任何一个理性国家出现。据我所知，日本在此次战争中上下一心，丝毫不见"和平派"的踪影。同我交流过的日本人中，只有一位贵格会教徒对战争提过异议。

同时，情绪化又会致使日本国民变得极端。自由主义者极端自由，保守派无比保守。19世纪80年代初，日本一度对舶来品和西方风俗狂热追捧，后又憎恨一切外来事物。

这种极端情绪在日本基督徒的神学思想中屡见不鲜。有些人多年为兴建教堂做出卓越贡献。不过转瞬间，他们又会尽数抛弃自己传授的理想，成为极端的理性主义者，顿失帮助同胞的力量。这些人将自己的转变解释为受理智影响，但似乎不充分。引发变化的真正原因不在于他们的理智，在于感性。

但须注意，不能过分强调这种极端主义倾向。在某些方面，我相信这只是表象，并非真实存在。很多日本人打心底反对极端，但缄默不语，被动行事，方造就这种假象。一般来讲，新政策一经发布，拥护者热情高涨、奔走呼号，这再正常不过。为了给人留下人人拥护的表象，不赞同之人只能保持沉默。每个国家或多或少存在这一现象，日本尤甚。对异议保持沉默是日本人的显著表征之一，这似乎与放弃个人责任有关。传教士常有这样的体验，面对冲突，日本教众大多选择默默离开。询问后得知，与其纠正，不如放弃。

坐落于日本熊本市的公理会，从前规模庞大、信众不绝，如今常来的信众不足12人，只因有人对教会那位专横又激进的牧师感到不满，便默默退出。要是每个人都站在教会这一边，并认识到自己对教会负有不可推卸的责任，那么教会中的保守派和大量信众便会团结一致反对那位激进的牧师。另外，在熊本学校受托人滥用信托基金一案中，许多日本人都觉得美部会①受到不公对待，玷污了日本名誉。但他们既未发表意见，也没有改正不公的结果。如此沉默不禁让人误认为，日本民众要么对此事全然不知，要么漠不关心。不过现在我们了解到许多人对此事深有成见，只是遵循传统，缄口不言罢了。

这种无声的抗议虽然可能持续多年，但不会无休止地沉默下去。一旦高涨的群情遭到长时间抑制，沉默的一方开始发泄情绪，便纷纷转向弃绝行为，导致群情愈演愈烈。

即便日本经常被起伏的群情裹挟着从一种极端冲向另一种极端，但也有许多明智之人保持清醒，使得日本依旧稳步向前。他们担起政府职责，遵循理性判断。当欧洲对《马关条约》横加干涉时，日本举国上下群情激愤，日本掌权者却能清醒地认识到同沙俄作战无异于螳臂当车，感性的爱国主义未冲昏他们的头脑。他们的爱国情怀比日本民众更为深厚，也更加真挚。而日本民众在海陆战役捷报频传中忘乎所以，急于一举击败沙俄。

---

① 即美国公理会差会，美国基督教海外传教机构。——译者注

退位是日本社会生活中的重要组成部分。它将责任甩给年轻人，加重日本民众的情绪化特性，我们需要格外关注。在此，我援引约翰·哈林顿·古宾斯①英译《日本新民法典》（*The Civil Code of Japan*）中的引言进行阐释：

> 日本学者一致认为，退位这一风俗的起源可追溯到日本古代大名退位。当时虽未受到宗教影响，但随着佛教传入日本，退位之举进入新阶段，似是效仿佛寺住持为参禅悟道而退隐，天皇也在剃度出家后担任法皇②。后来这一风俗沾染政治色彩，其宗教外衣又得以保留。随后，退位之风从天皇传到摄政关白③和高官大员之间。如滋野井（Shigeno）教授指出，进入12世纪，退位在朝臣要员中极为普遍，四五十岁从俗世事务中退隐成为佛门俗家弟子俨然成为一种惯例。隐退行为和隐退者都被称作"niu do"④。久而久之，退位不再限于官员，而是扩大到封建贵族和武士阶层，并由此传遍日本。而在这一过渡阶段，退位的界限也趋于明朗，不仅涉及达官贵人群体，也包含割裂传统与宗教的普通人。无论退位真假，都不再称作"niu do"，而是"in kio（隐退）"。"niu do"只保留宗教意义，如今的写法是"inkyo"。
>
> 尽管退位与宗教颇有渊源，但现在早与宗教无关。准确来说，如今的退位绝不会像欧洲古代君主那样在修道院中隐居，了却余生，也无爱尔兰语中"塑造灵魂"（To make one's soul）的目的。在日本，传统习俗可以解释退位的理由，也能体现习俗的强大影响。但有一点不同，在西方，人们放弃的是事业抑

---

① 约翰·哈林顿·古宾斯（John Harington Gubbins，1852—1929），英国语言学家、领事官员和外交官。——译者注
② 日本天皇退位出家后称太上法皇，简称法皇。——译者注
③ 摄政与关白分别是古代日本两种重要职位，可世袭，担任这两种职位之人实际掌握了古代日本的最高权力。——译者注
④ 意为"退位"或"退位之人"。——译者注

或职业，个人的家庭地位不受影响。在日本，若放弃一家之主的地位，他在家庭中便完全不受待见。此外，虽然退位通常意味着舍弃个人的事业或职业，但与退位者继续积极追求事业并不矛盾。如果非要解释退位行为，那么日本家主退位的理由似乎充分得多，除了承担一家之主的责任，还须处理各种耗时费力的繁文缛节。同时，家主的自由也受到限制。在很多情况下，退位是为了摆脱家庭生活中的沉重压力，而非偷懒或者贪图安逸。事实表明，古代天皇、摄政王或者权贵退位大多标志着他们的新生，重拾个人生活。因此在现代日本，一个人的黄金时期往往从他放弃家主之位开始。

1862年幕府公布的官方大名名册充分反映了明治之前日本的退位之风。其中不仅包括268名在位大名（daimyo），还包括104名"隐退者"。

本章探讨的群情与退位是与生俱来还是后天习得？根据论述，这些特性是日本社会秩序使然。政治退隐和家族退位正是此种情况，而个人弃责也有着类似原因，日本传统很少让人"仰不愧于天，俯不怍于人"。民众所受教导是对人忠诚而非恪守原则。侍从的职责不是思考和决定，而是听从命令。即使反对，也要保持沉默，尽可能地不干涉主人行事。若在思想与行动上违逆主人，就要做好切腹（harakiri）的准备。所以，个人弃责与无声抗议都是日本社会秩序导致的直接结果。

第三节　英雄、崇拜

假如梳理一个民族敬奉的神祇，能够了解该民族性格的话，那么研究这个民族所崇拜的英雄，亦复如是。探讨日本民族英雄，也让外界对这个民族的某种印象得到印证——情感生活绘就日本人性格的底色。称日本为崇拜英雄的国度，可谓名副其实。供奉来源之广，不仅涉及多神的神道教，还涵盖每一位有史可溯的英雄人物。这些英雄有的英勇无畏，有的力能扛鼎，无不是热血满腔的性情中人。例如日本文学界最脍炙人口的民族史诗——"四十七士物语"（The Forty-seven Ronin），讲述了47位武士筹谋多年为已故领主报仇雪恨的故事。故事结尾，完成复仇的武士按照当时的习俗切腹自尽。时至今日，他们的陵园依旧是东京香火最盛之地，以他们的悲壮事迹改编的戏剧颇受欢迎。

对民族英雄的描述亦能反映情感。在日本民众眼中，英雄形象极具漫画色彩：双目炯然、怒发冲冠，面容因情感强烈而扭曲，手持双刀砍杀敌人。不过，日本英雄画像与现实人物之间的巨大反差常令我惊奇。这种差异显然是将英雄理想化导致。

即使在西化的日本人身上，英雄情结依旧强烈，这一点耐人寻味。曾几何时，信奉基督教的日本青年热盼某位卓越的美国学者访日，他们的热忱令我记忆犹新。若这位学者一直在大洋彼岸，让日本青年只读其书而不见其人，他的英雄形象会一直存续，光芒不减。一旦亲临日本，举手投足与其他绅士再无二致时，便会跌落神坛，光环不再。

美国首任驻日公使汤森·哈里斯[①]曾用日本人的标准和处事方式维护尊严，足见洞察东方思维之深。他在日记中提到首次来到东京的自己本打算骑马进城领略当地风情，却因当地权贵皆乘坐一种全封闭式的轿子——"驾笼"，也只能效仿。后来得知，骑马进城会令民众误认为他只是末流小官，而非位高权重的大国公使。

其实，英雄崇拜的孕育与衍生不难理解。凡是以军国主义，特别是封建主义作为社会秩序之基的国家，英雄崇拜的产生过程大多如出一辙。在日本传教受阻，也是因为信徒未将他们视为英雄。日本民众习惯接受官员、教师、专家等英雄的引导。传教士既无官身，

---

① 汤森·哈里斯（Townsend Harris，1804—1878），美国首任驻日公使，曾任纽约教育委员会会长，与德川幕府签订《安政条约》及《日本国美利坚合众国修好通商条约》，因开启日本近代对外的贸易及文化交流，至今被日本民众尊敬。——译者注

第二章 民族性格与特质

也无英雄风范。

不过，历史上倒有几位西人成功晋身日本人心目中的英雄。明治初年，克拉克博士（William Smith Clark）和布朗牧师（Rev. Samuel Robbins Brown）结合基督教教义在日本推行大众教育，对日本青年影响深远。但彼时的局势极为特殊，且二人未在日本驻留太久。另一位被学子捧上天的西人可视为英雄，因为他的身上带有十足的武士道精神。事实上，若论无畏之心、处世傲慢，他比大多数日本武士有过之而无不及；其性格跋扈，令人印象深刻。在他离日的18年间，昔日的门生一直对他的功绩津津乐道。当他被请回日本之时，追随者发现此人非想象中的英雄。不到几月，过往的荣光便已不再。当然，对这些人、事的简述并非公论。据我所知，克拉克博士和布朗牧师一直在日本民众的心中占有一席之地。但对日本奉献与付出最大的西人当属沃贝克博士（Dr. Guido Herman Fridolin Verbeck），整个大和民族对他感念至深。沃贝克博士于1859年在日本传教，培养了大批青年才俊，其中多人成为日本维新运动领袖。在访日的西方人中，唯他一人被授予日本公民身份并获得自由通行证。1898年，沃贝克博士的葬礼极为隆重，日本贵胄不仅全部出席，明治天皇也承揽部分丧葬费用。虽说在日本人心中，外国英雄寥寥无几，但沃贝克博士绝对算一个，这一点毋庸置疑。

若论日本人渴望英雄的种种表现，传教士们苦苦找人填位、补缺的经历值得一提，但满足要求的应募者甚为寥落。熊本基督男子学校和基督教会就因找不到享誉全日本的宗教人士，整整一年没有校长和牧师。他们祈盼的校长，既要在当地政界位高权重，也得有能力主持九州岛的基督教工作。临时选中的男子相貌平平、衣着简素，尽管学识渊博、能力超群，足以打理好学校事务，但其平民出身不受青睐。最终，教会找到了一位称心的补位人。此人国外游历良久，风度翩翩、才华横溢，看似是不二人选，至少推荐人是这么说的（他也的确"不负众望"）。但彼时的他还只是在苏格兰学习的穷学生。若招至日本，学校还需筹集路费。钱倒是筹到了——学校

150名衣衫褴褛、忍冻挨饿、每月只有2美元生活费的穷孩子们最终从父母那里筹集475美元寄往海外，这才将他们心中的英雄——未来的校长、牧师带回日本。后面的故事无需赘述，但可以悄悄告诉读者，此人比起教会的期待更加激进，一上任便大刀阔斧地改革，不到3个月的时间，学校一分为二；不到3年的时间，两所分校不仅丧失所有基督教色彩，甚至连学校都已不复存在，荒废为一片桑树地。

不久前，我和一位日本朋友聊天，谈到他们的英雄情结。我注意到，上文所述符合了绝大部分日本青年人的情结取向，但其他阶层只崇尚道德英雄，而非军事英雄。道德英雄的力量不在于骄矜而在于谦和，影响力扎根于渊博的学识，以及对生活中重大道德问题的真知灼见。这便是许多"道德"之师的共同点。最近，我拜读了一部关于"近江圣人"——中江藤树[①]的日本小说。近江圣人之所以在日本家喻户晓，非此人泓涵演迤，而在于人格魅力。他对近江民众的影响之大、感化之深，足以改变当地的民风人情，在尘世间创造一个没有犯罪与淫邪之念的纯净天堂。不论中江藤树在现实生活中如何，他的品格至今备受推崇。即便跋扈的武士在日本最为常见，但也有迹象表明并非所有人理想中的英雄都是如此。不久前，我就听到下面这组对句，描写的正是英雄本色：

真正的英雄，
外表，容若春风，
内心，坚如磐石。

我还偶然发现另一个关于理想英雄的表述"I atte takakarazu"，意思是"威而不矜，强而不浮"。在上述事实面前，若将日本人从古

[①] 中江藤树（1608—1648），江户早期儒者，日本德川时代初期的唯心主义哲学家，日本阳明学派创始人。主要著作有《翁问答》《〈大学〉考》等。——译者注

第二章　民族性格与特质

至今的理想英雄都视为趾高气扬、耀武扬威武者的话,这实在有失公允。在战争年代,此类英雄无疑是日本社会推崇的楷模,随着民众学识、素质的普遍提升,所崇拜的英雄自会与时俱进。

此外,我们不应草率断言英雄崇拜情结一无是处,英雄崇拜是瑕瑜互见的存在。在所有国家中,对英雄的崇拜揭示了人性中饱含英雄色彩的一面。人类都会在某种程度上欣赏自身所具备的高贵品质,对所求不得的品质更是如此——"虽不能至,心向往之"。近期日清战争表明,尚武的英雄主义不仅存在于武士后代,更是深埋于每个日本人心中。但时至今日,人们已愈发推崇道德英雄,这个现象着实令人鼓舞。

教育和宗教为道德英雄提供了生存土壤。已故的新岛襄博士[①]是日本同志社大学的创立者,也是许多无信仰者心目中的英雄。另一位道德英雄当属日本孤儿院之父石井十次先生[②]。一个民族若能够培养并珍视如此高尚之士,也就掌握了强国兴邦的不二法门。

事实上,英雄崇拜这一特质取决于日本人的性格特征:一是敢于成为英雄的强大人格;二是强烈的理想化倾向。乔治·特兰伯尔·拉德教授[③]曾将日本人列为"感性"民族,因为他们极受情绪左右。这一特质还体现在他们的日常生活中,譬如,热爱合影在很大程度上出于感性。拉德教授遂将感性主义(Sentimentalism)视为理想主义较为情绪化的一面。

新的社会秩序正在重塑这个国家旧时的英雄形象。身佩双刀、准备迎敌的武士形象今时今日不过是美好的幻象罢了。现实生活中,倘若杀了人,会迅速剥夺人身自由,不仅面临法律惩罚,还会受到

[①]　新岛襄(1843—1890),近代日本第一个开眼看世界之人。他是第一个在欧美获得学位的日本人,以其先进的教育理念开办了日本历史上第一所基督教大学——同志社大学。——译者注

[②]　石井十次(1865—1914),1887年在冈山市创设日本最早的孤儿院"孤儿教育会",即后来的冈山孤儿院,堪称日本的"儿童福祉之父"。——译者注

[③]　乔治·特兰伯尔·拉德(George Trumbull Ladd,1842—1921),美国哲学家、教育家和心理学家,代表作有《心灵哲学》《描述心理学与解释心理学》等。——译者注

舆论的批判。现在，我常常听到新时代的理想英雄与过往的旧式英雄迥然不同。许多与我畅享人生目标的日本年轻人都说，他们希望受到更加全面的教育，未来能够成为伟大的"政治家"，引领日本走上繁荣之路，成为世界强国。所以，当代的日本英雄是为国家做出卓越贡献的爱国者们。这样的英雄必然是一位习得科学、历史和外语的绅士。但更重要的是，他必须精通政治经济学和国家律法。这种全新的英雄形象实则是社会秩序发展的衍生品。秩序越发展，人类社会就越注重精神力量和道德力量，而非社会地位与官场职位；越会重视内部动因，而非偶然概率。如此以往，传统的理想终将逐渐被新理想取代。随着社会的发展，其中的要素日益分化，理想也会随之转变。对理想的研究用途自然良多：它既能剖析当下理想人物的特质，探知自身所处社会发展的程度，也能进一步揭示这一社会内部诸多要素的分化水平。

第四节 婚恋

倘若日本人如世人所想，是极为情绪化的民族，那么该民族在两性关系上亦复如是。但事实远非如此。在日本的家庭生活中，性爱微不足道，有些人甚至到了无性之爱的地步。在帕西瓦尔·罗威尔[①]那本颇为知名却错漏百出的著作《远东之魂》（*The Soul of the Far East*）中，他声称日本人不会"坠入爱河"。对于这一结论是否正确，我们还需结合日本的非人格化特质进行考量。因为，"坠入爱河"不是组建家庭的必要环节，婚姻也不需要相爱，甚至不需要相识、相知，这些在日本都是不争的事实。

在此，我们不妨关注日本人婚后的情感特征。夫妻二人能否伉俪情深？在日本女性的教科书《女大学》中，没有任何关于爱情的

---

① 帕西瓦尔·罗威尔（Percival Lowel，1855—1916），美国天文学家、商人、作家与数学家，冥王星轨道的推测者。——译者注

第二章　民族性格与特质

只言片语。该书也曾提过，夫妻之间不甚流露爱意。而东西方文明最显著的差异也许就在于对女性和婚姻的不同看法。

西人认为女性即便不优于男性，也与男性平等；日本则误认为女性全面弱于男性。西人认为深爱是婚姻的唯一条件，而日本指出爱情的本质不纯洁，有损男性尊严，谈婚论嫁亦无需考虑爱情；在终身大事上，西方男女都有发言权，而日本新人毫无权力；西方特别重视婚前长期亲密的相处，日本人却认为男女婚前无需了解。在西方，妻子婚后便是家中的女王。在日本，妻子进门便是丈夫家族的佣人；西方的孩子属于夫妻双方。日本孩子只属于父亲。一旦离婚，孩子只随父亲生活；西方离婚较为罕见，一旦离婚会遭到谴责，日本离婚稀松平常；西方男女都有提出离婚的权利，日本直到近代，依旧是男性单方面休妻；西方婚姻破裂的原因大多严重，日本的离婚却常出于小事；西方的妻子是"贤内助"，日本的女性却是男性的"玩物"，抑或延续香火的工具。在西方，男人是身负责任的"丈夫"；在日本，男人是家中的"老爷"①。西方的美满家庭中，妻子备受丈夫的关爱与呵护；在日本的模范家庭中，妻子要时刻服侍丈夫，为他做好可口的饭菜，无论丈夫多晚归来，妻子都要等候。西方妻子可以怨恨丈夫任何的不忠或者不道德行为；在日本，妻子只能忍耐，接受丈夫的一切，无论他身处何处，有多少姘头，道德几近沦丧，妻子都不能有怨言。下文是《日本邮报》的编辑对日本女性的描述，他的评价相对公允，因为他娶了日本女子为妻。

> 日本女性极为迷人，优雅、得体、女人味十足、性情温顺、无私贤惠，是男人眼中典型的贤妻良母。实际上，日本女性游离于整个国家的精神生活之外，对政治、艺术、文学、科学一窍不通，无法就这些话题展开思考，更不用说在相关问题上崭露锋芒。事实上，日本女性完全无法充当丈夫的灵魂伴侣，最

---

①　在日本，丈夫称"danna san"（老爷）或者"teishu"（当家的）。——译者注

终不可避免地遭到轻视。①

上述事实表明，对西方两性关系影响极大的情感因素在日本的夫妻关系中显得微乎其微。一旦表露情感，便会受到世人谴责。若妻子安分守己、贤惠持家，丈夫地位尊崇、生意稳定且不沉溺酒色，日本也确实存在幸福美满的婚姻。可即便如此，这种夫妻之情也与西方普遍的爱情相异，因为西方男性所给予妻子无条件的爱是日本女性做梦都不敢奢求的。②

不过，我还想补充一点，鉴于日本人在外界一向耻于流露夫妻间的感情，对于上述话题，我们不可妄下结论。近几十年来，日本的社会群体，尤其是日本基督教信徒的婚恋观发生了巨变。但日本基督徒的夫妻感情依旧与西人不同。换句话说，无论私下受到何种宠爱，妻子在日本公共场合都无法得到西方妻子应有的关注与尊重。

正式的深鞠躬能够传递多少爱意？现实却是日本文化一直竭力压抑一切情感的表达。这种克己寡欲的例子甚至在家庭生活中也是司空见惯，更别提出现在其他一些令人诧异的场合了。旧日本不知接吻为何物，而如今绝大多数日本人也只知"接吻"其词，不知其行。甚至母亲也很少亲吻自己的婴孩，就算亲吻，也是在孩子非常小的时候。

我们更感兴趣的是这些现象背后的成因。夫妻之间缺乏感情，到底是日本人天性所致，还是社会秩序之故？若一个日本人在美国或英国待上几年，他是否依然对所有女人冷若冰霜，从不表现出哪怕一丁点的心动和爱意？这些问题的答案不言而喻，也正是我们要解决的主要问题。

我以为，上述并非出于民族性，而是囿于社会秩序。多年前，

---

① 《日本邮报》1898年6月4日。——作者注

② 若关于夫妻之间缺乏情感的论述属实，那么随后章节对孩子相对缺乏关爱的论述便更加可信，也易理解。若日本的夫妻关系如本章所述，日本孩子所受教育是要尊重父亲而非热爱父亲的话，那么日本的父子关系便无法与其他国家相同。——作者注

新岛襄博士因健康原因与戴维斯博士（Davis）准备启程前往美国。临行前，他为学生做了一场演讲，言辞中流露出不得已而离开的种种遗憾。此时的同志社大学正处于方兴未艾的关键阶段。他首先认为所有有识之士应为这一无上的事业伸出援手。其次，他不得不离开年迈的父母，待他归来，或许已是子欲养而亲不待。再次，他不忍东劳西燕之痛。新岛襄在公开场合提及自己的妻子时深情流露，这在当时引起轩然大波。令人反感的是，他竟然在谈及父母之后提到自己的妻子。这也导致在他的友人向公共媒体提供的演讲报告中，只字未提新岛襄博士对妻子所表达的爱意。而在新岛襄去世数月后，戴维斯为其作了一篇小传，因完全再现新岛襄那次演讲，遭到猛烈抨击。

初到日本不久，我曾与一位讲英语、广交西人的日本人一同从教堂回家。在未有前言铺陈的情况下，他突然说自己不理解西人为何能够忍受妻子的专横。我不明所以，他曾看到我为妻子系鞋扣。这里稍作解释，到日本家中拜访时，我们须入乡随俗，将鞋子留在玄关，这对习惯在家穿鞋的西人来说未免尴尬，特别是出门还需重新穿鞋，而玄关的高台又增加了穿鞋的难度。跪在台阶上伸手取鞋，再费力穿上，一系列动作对男性来说都很难，更何况女性。而且玄关处也没有合适的地方可以把脚放上去扣扣子、系鞋带。因此，我一向乐意为妻子做这些小事。但这一举动背离了当地的社会习俗，引得这位受过良好教育且与西人频繁往来的日本绅士侧目，所见尽是蛮妻的发号施令和懦夫的卑屈服从。在他看来，西方夫妻关系就是妻子的暴政。

在婚恋话题上，最初带给我冲击的是另一件事情：妻子每每挽着我的手臂往返于教堂或是行走于他处，路人便会面带愠色。日本人认为，只有酒醉的浪荡子才会在公开场合和女人亲密。在日本，男子一旦携妻外出，便将妻子甩在身后。如有包裹，也是妻子拿着。至于孩子，特别是长子，才有与父亲同侧而行的资格。

还有一些例子可以说明日本当代家庭生活对情感的压抑。最近，我在传教分站发现一名女士，年纪轻轻却境遇悲惨。她父母膝下无子，便根据当地习俗收养一子。此人后来入赘为这家长女的夫婿。这人简直是个无赖，所以当他决定和养父母断绝关系时，家人自然高兴不已。不久，大女儿诞下一子。根据当地的法律，由于她是单身母亲，这名孩子要么登记为私生子，要么登记到自己的父亲名下。在当时的日本，冒名登记极为常见，由于私生子不合法，便常常登记在正室名下。假如正室无所出或子嗣稀薄，这种现象更加常见。

一位长期在九州工作的传教士生活十分拮据，他不仅要接济自己的父亲，还得赡养离婚后无家可归的生母，将其接到自己家中居住。当父亲与第二任妻子离婚后，他又被迫照顾继母。另一位与我交情不错的传教士曾被一个心术不正的老人收养；在早年的日本，家中长子可以免服兵役的政策使得无子家庭常因收养其他家庭幼子，赚得盆满钵满。这位传教士年幼时就被这样一个无子家庭收养，并约定将来支付抚养费。不过，他颇讨老人的欢心，老人从未讨要这笔钱财。后来，老头故伎重演又收养了一个儿子，从次子家中拿到了抚养费。几年后，不顾养父反对的长子当了基督徒，后又成为传教士。愤怒的养父决定与他断绝所有关系，要求他改回原名，并连本带息付清酬金。面对巨款，他无力支付，双方的谈判也僵持了三四年。其间，他爱上了一名年轻的姑娘，也是后来的妻子。可在当时，养父已为他寻得满意的伴侣，不同意与这位年轻女子结婚。未能断绝养父关系的他也无法与心爱之人登记结婚。就这样，此事拖延了几个月。除非妥善解决，否则他的孩子一旦出生，便会登记为私生子。后来，他征询我的意见，我第一次了解到事情的原委。经过进一步协商，他与养父就支付金额达成协议。摆脱养父的他终于可以使用新名字登记，缔结合法婚姻。但是收养和分家造成的混乱给日本家庭烙上了永远的伤痛。

标致、能干的日本年轻女性惨遭野蛮花心丈夫抛弃，此类离婚案件数量惊人。我听过好多类似的案例。难怪无论公共演讲还是私下聊天都在强调婚姻与家庭改革的迫切性。

第二章 民族性格与特质

日本各地报纸也在讨论一夫一妻制和一夫多妻制的利弊。1898年1月，日本杰出的教育家福泽谕吉先生[①]在东京的主流报纸《时事新报》上发表系列文章，就此问题深入探讨。他创办的庆应义塾虽是一所私立大学，但比其他学校培养出更多的优秀人才。福泽谕吉强烈支持一夫一妻制，他在文章中对当今日本社会和家庭生活的描述触目惊心。若未记错，正是他提到某位贵妇听闻丈夫升官的消息时潸然泪下。问及此事，这位贵妇坦言，丈夫俸禄提高，便会纳更多的妾，会更加频繁流连于舞衫歌扇之间。

日本家庭生活的不幸还源于从大都市随处可见的公娼暗妓，以及几乎遍布城镇的歌舞伶人。虽然激增的娼妓与歌舞伎事关道德而非家庭生活，但也反映了一个可怕的事实：这种现象似乎比任何方式都更加清晰地反映了日常的日本家庭生活是多么的乏善可陈。不久前，在一次基督教青年会上，一位阅历丰富、颇有社会地位的基督徒言之凿凿，歌舞伎是当今日本文明不可或缺的部分，是她们为男性提供了一般女性所没有的柔情。若日本女子都像西方女性那般，充分参与男性社会生活的话，歌舞伎便会消失。

还有一个问题值得关注。若日本的社会秩序不是日本人天性的真实表现，我们该如何解释这一抑制自然情感的社会秩序？能否说当前缺少人情味的社会是日本人天性所致？这一问题似乎比实际情况更加棘手。

首先，西方国家的夫妻之情与亲子之情是近代产物，这一点在爱德华·亚历山大·韦斯特马克[②]那本内容翔实的《人类婚姻史》（*The History of Human Marriage*）中得到了充分阐释。凡是妇女被视作奴隶、被随意买卖、被当作单纯的生育工具抑或遭到其他歧视之地，

[①] 福泽谕吉（1835—1901），日本近代著名启蒙思想家、明治时期杰出教育家，日本私立大学庆应义塾大学的创立者。——译者注

[②] 爱德华·亚历山大·韦斯特马克（Edvard Alexander Westermarck，1862—1939），芬兰著名社会学家、人类学家和哲学家，代表作有《人类婚姻史》《道德观念的起源和发展》《摩洛哥的婚姻仪礼》等。——译者注

男女之间即使存在情愫，也不可能产生极为浓厚的爱情，男女之情必然停留在初步发展阶段。例如在日本，女性的存在与意义一直受到贬低，虽然个别女性能够逾越既定的社会地位，但是整个社会秩序都对女性不利。即便有人提出西式爱情也曾存在于日本早期社会，但在我看来，这种说法无法成立。

其次，我们需谨记，审慎的人类进化学家指出，当一个部落或民族中家庭等级彻底固化，即父亲拥有绝对话语权时，男性往往能够在两性竞争中夺取胜利。原因显而易见，每一个征伐四方的民族都在不同程度发展了"父权"（patria potestas）。在父权制度延续至今的日本，其最小的社会单位是家庭与氏族，政府只与家庭或者氏族对话，而非个人。但在西方，个人早已成为民事单位，再加上宗教、伦理制约，女性和儿童的社会与家庭地位得到了保障。上述思考有助于阐明本书前几章的主要观点并具有说服力——日本人独特的情感特征非与生俱来，而是社会秩序的产物。随着秩序的改变，这些特质必将变化。一个国家文明的主色调是由全体国民对生命价值的认识所决定的。即使在西方，细腻的情感发展也相对较晚，这无疑是固有价值观念改变极为缓慢所致的。

直到日本明治时代，人命一直轻如草芥。对于武士阶级的罪犯，自杀是体面死法，而命丧武士之手的下层民众得不到任何补偿。当时，女性的价值比较功利，多为生育、做家务、干农活以及取悦男性。

不过在付出巨大的努力后，日本以前所未有的速度建立了新的社会秩序，构建一套法律体系，至少在法律面前实现了人人平等。这也在日本历史上第一次赋予女性离婚的权利。而日本统治者推行的新型社会秩序能否得到落实？或者说，仅凭颁布法律，能否达成社会共识，维护长治久安？福泽谕吉先生表示，要想家庭改革、建立一夫一妻制度，首要培养公众对娼妓、一夫多妻制以及非法婚姻的抵制，要做到这一点，就要消除这些陋习，这比女性接受高等教育更加重要。

第五节　开朗、勤奋、信任、多疑

不少作家偏爱挥墨于日本人普遍拥有的乐天性格：心态平和、活在当下、无忧未来。在作家们的笔下，此类特征总是被描绘得熠熠生辉，这也是日本人生活的真实写照。当樱花祭来临，便是家庭野餐的佳节，所有的烦忧似乎都已烟消云散，处处洋溢着单纯、新奇、无忧无虑的欢乐气息。不过有人指出，日本人的这些特征正在改变。西方机器、政府管理体制、贸易秩序和教育方式的涌入，新的行为习惯和烦心事由此产生，改革雄心与传统法则背道而驰。倘若事实的确如此，我们能够得出本章将要讨论的观点：与其说民族的某些显著特征是由秉性所致，不如视为社会特殊条件造就的结果。

西人常见且欣赏日本人的乐天性格往往体现在孩童身上。在许多方面，日本人都略逊一筹，这是旧社会秩序所导致的结果——完全父权制的政府，森严的制度，缺失的个人主观性抑或责任感。凡是在这种体制占主导的国家中，民众不可避免地表现出日本那种简单、幼稚的乐观，而这种乐观又构成了全世界诗人竞相歌颂的所谓"黄金时代"。不过，正如孩子们的乐观天真、童稚欢欣会随着他们的成长逐渐消逝，随着时间的推移，这种乐观也必将改变直至消失。

然而，日本人绝不会放弃乐观的生活态度，尽管不少人在佛教的影响下变得极为阴郁。因为佛教的要义就在于敬告世人生命的转瞬即逝，虽有瞬时的快乐，但结局唯余失望与悲伤。佛教在日本社会中赢得了广泛认同，一千多年来，它一直影响着日本民众的思想与生活，但这与日本人特有的开朗性格又是如何做到统一的？答案显而易见。悲观本质上是遗世独立与缄默不语，悲观者无法体验常人之乐，他们或隐居寺院或闭门不出。究其本质，日本的悲观本身并非显化于外。而我们认为日本人乐观的论断也流于表面。无论在节日和日常生活中，日本人大多表现得开朗快乐，而未了解悲伤孤寂之人的状态。我有理由相信，尽管曾经的日本民众在表面上无忧无虑，但内心也有深深的悲痛。不少人身心俱疲，皈依佛门寻求慰藉，佛教因此广受欢迎。

请各位读者注意这样一个事实：在日本，对儿童和年轻人的注重在一定程度上造成了普遍幸福的表象。与西人不同，日本人临街而居，前店后宅、商住一体，家庭生活自然显露无遗。由于日本家庭少有宅院，孩子大多在街上玩耍。三五成群，玩得不亦乐乎，全然无视路人，因为过路的不是行人便是车夫，从来不会让孩子们有所顾忌。

日本人给人的印象具有两面性，一方面勤奋刻苦、踏实肯干，另一方面怠惰懒散、虚度光阴。西人对日本人的工作时间之长倍感惊讶。在福冈，商店和作坊在晚上10点甚至11点还在营业，铁匠、木匠和车轮匠昼夜不分地工作。几家新开办的工厂每天高负荷运转。事实上，日本大多数棉纺厂都是24小时不停歇的，安排两组工人每周轮班：上满一周白班的工人，下周上夜班。至少我熟悉的一家工厂便是如此。厂里1500名女工要从周六晚上6点一直工作到周日清晨6点，待休息一日后，新的一周改为早班。事实上，这些女工在每周日的清晨6点后还要花上3—4个小时甚至5个小时清扫工厂。

其他纺织厂的女工们每日也要工作16个小时，只有周日稍作休息，随后需要继续工作10个小时！勤奋的邮递员总是一路奔跑着寄送包裹，人力车夫常常接连不断地载客（有人告诉我，他们一天竟然跑了60多英里），高校学生也没日没夜努力学习。诸如此类的事实无疑表明，日本人的工作量实在惊人。

不过，日本人的天性中也有截然相反的一面。在劳苦大众中，农民、技工、木匠等人即使不是绝对的懒惰，也让人觉得他们没有时间观念。他们似乎可以在任何时候坐下来抽抽烟、聊聊天，与家庭生活和社交琐事相比，浪费时间似乎无关紧要。礼节性的寒暄会持续很久，街上闲逛的行为又强化了这种印象：他们无事可做，也不慌不忙。

在我看来，这些特质不是出于日本人的天性，而是自古至今的社会环境造成的。过去，日本没有时钟，民众没有时间观念，做事不紧不慢。据估计，以往做事花费的时间是现在的两倍。当时的社会要求人们时刻遵守礼仪，加之无数的跪拜和磕头礼，都要花费时间。此外，喜欢穿木屐和足袋的日本人走街串巷时自会呈现拖沓、蹒跚的步态。因穿木屐行走浪费时间，木屐成为日本文明进程中名副其实的阻碍。缓慢、拖沓的行事风格成为封建时代的糟粕残留。如今的日本在多方面体现的勤奋精神正是新文明的馈赠。木屐退出历史舞台，鞋子取而代之。士兵和警察执勤时都开始穿鞋。学生们更加勤奋刻苦，这很大程度上归功于学生生活展现出的新风貌。而日本人如今的工作方式以及部分民众在工作中表现出的狂热急切，反映了他们和西人一样有能力推动日本文明的快速发展。

　　与西方截然不同，日本人的家庭生活总给人懒散的印象。一部分原因是房间狭小，没有家具，烹饪方式简单，家务轻松。主妇们料理家务极为从容。对急性子而言，这往往是一种煎熬。根据西方管家经验，日本主妇只能完成美国主妇三分之一到一半的家务。但这并不是日本妇女动作缓慢，而是在于她们身材矮小、力量不足。另外，在绝大多数日本家庭中，女性操持家务的时间之长令人震惊。妻子要先于丈夫起床，为丈夫准备早餐，无论多晚都要耐心等待丈夫回家。除了社会地位高的女性外，日本女性须独自照看小孩，只有稍长的孩子能够分担些许家务。很多时候，妇女都得背着孩子干活，虽然没有繁重的工作，但工作时间却相当漫长。相比之下，酒店女侍应的生活更加困苦，据我所知，按照规定，她们须在天亮前起床并值班至午夜。有些旅馆只让她们休息4—5个小时，这导致她们在工作时困倦不堪，跪坐于地等待传菜的时候，自然对周遭漠不关心。若没有事物分散思绪或者吸引注意力的话，她们极易瞌睡。

　　日本人还存在另外一对迥然不同的性格，一面是绝对的信任，一面是严重的多疑。大量事实表明，信任正在迅速消失，城市中几乎不见，但在乡下，信任依旧广泛存在。老一辈人尤为反感雇主和雇工之间的讨价行为，二者的上下级关系实则决定了一切：上级永远是正确的，下级只应服从上级的要求。不质疑，不抱怨。而在地位平等的武士之间，双方会商议并快速敲定条件，随后便始终遵守。一旦出现分歧，便可对簿公堂。这在日本的传统文化中是无法想象的。过往的任何生意都建立在彼此信任的基础上，仅凭信誉担保即可。

我切身体验过日本人的这种信任态度，举几个有趣的例子。初到日本时，我发现日本人会直接坐上人力车，到达目的地后给出合理的报酬，车夫通常也会直接收下，从不议价。不过最近，除非上车前商量好车费，否则极易产生分歧。车夫会为自己付出的劳动坐地起价。外国人乘车时，宰客现象尤为明显。另外，雇佣传教士一事也能体现日本人惊人的单纯与信任。传教士就工作问题与雇主充分沟通，达成协议后便开始工作，对佣金只字不提。这在西方难以想象。

日本农村人性格淳朴，信赖他人，如孩子般率真，这一点在许多方面都有所体现。但总体来说，我依旧认为，信任应该基于一视同仁。我曾雇佣日本农夫帮我照看奶牛、打理花园，他们虽对我十分信任，对同伴却非如此。

这种信任是封建领主制文明的产物，百姓有如子民，依附领主，须对领主言听计从，民众生下来就对此习以为常。总的来说，民众也的确得到了正常且友好的对待。倘若遭受苛待，百姓也得不到任何赔偿。换言之，人们总是接受上层施与的一切，不会流露任何的不满，这往往是明智之举。这种情况与军国主义政府掌权有关。因此，单纯的信任感主要出自非军事阶层的日本人，而武士的信任感则源于他们独有的荣誉感。正如前文所述，日本人在封建时代起草契约时，为了取代实物担保，通常会在文件中这样写道："如我失约，可在众人面前嘲笑我。"

自从推翻封建领主制，崇尚个人主义的社会秩序得以建立，财产私有便成为共识。加之货币广泛流通，信任正在迅速湮灭。一切都被明码标价，曾经的武士也似乎不再视金钱如粪土，这一性格转变着实令人惊奇。武士阶级瓦解后，许多人转而经商，由于缺乏敏

第二章 民族性格与特质

锐的商业嗅觉，生意惨淡，易被奸猾之人玩弄于股掌之间，而这些人正是谋取他人信任，欺骗他人的最大赢家。少部分受过良好教育且略有胆识之人同样取得了非凡成就。如今，日本政府主要掌握在武士阶层且薪资固定的后代手中。一切都建立在经济基础上，只有工作才有报酬，懒惰无能之人被逼得走投无路。而现在许多穷困潦倒之人多为日本旧贵族的纨绔子弟，他们沉湎于祖辈的光辉历史，无能力也不情愿改变陈旧的思维方式与生活习惯。

美部会有过一次令人瞠目结舌甚至是灾难性的经历，恰与当时日本盛行的信任之风有关。根据日本与外国订立的条约，任何外国人不得购置通商口岸以外的土地。但由于日本政府允许自由传教，且基督教当时深受日本各地民众的欢迎，加之一些内陆城镇希望长期开展传教工作，这些城镇为传教士安排住所无疑是明智之举。为促成此事，美部会出资购置土地、建成房屋，并将产权置予信赖的日本基督徒。当时，日本政府完全清楚内情，也从未提出异议。众所周知，这些房子非传教士财产，而是当地基督徒所有，供传教团使用。多年来并无异议。传教士与以其名义持有财产的日本基督徒之间完全是口头协定，不存在任何具有法律效力的文件，何况当时，提供证明会极大地伤害日本基督徒的自尊心和荣誉感。总之，财务关系纯粹建立在信任和荣誉之上。

借此办法，美部会斥下巨资在日本各地，特别在京都为传教士置办住所。同志社大学正是由此而建，它从一所规模较小的英语学校和传教士培训所，逐步发展成为一所建筑精美、活力四射的大学。除了购置九处土地和房屋外，美部会还向同志社大学投入了数万美元资金并筹集了一笔善款。其中少部分是由日本捐赠，美国依旧是主要资金来源：哈里斯先生为这所学校捐赠了十万美元。据统计，包括传教士的工资在内，美部会与相关捐助者共为同志社大学投入了近百万美元。

19世纪90年代初，政治形势急转直下。整个国家笼罩在修订条约的阴云中。日本政客大声疾呼，坚决反对西人在日的一切财产所有权。政治骚动下，他们迅速对持有房产的日本基督徒群起而攻之，斥责这些人是卖国贼，之后起草一项法案并递交国会，要求没收房产。日本基督徒自然如履薄冰，急欲与外国传教士撇清关系，宣称对这些财产拥有绝对的所有权，将过往的承诺忘得一干二净。最初，美部会的传教士还与日方基督徒就该问题频繁召开会议。在会议中，日本基督徒信誓旦旦："别担心，请相信我们，我们是武士的后代，绝不会做出任何有损武士荣誉的事情。"但是对同志社大学的管理，离所谓的荣誉之路渐行渐远，所谓的"武士荣誉"最终臭名远扬。美部会随即派出由四人组成的代表团从美国出发前往日本协商上述事宜，但无功而还。

现在我们来看看信任这一特质的反面——多疑。这一品质的发展是军国主义统治日本数百年的必然结果。在和平年代，阴谋诡计已是常事。在战争年代，惑敌者更可一招制胜。在这样的环境中，猜疑、用计、欺骗不可避免，而疑心最重之人会成为最终赢家。赢家与其家族又将决定社会的秩序。曾经，日本拥有250多个氏族盘踞在各自的"氏族领地"，他们醉心权术、玩弄手段的本事一脉相承，多疑必然与之形影不离。

这一特质在近代日本尤为常见。日本内阁皆基于氏族立场博弈后，方得以成立。虽然中央集权在日本已施行近30年，氏族立场已完全打破，但氏族间的猜疑与妒忌从未消失。

与日本人交谈时，我们需时刻保持小心谨慎，以免听者误读言外之意，西人对此印象颇深。根据经验，提出任何批评意见，日本人便会过度揣测。刚到日本不久，一名久居日本的西人建议我在指正佣人或他人错误的时务必小心，点到即止即可，因为日本人自会推断未尽之意。总之，直接、坦率的批评与建议虽然在欧美人之间十分普遍，但在日本极为罕见。

最后，需要再次重申，本章所讨论的日本人情感特质，虽常被视作民族性，但实则是社会秩序的产物。社会秩序改变，民族性格便会适时而变。这一特质无法通过基因代代相传。

第六节　舐犊之情

　　舐犊之情是日本民众生活广受赞誉的一面。在每年农历的三月三日和五月五日，日本举国欢庆女儿节①与男孩节②的到来。届时，女孩收到雏人偶③作为礼物，家中还会展出祖传的人偶娃娃。男孩收到各种古今兵器模型以及象征财富与成功的巨大鲤鱼旗④。这些旗子悬挂在前院的竹竿上，迎风招展。西人普遍认为这些节日与庆生有关，但事实远非如此。除特殊节日外，孩子们在所有假日和欢乐场合都扮演着重要角色，特别是在樱花祭⑤，许多家庭举家外出野餐，庆祝这一欢乐的时刻。

　　日本人对孩子的喜爱不止于节日。父母似乎乐于为孩子们添置玩具。因此，日本的玩具行业蓬勃发展，玩具店遍布大街小巷。

　　日本人宠爱孩子的另一表现是他们极少惩罚和谴责孩子。孩子们似乎可以为所欲为。街上玩耍时，大人也为其让路。

　　日本人对孩子的浓浓爱意显而易见。但问题是，他们的爱子之情是否超越美国等其他国家？若真是如此，这是否天性使然？抑或受社会秩序影响的家庭生活所致？在我印象中，日本人并不比西人更爱孩子，即便看似如此。作为劳苦大众，西方男性日常在商店和工厂工作。除了安息日，他们很少见到孩子，自然无甚关爱与教导，也少有机会

---

　　①　又称少女节、桃花节，是日本民间五大节日之一。家中会摆放雏人偶，吃彩色米花糖，喝白酒、桃花酒，家中成员会聚在一起，庆祝女孩健康平安地长大成人。——译者注

　　②　又称"鲤鱼日"，日本民众悬挂鲤鱼旗迎接男孩节，期盼孩子健康成长。——译者注

　　③　在日本女儿节期间，父母为女儿摆放的身穿和服的人偶娃娃，多陈列在铺有红布的阶梯式木坛上。人偶娃娃的数量因家境而不同，少则两三层，多则七八层，最上层是天皇及皇后，其次是女官、大臣、乐队、听差等，还有一些车马、行李、家具、娱乐用品的模型等。——译者注

　　④　用布、绸或纸做的空心鲤鱼，有孩子的家庭用竹竿挂起鲤鱼旗，有几个孩子就挂几条，象征好运。——译者注

　　⑤　每年三月十五日至四月十五日为樱花节，也称作樱花祭，许多日本家庭会外出欣赏樱花、野餐。——译者注

表达对后代的爱。在日本，由于早期的工业结构从未显著改变，男性大多居家，店铺布局也常为传统的前店后宅式居所。因此在少受工业文明干扰的日本家庭生活中，父亲拥有更多的机会关爱孩子。

此外，日本民众大多临街而住，父亲照看孩子自然寻常。虽然我很少见到父亲背着小孩赶路，但他们怀抱婴儿倒是常见。这一饶有趣味的情景令人印象深刻。与日本中产阶级相比，西方男性在关心、教育孩子方面要比日本好得多，他们对孩子疼爱有加并陪伴玩耍。如果以亲昵的行为判断亲情深浅的话，那么须承认，习惯亲吻、拥抱的西人远比东方人更富于亲情。即使不像东方人大肆庆贺孩子的降生，西人也会牢记所有孩子的生日，举家欢庆。但根据经验判断，庆生活动对家庭和睦作用不显。

除了亲情，日本人格外喜欢儿子，尤其是长子，其原因不难理解。巩固东方的祖先崇拜制度以及维系宗教和政治上的家族血统，足以说明为男性庆生的种种仪式存在的必要。总之，重男轻女这一事实表明，社会秩序的主流观念在决定后代子女的关爱方面发挥重要作用。

但对孩子的爱怜不应止于生日或者婴儿时期。在评判不同民族的舐犊之情时，我们还须考虑养育子女的方式。不得不承认，西人在这一方面更具优势，因为西方父母之爱不仅囿于孩子的童年，更是延续一生。他们努力让孩子担起一生的责任，极为关注子女的心理与道德健康。

有人曾经告诉我，自新文明到来以及围绕妇女、婚姻、家庭的新观念业已兴起，日本人的育儿方式已然发生明显变化。不过，长子在家中依旧享受更多关爱，重男轻女的现象依然存在。至此，我们可以客观地评价上述情况：较于西方世界，日本下层阶级和劳动民众的舐犊之情似乎更加明显。在中、上层阶级，西方更加出色。东方虽然长久存在着一种纯粹、自然的爱子之情，但这种亲情较之西方，又混杂了更多的功利因素。不过，信奉基督教的日本人和美国人在对待子女方面，差别不大。可以说，东西方存在差异的主因受社会秩序衍生的不同工业环境与家庭状况所致。

倘若深入研究日本人的家庭生活，或许更能够理解上述论断的正确性。首先，日本家庭关系极为松散。西人时常惊奇，日本家庭为何经常分崩离析。在日本，三分之一的结合以离婚告终，并且离婚后的子女都由父亲抚养。在离婚如此普遍的情况下，母子之情看似并不牢固。若非母亲深爱着孩子，离婚率会更高，因为我确信，许多母亲宁愿忍受痛苦也不愿抛弃孩子。此外，若爱子如初，父母也不会允许孩子离开家乡，一连数月甚至数年音信全无。

其次，纳妾致使家庭鸡犬不宁的情况，反映了父亲对孩子的生母甚至对自己的嫡子感情不深。人们通常认为，真正深爱孩子的父亲会主动给予他们名分，因为私生子不合法，实则不然。另一例证便是日本人频繁的领养与分居现象。日本的收养对象大都是成年人，与美国相比，膝下无子的日本夫妇很少因喜爱孩子去收养，至少我目前所见如是。最近听闻，一群基督教福音传教士聊到彼此的个人财产后，他们一致认为最幸运的一位在于他不必赡养母亲。细问之下得知，政府早已根据当地法律，免除了这位传教士赡养母亲的义务。在成为基督徒后，他似乎没有意识到赡养贫穷的母亲是他的义务与荣幸。不过这里需要补充，这名传教士后来幡然悔悟，开始赡养生母。

杀婴行为揭露了日本人的情感中颇为恐怖的一面。就事实而言，正是听到双亲死于霍乱的婴儿险些被邻居活埋，后被渔夫拯救的故事，石井先生才萌生建立孤儿院的想法。在土佐，这一恶行极为猖獗，以至于多年前，当地建立了防止杀婴的民间组织，专门保护那些贫困家庭的子女不被父母杀死。仅在1898年1月至3月期间，当地就报告了4起杀婴案件。现在，村庄的年登记出生率已从原来的40%—50%提高到75%—80%，这一数据还不包括外来出生人口。上涨原因归功于杀婴行为的减少。

提起日本的杀婴现象，我们不应忘记，历史上的每个民族、每个国家都曾出现过类似的罪行。而普遍存在的杀婴行为也证实了日本人极度缺乏自然亲情的事实，贫穷不过是常用的借口而已。日本杀婴的实施者与其说是平民，不如说是地主。在过去，每家的耕地面积受到严苛管制，只能填饱部分人肚子，若人丁兴旺，超生的孩子无法自由外出另谋生计，全家必会陷入困顿。因此，杀婴行为与旧社会秩序中僵化的经济实质直接相关。

总之，无论从何种角度解读日本人的舐犊之情，我们都能发现它与社会秩序的紧密相关。无论将舐犊之情抑或缺乏亲情视为日本人的天性，都须承认上述事实并非民族固有本性，而是由社会秩序发展所决定的特征。

第七节　嫉妒、复仇、恻隐

孔子所言七出之条，善妒便是其一。《女大学》有言："妻者忌妄妒。若夫君风流，妻子须进言规劝，然切忌疾言厉色，令夫君恶而远之。""不驯、不满、妄言、善妒、愚拙之五弊，女子十有七八为其所困，男子则无此挂碍，故男尊而女卑……为人妻眷，不可对无辜者加恶语、夺爱者生嫉恨，应反躬自愆，莫使嫌生而厌获。"

女性从古至今受到的羞辱以及前文提及丧失尊严的种种情形，充分解释了嫉妒是日本女性身上普遍存在的显著特征。尤其在大男子主义风行的日本社会，人微言轻的妻子若难以维系丈夫对婚姻的忠诚，其幸福感就无所保证。每念及此，难免妒心丛生。只有改变这种制度，赋予妻子更高的家庭地位，无须再与妾室、娼妓和舞女争风吃醋，方能消除妒种，和睦家庭。

然而，嫉妒只是女性的特质吗？男性是否也会"吃醋"？事实证明，男人也会嫉妒。二者妒心皆出于恐惧感，日本女性害怕失去丈夫的爱和关注，男人则害怕失去自己的职权与威势，却鲜有因婚姻生妒。不过不久前，我听说有名男子因担心妻子移情别恋，终日疑神疑鬼，无法专心他事，在纠结与痛苦中挣扎了三月之久，以离婚收场。一年后他与前妻破镜重圆，却终因"吃醋"再度分手，如此往复，令人咋舌。因婚姻而"吃醋"的现象多发生在女性中，但其根源不在女性，而是社会对男性的道德要求较为宽松，背叛婚姻的代价较女性而言，往往微乎其微，不足为戒。再者旧社会秩序极易引发男性的嫉妒心理。在封建社会中，野心与嫉妒并驾齐驱。人们攫取权势与声名的途径就是你争我夺、输赢分明的拉锯战。得失消长之间，便埋下了嫉妒的种子。与此相生的，还有复仇欲。即便抛开其他历史时期不谈，单从封建社会着眼，日本民族所展现的复仇心理也十分强烈。这种心理远不止是一种社会风尚，早已升华成了日本人的生存法则和道德信条。日本古谚有曰："家仇国仇，不共戴天"（Kumpu no ada to tomo ni ten we itadakazu）。复仇在随后几百年间一脉沿承，直至现代，在日本民族的性格中打上深深的烙印。

不过，当下日本的社会制度已然发生了翻天覆地的变化。复仇行为被明令禁止，违者会遭受刑罚。实践形式业已杜绝，复仇心也随之稀释、灭除。新社会体制禁绝复仇的同时，也为人们提供了解决问题的新途径：诉诸律法。透过日本人复仇心理的这一剧变，我们有理由相信：人类的复仇心理及许多其他黑暗面并非顽固不移，完全可以在短期内抑制和消弭。工业体制改革、社会制度调整、民众生活水平提升和道德品质完善，都是我们"治愈"复仇心的发力点。

冷酷抑或仁爱，哪一个是日本人的真面目？他们给外邦游客的印象无疑是后者。日本人对街上的孩童们异常友善，人力车夫对客人也从无歧视之心，无论性别年龄，都一视同仁，连与乘客同行的宠物狗都不会拒载。日本民众面对困境时，展现出超乎寻常的耐心，能够包容彼此的缺点。危难时刻更是全民一心，守望相助。在外国游客眼中，日本新社会处处充满人情味，与"冷酷"一词相去甚远。

但是，在日本久居便会发现，日本人在某些方面的确缺乏同情心，没有人情味。我定居熊本时，偶然在离家不远处发现一个精神失常的男子被关在笼子里。这件事令我无比震惊，至今记忆犹新。当时天寒地冻，每晚都会结厚厚的一层霜，此人没穿几件衣服，也没有铺盖，每天只吃一两顿饭，活像被圈养的野生动物。更出人意料的是，这并非个例。《日本邮报》的某位编辑在日本生活多年，深谙当地人情世故，他曾有言：

  赴日旅行或定居日本的西人一定会对日本治疗精神病的方法感到震惊。几个月前，在本州岛东南部的城镇箱根，有个低能儿被关在笼子里。整整一年，他完全得不到任何医疗救助和关爱，只能像动物园里的野兽任人投喂。这般场景在日本屡见不鲜，我们震惊之余，也十分同情这些受难者。然而，看似善良仁爱的日本人并不打算为他们建造容身之所。整个东京只有一家归市政府管理的精神病院，容量十分有限，入住条件令穷苦大众望而却步。

  更让人诧异的是，日本民众竟对此漠然置之。从日本人对待麻风病患者的方式，可见其冷漠不仁的一面。这些病人被赶出家门，四处流浪，只能住在村外自己搭建的简陋棚屋里，经年累月乞讨为生，直至死亡，方能从无尽的苦难中解脱出来。据我所知，日本直至近代，才有专治麻风病的医院。虽然我不确定驱逐身患麻风病亲人的做法是否普遍，但不仅穷人会这样做，富人也是如此。我与熊本一家麻风病医院的主管交好，若非我了解他的为人，另有许多类似的事实加以辅证，我实难相信这些麻风病人竟会被自己的至亲苛待至此。

《日本帝国史》是日本政府委派日本学者编撰的一部史书，1893年曾在哥伦比亚博览会展出。书中有这样一段论述，前文已有提及：

  尽管发布多条公告……人们还是对疾病深恶痛绝，常有旅行者困于饥渴之乏、病痛之困，只能孤立无援地躺在路边等死，有些房主甚至将身染顽疾、一贫如洗的仆人撵出家门，任其生灭……每逢疫情肆虐，日本尸横遍野。[1]

---

[1] Japm Monbushō, *History of the Empire of Japan*, *Compiled and Translated for the Imperial Japanese Commission of the World's Columbian Exposition*, *Chicago*, *U.S.A.*, *1893*, Tokyo: Dai Nippon tosho kabushiki kwaisha, 1893, p.133.

当是时，教导信众"以慈悲为怀"的佛教已在日本传播了约400年，深入人心。无论是政府管理、文学艺术、还是宗教信仰，日本社会方方面面都处于鼎盛时期，但这样的人间惨象仍层出不穷。

据说200多年前，在天皇的襄助下，佛教徒在奈良建立了一家慈善医院。"穷人免费治疗、免费开药。他们还为平民百姓建了收容所，采取了一系列措施救助弃婴、济弱扶倾。"但这一善举却有始无终。据雷夫·佩蒂先生（Rev. J. H. Pettee）和石井先生查证，日本如今共有50家孤儿院，39家都由基督教徒创办、资助和管理。其中，20所由罗马天主教徒建立，19所由新教徒创办。余下11家孤儿院的创办者多是佛教徒，其中两家在大阪，两家在东京，四家在京都，名古屋、熊本和松邑各有一家。佛教对日本社会的影响深远，甚至改变了饮食习惯。许多日本信徒都虔心遵奉佛经教义，戒肉食素。然而，日本民众对虐待动物的现象无动于衷。《日本邮报》的编辑撰文："看到马夫虐待给自己拉车的马匹，日本人不会出言劝阻。他们面不改色地坐在车中，任凭马儿气喘吁吁地攀登陡峭的山路。"此番情景，不知凡几。这些乘客面对如此暴行竟无动于衷，究其原因，无外乎反抗意识和同理心的匮乏。虽然这般麻木不仁之举在西方并不罕见，但我在此并非强调个例，而是一种普遍现象。

日本人同理心匮乏的另一证据是日本时至今日仍未废止酷刑。在理论上，只要嫌疑人不认罪，即便证据充分，也不能判刑。受此驱策，日本警方极善捕风捉影，纵无实据，也会对嫌疑人严刑逼供。在19世纪，实在难以想象这些刑罚之酷烈。施刑的过程令许多西人触目惊心，而日本民众却漠然旁观，无所触动。汤森·哈里斯曾讲到刑犯被钉上十字架的过程，"罪犯被缚在十字架上，四肢撑展到极限。一根长矛从左肩胛骨底部刺入，从右腋下穿出。另一根矛以同样的方式，从其身体右侧穿至左侧。行刑者会小心避开心脏，延长罪犯受苦时间。然后继续用矛穿刺他的身体，至死方休。几年前，信州（Shinano）有个壮硕的男囚，被刺了11支长矛方才咽气。"

日本人缺乏同理心的例证不胜枚举，我们可以据此断言：日本旧社会的种种暴虐之举，罄竹难书。即便在今天，面对人类同胞和其他物种的苦难遭际，日本民众也不如西人更具同理心。

然而，我们绝不可妄下结论，将缺乏同理心视作日本人性格的底色。日军在旅顺港的野蛮行径，向世人赤裸裸地揭示其暴虐残忍本性。这个民族往昔展现出的种种美好而贵的品质，仿如面具，而旅顺的血色一瞥，方显其本色真颜。为探清旅顺大屠杀日本兵士如此暴虐的原因，我们放眼世界，反躬自问：

> 欧洲的宗教裁判才过去多久？那些历历在目的酷刑，哪个读者不为之悚然？更有甚者，回溯古罗马时代，露天竞技场上角斗士血淋淋的肉搏，还有基督教徒的悲惨遭际——有的成了野兽的腹中餐，有的成了暴君尼禄（Nero）花园里的"人肉"火把。排巫运动才过去多久？当时，不仅欧洲有数千女巫被烧死，较为开明的基督教国家新英格兰也参与了这场血腥运动，只是其持续时间较短，波及的人数也相对较少。再将视线转向以自由著称的美国，南方各州的黑奴们还要在皮鞭下残喘多久？恶贯满盈的暴徒们肆意泄愤，滥用私刑的日子才过去多久？英美两国保护儿童权益、禁绝虐待动物的协会才设立多久？既已设立，又为何有始无终，形同虚设？尽管现在诸多西方国家都自诩富有人道主义精神，但在这方面其实开化较晚，这一特征也并不具普遍性。在这一点上，我们并不比日本人进步多少。

此外，值得注意的是，日本在人道主义精神的传播和法治社会的建设上，已取得了长足进步。《日本书纪》记载，崇神天皇之子倭彦命去世后，他的亲信仆从被活埋在墓旁，仅留头部露出地面。垂仁天皇听见这些奄奄一息的殉葬者日夜哀号，萌生了恻隐之心。他表示，让生时最忠心的仆人给主人陪葬是恶习陋俗，虽由来已久，但应革除，遂颁诏禁绝。据史料记载，自公元前1世纪，日本便开

第二章　民族性格与特质

始用神像代替活人殉葬。德川家康的《武家诸法度》①也曾对殉葬之风加以谴责，提倡取缔仆人自杀殉主的陋俗。书中还提到"家仇国仇，不共戴天"，并补充道："为自己、双亲、领主或兄长复仇者，须及时到有关部门如实报备复仇动因及施行时间，否则以杀人罪论处。"这一条例对报复行为进行了些许规范。此书还记载了一些惩治罪犯的古老刑罚，并加注："惩治普通罪犯的刑罚包括烙刑、鞭刑和缚刑，对死刑犯则施以矛刺或斩首，凌迟与汤镬已被禁绝。"直到1877年，日本才从法律层面彻底废止酷刑。

显而易见，日本人冷酷抑或仁爱，在很大程度上取决于社会秩序。长期以来，在弱肉强食、适者生存的社会体系中，人类变得残忍，或至少对同胞和动物缺乏同理心。加之势利心的驱使，难免对弱者冷眼相待。只有内心深处的同胞之情被唤醒，才会产生恻隐之心和共鸣感。日本原始社会对待病人，特别是传染病人的恶行陋习，很大程度上乃迷信无知所致。这些做法固然残酷，但在当时的医疗条件下，这是防止传染病和疫情传播的不二之选。

在治疗疾病的过程中，首先要正确认识疾病的特性，择取适当疗法。假如此举得以践行、推广，人类会给予苦难更多的关怀。如今非洲国家在医治病患时乱象频出，粗暴不仁，根源在其社会秩序和工业体制的流弊。日本对此早有应策。截至1894年，日本已经拥有597所医院，42551名医生，33921名护士和助产士，2869名药剂师，16106名药商，还建立了很多知名医药学院，②受过规范化和现代化培训的职业医生已遍布全国。

现在日本民间的种种残忍行径几乎杜绝。尽管与其他文明国家相比，日本主动救助他人的现象仍然较少，但较先时已大有改观。然而，三十年来，日本的"脱胎换骨"只限于社会秩序，日本人的本性从未改变。"万物有灵，常怀悲悯"的意识在心中一夕扎根，残忍之人无

---

① 原文标注《武家诸法度》为公元1610年颁布，实经查证，该令法于公元1615年7月初步颁布，其内容随德川家族掌权人的变更后续又有增补、删减。——译者注
② Sōrifu Tōkeikyoku, *Résumé Statistique' Empire du Japan*, The Imperial Cabinet, 1897.

权对无助的生物泄愤，社会就会变得更有人情味，继以倡导扶危济弱之举，守望相助之风。麻风病人无需再向人展示自己可怕的患处博取同情，精神病患者也不会被关进脏兮兮的笼栅，在饥寒交迫中苦熬时日。日本早已充分证明了自身对西方社会理想的强大践行力，慈善事业将蓬勃发展。这既是殷切的祝福，也是无上的荣光。

第八节 野心、自负

野心勃勃是日本新社会较为显著的特征。不少日本青年都有政治家梦。以新岛襄为例，他们尽管屡遭顿挫、出身寒微，却最终通过不懈的奋斗出人头地，成为国家栋梁。他们的经历令无数同龄人心驰神往，将其立为榜样。许多年轻人将赴美留学视为进入日本政坛的敲门砖，并且天真地认为，只要到了美国，便可万事大吉，轻轻松松就能寻得一位愿意资助自己完成学业的金主。

如此不切实际的梦想在日本并非个例，整个民族都野心勃勃。16世纪，被称为日本拿破仑的当权者丰臣秀吉曾定下计划，准备先吞朝鲜、后征中国，成为统领东方世界的帝王。在他看来，实现这一目标仅需两年时间。近期的对清战争中，许多日本民众希望军队能够直捣紫禁城。他们认为，美国在1854年唤醒了日本，如今日本也可以唤醒沉睡已久的中国。

他们反复在社论文章和公共演讲中表达这种观点：日本是最适合引领中国走上进步之路的国家，不仅能以自身的成功蜕变为中国提供镜鉴，还可以模仿西人对日本的做法，直接向中国"传道授业"。"日本振兴东方的使命"俨然变成了街头巷尾的热门谈资。但日本的野心不止于此。很多人坚信，日本社会为东西方文明的融合，提供了得天独厚的环境，并取其精华去其糟粕，集两种文明的优点于一身。取得这种成就，在人类历史上可是开天辟地头一遭。在不久的将来，所有国家都会向日本取经、效仿它的成功之道。一群激进的日本教徒甚至扬言要创造一种新的宗教，汲尽东西方所有宗教信仰的智慧与精华。它既非基督教，也非佛教，较二者有过之而无不及，它的教义更加完备、影响更为深远、普及度也更高，虽然滥觞于日本，但终将远播海外，成为世界第一大教。

这里讲一个不同寻常的事例，或是日本人野心的又一良证。前文曾提及，由于新聘的校长独断专行，熊本男校被一分为二。见此情形，学校董事会的大部分理事选择了辞职。不久，他们建立了另一所新学校，却在校名的问题上煞费苦心。为体现学校的办学宗旨，他们最终选定了"To-A Gakko"。翻译得直白些，就是"东亚学校"。这所学校一反主流社会偏狭、刻板的教育方式，立志将影响力扩展到日本以外的地区。上述言论并非我胡乱揣测，学校的理事们在许多公开场合对此早已明言。若我没记错，学校一开始只有25名男生，生源最多时也没到50个，不到3年就因经费不足倒闭。

九州岛①的年轻人，尤其是熊本省和鹿儿岛省的年轻人，以"胸怀大志"闻名。曾经有个著名的"熊本帮"（Kumamoto Band），成员都是来自九州的男孩。这些血气方刚的武士后裔曾在为反对基督教、弘扬佛教而建的学校里学习外语和科学。受杰尼斯上尉的影响，他们对发达的西方憧憬不已。他们彼此盟誓、约为同袍，共同投身于日本的改革大业。我听过许多熊本帮男孩的演讲，他们话语中透露出强烈的政治倾向和民族感，令我印象颇深。

野心还会带来一些消极的衍生品，比如自满情绪和自负情结。日本人很少像西人想象得那么粗鲁，他们绝大多数时候文质彬彬、行事稳重，很少咄咄逼人，也很少对事物妄下断语，而是将优越感藏于心中。

近来，我听闻这样一件事，恰可佐证上述观点。事情虽小，却很有代表性。几年前，两位外国绅士步行经过多度津镇，看到一条英文标语："Stemboots（此处为该店有意错拼，正确拼法为'steamboat'，意为'轮船、汽船'）"。不明所以的他们向此间的工作人员求解，对

---

① 原萨摩藩。——译者注

方回答道是汽船办事处。他们指出标语中的错误,并应那人的请求,对其修正。几天后,他们故地重游时发现,原本的标语被改成了"Stem-boats"。这种书写不伦不类,显然出自某个自以为善用语法的初学者之手。在西人经常光顾之地,这种令人大跌眼镜的英文标语随处可见,也算是日本的一大奇观。这些店主确有必要找外国人或者真正懂英语的国人相助一二,修正这些错漏百出的标语。但他们却不以为意,觉得自己的英语水平已然够用。

日本人的自负情结体现在生活的方方面面,简直不胜枚举。前文提到的民族野心,就是自负产物。很多日本人的能力支撑不起野心,却好为人师、夸夸其谈,背后都是自负心在作祟。例如,一些对英语口语一窍不通的年轻人却能够教授他人学习英文,而自己所学尚不过是皮毛;学校里的青年学子经常对老师的课程安排和教学方式指手画脚、质疑不断。更有甚者,许多日本人在讨论学术和哲学问题时,也经常居高临下、孤高自许,仿佛自己是该领域的泰斗巨擘,甚至不屑与一起参加讨论的西人交流,令人啼笑皆非。这再次印证了日本人根深蒂固的自负情结。

下面我们来探究日本人这些性格特点的根源。到底是民族固有属性,还是时代的产物?答案无疑是后者。我们发现,具有上述特征之人多是日本武士后裔。日本迈入新时代后,一部分人从征伐和训练之苦中解脱出来,接受了文化教育。为了维护武士阶级往昔崇高的社会地位,他们选择用一种自以为是的优越感与普通民众拉开距离。为了维护这种优越感,甚至不惜诉诸武力。这种心理随着时间的推移,有增无减。在与过去完全割裂的社会体制下,失势的武士阶层难免会将这种自负情结发挥到极致,用来弥补巨大的落差感。那么,当社会制度骤然发生变革,他们的性格是否也会立刻随之改变?

日本旧社会中的武士常表现出异常强烈的优越感,而95%的日本人却表现出深刻的自卑情结,与之形成了鲜明对比。对此,我在前文中已有详论。在此再次重申,是为了强调自负与自制,傲慢与谦逊,强横与谄媚,威严与卑下,这些性格要素取决于社会体制,

第二章 民族性格与特质

通过社会遗传（而非生物学遗传）代代承袭。日本人种种截然相异的性格特征均源自封建制度，并且在封建制度（以一种突如其来的方式）被推翻后，必会作为遗存持续一段时间。由于日本人权和价值观以大男子主义为核心，被国家以制度形式加以强化，形成一种社会风俗后，逐渐为人们所接受。谄媚、倨傲的贵族习气已然成为历史弃儿，被坦荡、率直的大男子主义取代。当是时，所有社会阶层都平等相处，再无高低贵贱之别。

我们该如何评价日本青年对西人的傲慢与蔑视？他们的优越感是否空穴来风？这种自信就毫无可取之处吗？我认为并非如此。后文会论及日本人性格中的智力因素，这有助于对其自立性的由来解释一二。不到30年的时间，日本在许多方面取得了长足进步，这表明日本社会具备一定的发展张力，为日本打下了自立图强的基础。有这样的自助精神再辅之以能力和热忱，世间再无难事。所谓懦夫难得美人心。自信也是一种信仰。没有坚定的信念，任何民族和个人都一事无成，这是亘古不变的真理。日本人之所以给人过度自信的印象，部分原因可能在于他们身材矮小。看到这样一个形如孩童、身材迷你的民族，竟然拥有如此非凡的智慧、宏伟的规划，西人新奇之余有些不可思议。日本起步滞后，但在国际事务中举重若轻，这实在有悖于常理，甚至让人误会日本人自命不凡，眼高于顶。然而，西人务必要持心公正，不能以貌取人，妄下断言。自强不息、活力饱满的日本社会，未来将会何去何从？时间是最好的答案。

自信是当下日本民族性格的一大特质。究其成因，可以在日本的近代史中寻得更多答案。幕府政权的覆灭主要是年轻人的功劳。不仅如此，几乎所有令日本焕然一新的社会变革皆由年轻人首倡发起。他们准备尽管不够充分，也不甚明了自己肩负的重担，却斗志昂扬、满怀信心地迎难而上。他们要摒弃数世纪以来早已深入人心的陋习鄙俗。要做到这一点，必然有异常强大的自信心，支撑其革故鼎新，向父辈、先祖发起挑战。这些年轻人敢于质疑、声讨国家体制改革过程中遇到的一切阻碍。哪个国家敢弃父母的教诲、前辈的权威于不顾？虽然他们的种种无畏之举最终引领日本走向富强，但这种民族性格却一发不可收，对西人的态度也如此倨傲自满，殊不知日本的新思想、新制度皆来自西方，这种现象真是怪哉。

不过，日本并不是唯一自负的民族。事实上，几乎所有民族或多或少都拥有自负情结，美、英、法、德国家也不例外。日本的自负情节之所以与众不同，是因为西人比日本人更有自知之明。时至今日，西方国家尽管领先世界，国富民强，却从未丢掉这份自知之明，只是绝大多数西人没有意识到这一点。西方工人阶级的文化水平普遍较低，甚至不乏文盲群体。无知者易自负，这造成了西人自负的一大源头；另一原因在于不少英美民众都没有出国经历，对世界的认知非常有限，难免管中窥豹。广而言之，所有国家和地区的民众皆同此心，都认为自己的故乡和祖国比他国更完美。

这一时期，日本民众和他国民众对彼此的看法发生了一些有趣的变化。某些旅日西人在日本定居多年后，与当地民众相交渐深，得以了解这个民族性格中的另一面。他们发现，日本人虽然独断、自负，却从不掩饰自己的落伍与无知，这份坦然豁达的胸襟着实令人钦佩。无论土地产权、房建工程、农业技术，还是政府管理、道德文化、家庭伦理，西方国家方方面面都优于日本。与之相比，日本仍然落后。日本人发表公开演讲时，若遭遇驳斥，对他们而言最逆耳的批语莫过于"冥顽不化"。尽管日本人很自负，但却不妨碍他们正视自身的缺陷，博采众长以裨补缺漏。所以，日本社会的发展比许多西方国家都更为均衡、全面。大部分日本人都很开明，乐于接纳新事物并善于取长补短，借助外国的先进成果，最大程度地造福日本民生。日本人固然自负，但这种自负情结并不是无源之水、无本之木，亦非源于其民族本性，而是日本历史变迁和社会秩序变革的产物。

第九节　爱国、神化、勇气

若有人攻击或诋毁日本，对于爱国的日本人来说，没有哪个词是比脱口而出的"Yamato-Damashii"更重要的了。在英语中，词义为"大和魂"的"Yamato-Damashii"别具风味，这也让它成为日语中最令人满意的词语。"大和"（Yamato）作为日本古地名，也是日本开国建制的神武天皇最初称帝之地。"Damashii"意为灵魂，尤指灵魂的高贵品质。在过去，"魂"是武士勇气的代名词。若想激起日本人心中最浑厚的爱国情怀，只需"大和魂"即可。

在过去的10年中，该词再度流行。民众唤起古老的日本精神，衍生出"日本是日本人的日本"的排外口号。对于通晓英语的日本人来讲，较于历史与当前用法，他们倾向于赋予该词更为隽永、宽广的含义。例如，一位日本作家将该词定义为"忠于国家、良知和理想的精神"。一位美国作家定义为"日本人不断进取、所向披靡的精神"。这一定义更贴合今日用法。但凡对日本古今历史有一点了解之人都不会质疑"大和魂"的存在。

在本书其他章节，我已谈及日本近来日渐高涨的爱国情怀，此处无需再次大量引证，仅列举一两个颇为有趣的例子。

近代甲午海战是激发日本爱国之情并让其更加炙热的契机。在日本各地，每街每巷张灯结彩、国旗飘扬。每当捷报传来，无论胜利大小，都会引得举国欢腾，这番景象月复一月持续不断。在当地游历的西人绝对无法想象此时的日本正值战事，反而误认为日本正在举行一场盛大而旷久的节日。

日本出兵朝鲜期间，有件事令全国印象深刻。石井先生（Mr. Ishii）是冈山孤儿院（Okayama Orphan Asylum）的创建者，在他高效的管理下，冈山孤儿院准备好各式乐器，组建一支演奏娴熟的乐队，成员皆为年纪稍长的男孩。日本军队即将远征，石井先生带领乐队来到广岛港，支起亭子、备好热水。只要军人经过，孩子们便蜂拥而出，奉上热茶，让士兵歇息片刻。若有机会，孩子们还会奏唱国歌《君之代》（Kimi-ga yo）。这种深切的告别仪式在军队前往战场的四、五天里从未间断。他们深知有些人此去便是永别。许多感触颇深的士兵流下了眼泪，一张张古铜色的面孔感佩于这些男孩崇高的品行和爱国情怀。据说，日军总司令亲自向这些孩子们回以最高军礼。

纵观日本史，每当氏族谋逆或者将军造反，首要目标都是控制天皇。做到这一点，自然攫取了皇权。凡是谋逆之人都被称为"朝敌"（Cho-teki），即皇权的敌人。在西方，这一罪行与叛国罪无异。有趣的是，这一情绪弥散至整个帝国，民众又高度忠于自己的领主（daimyo），有力地证明了日本人存在某种特质。为方便起见，我将这种特征简称为"名义主义"（nominality），即日本人至少在表面上接受并满足于一种有名无实的状态，即便这种状态可能与现实相差甚远。换言之，只要表面上有理有据，无论实际情况如何，民众便可接受。比如实权虽然掌握在将军或大名手中，但其名义出自天皇，那么则名正言顺。日本人将这种情况称之为"有名无实"（yumei-mujitsu）。从某种意义上说，几个世纪以来，民众效忠天皇也是有名无实的。但到了近代，人们对这种状况愈加不满。佩里抵日之前的几十年间，就有爱国人士暗中抵抗德川幕府。在日语中，他们被称为"Kinnoka"，意为"拥护天皇统治之人"。他们意图推翻幕府，让天皇享有完全而直接的权力，不少人因此丧生，但如今，他们又被国家尊崇为爱国人士。

当今的日本学者倾向于夸大日本过往的爱国情怀和赤诚之心，强调天皇的尊贵与权威，浓烈的爱国精神蒙蔽了他们的双眼，让他们忽视了许多明显的历史真相。他们的爱国精神与其说是一种信念，不如视为一种激情；与其说是一种情感，不如说是一种理念。在这种极端的爱国主义精神下，他们看待日本古代历史发展的方式令西方学者难以接受。也正是出于这种情感，日本禁止对过去的历史进行批判，以免招致对皇室神圣血统的质疑。而这种情感又可以概括为对天皇的狂热崇拜与爱戴。在他们看来，天皇拥有一切美德与智慧，品性端方、完美无瑕。我怀疑再也没有哪个国家的统治者如日本天皇这般受到如此尊崇。当前爱国主义的本质就是效忠天皇个人，日本民众似乎无法区分国家与统治者。天皇是权力的源头，下级官员的权力和地位皆来自他个人的授予。权力之所以属于民众也只是因为天皇赋予民众权力，并且民众权力的大小也随天皇赋予民众权力的大小而变。甚至宪法之所以权威也是由天皇决定的。不论何时，若天皇试图修改或废除宪法，民众绝不会公开批评或者抱怨，更不会强烈反对。

　　日本爱国主义有一些独特且有趣的特征，在某些方面明显区别于其他国家。1500年来，在军事化的社会秩序下，忠诚体现在对领主的人身依附，民众甚至试图理想化领主形象。在此期间，通过弥合世俗和理想之间的鸿沟，"名义主义"很大程度上促进了这一理想化进程。既然旧的封建制度已被废除，人们不再忠诚于地方领主，天皇便成为过往情怀的寄托对象。爱国情怀的强烈程度或许随着爱国情怀受到关注的程度变化而变化。据说天皇运筹帷幄，判断力非同一般，至少在挑选议员时显得极为睿智。人们普遍认为，天皇并非议员手中的傀儡，而是直接管理政府。据报道，自日清战争以来，他整天忙于各种要务，夜以继日、连月不休。任何重要举措都要经过天皇的审慎考虑和最终决断。毫无疑问，民众将忠诚的对象从地方大名移至君主，很大程度上得益于现任天皇的崇高品质。

　　最近，日本政坛发生的一件事恰好能够证明民众对天皇的热情与忠诚。此时国家陷入财政困难，重组的内阁和在野党纷争不断，前者坚持增收土地税遭到后者的反对。即便如此，一个小政党仍提议从最近的战争赔款中划分2000万日元进献天皇。提议一经提出便得到两大敌对政党以及国会两院的强烈支持。理由有二："第一，若非天皇英明神武，日本就不会在日清战争中取得胜利，也不会为日本带来大笔赔款，理应进献天皇；第二，物价大幅上涨，天皇还不断慈善捐赠，国家给予皇室的津贴不足以维持皇室的日常开支。"国会此举迎合了群情，这是西方单调的商业——政治模式无法做到的。

因获5000万日元巨额赔款，日本政府通过了海陆两军的扩张计划，但真实开支大大超过了赔款数额。

如果深刻认识到这一点，国会拨款的重要性就能得到更加充分的体现。面临的选择是削减这一宏伟计划的预算或是找到新的资金来源。然而，虽然增加土地税似乎是唯一能够增加政府收入、支持当前及战后发展计划的方案，但在野党对此强烈反对。不过，爆发的群情压倒了所有谨慎的考虑，这是一种西方难以理解的忠诚。对日本人来说，效忠天皇首先体现在为内阁及行政官员提供必要的资金以维持日常开支，其次为天皇提供充足的津贴，最后，若资金充裕，就为天皇准备一份丰厚的大礼。这种效忠天皇的感性方式恰好与日常生活中的种种细节如出一辙。离别之际，送一份礼物或者敞开心扉交谈一番，都比全然的商业关系更能体现情谊。

全部权力归属天皇，日本近代史也证实了这一观点，因为日本宪法不是由野心勃勃的民众从不情愿的统治者那里强行抢来的，而是在开明进步大臣的建议下，由天皇授予的。

为例证前文的说法，请允许我引用山口先生（Mr. Yamaguchi）新近发表的一篇文章。山口先生是日本贵族女校历史学教授兼帝国军事学院（Imperial Military College）讲师。谈及废除封建制度和建立君主立宪制时，他指出：

> 我们绝不能假定国家最高权力已移交至国会。相反，权力依旧掌握在天皇手中……政府职能也由天皇掌握，他只是让国会、政府（内阁）和司法省以他的名义行使职权罢了。日本历史悠久，现行的政府正是历史的产物。每个国家在发展进程中都有别于他国，日本同样拥有与众不同的历史。因此，我们不得不与他国区分，就像同样的规则不能适用于所有国家。日本帝国拥有三千年的历史。在日本民众眼中，天皇不同于统治群众的贵族寡头，也不是瓜分权力的贵族。我们认为，天皇以自己的权力统治国家、管理国家，权力并非由宪法赋予……与其

第二章 民族性格与特质

他拥有部分权力的统治者不同，天皇掌握实权并行使权力……天皇的统治权是世袭得来。因此，统治权存在于天皇个人的说法相对合理……日本帝国应当处于天皇一脉相承的统治和管理之下，历久不衰。（宪法第73条）……国家统治权与帝国皇权密不可分。它与皇位继承一道，千秋万代，永世不息。若皇室不复存在，帝国也将陨落。

在这个国度，养子实际上与直系后代并无差别（这是"名义主义"的又一例证），一夫一妻多妾制普遍存在，"名义主义"又使得篡位成为可能。因此，该国以自夸皇位传承之悠久超越其他国家也就不足为奇了。但是，当日本终有一天开始实行一夫一妻制，且像西方那样只有直系血脉才有继承权的话，皇室血脉就不可能无限期地维持着父子相传。除正妻即皇后之外，现任天皇至少还有5位妃嫔，截至1896年，她们已诞下至少13位皇子、皇女，其中只有两位存活至今，皆由妾室所出；其中的一位皇子于1879年出生，1887年宣告为继承人，两年后封为皇太子，并于1900年完婚；据传他的身体甚是羸弱；另一位是公主，出生于1890年。

然而，提起日本人将天皇尊奉为神明，我们绝不能忘记"君权神授"这一观念有多么深入人心。该观念即便在思想开明的英国也一直流传到18世纪，甚至现在依然存在于一些国家。直到近代，历史学与政治学学家才发现最高统治权的真正来源。鉴于国家权力基本的构成要素，日本人转变旧有观念无法一蹴而就。日本过往与现在的经历足以说明日本爱国主义独有的性质。而这种特质显然是由社会秩序所造就的。

从根本上讲，神化天皇是日本保持国家统一的内因。古代所有国家都在社会发展中的某个阶段有此做法，反映了人类对民族统一和国家法律权威的理解。在这一阶段，平民百姓微不足道。只有让民众认为这种权威源于某种至高无上的存在，也就是最高的统治者，法律才能凸显权威性。所以当时最高统治者必须被置于一个尽可能高的位置上，必须被神化，百姓的价值自然得不到认可。在这样个体价值被完全忽视的时代，我们无法想象国家法律又是由那些不受重视的个体制定的。由此来看，神化天皇的做法既明智又合理。但日本却又引进了与神化皇权截然相反的个人主义与民主社会体制，一场极为重要的斗争随后拉开序幕。天皇真的代表道德规范与国家权威吗？在学校，教师发现围绕诏书开展的道德教育非常困难。日本政客也反对天皇代表绝对的国家权威。不久前，在1898年6月，日本新晋内阁承认对政党负责，并非只对天皇负责，这在日本尚属首次，是政客不断努力的结果。神化皇权、皇权至上与个人主义、民主制度究竟哪一方会胜利？二者不可能长期共存，斗争势必激烈，双方不可避免涉及政治与道德的权力问题。

日本与罗马皆神化皇权，这一点非常有趣。亨利·西尔维斯特·纳什教授（Prof. Henry Sylvester Nash）对社会和道德问题的真知灼见最能够说明这一点，他在《社会良知的起源》（"The Genesis of the Social Conscience"）一文中表示：

> 即使伟大的罗马也没有摆脱部落制度……整个体系存在一个根本性缺陷，那就是神化皇权。神化过程要比臣民的奴性与统治者的虚荣心互相勾结要深刻得多。但这是确保国家存在的必要条件，因为不信仰宗教的罗马若要维护自己的文明成果，只能让民众信仰皇权。但是，罗马所需的神化皇权也正是致其走向毁灭的根源……君主崇拜破坏了帝国需要的平等逻辑。神化皇权也违反了人类社会的一视同仁。正是这种一视同仁，帝国才得以稳固建立。

不过，我不认为日本问题与罗马相似。因为二者面临的环境不同。但面临的斗争又是相似的。即便是受过教育的阶层也很少能够意识到这一问题的重要性。诚然，一些思想家坚持神化皇帝，因为他们没有发现其他途径可以确保法律在政治与道德上的权威。

第二章 民族性格与特质

另外对于旧时的日本，再没什么比勇气备受赞誉。那时，父母和老师们会刻意培养孩子的胆量。他们运用各种方法训练年轻人，不仅为他们规定各种道德和行为准则，还会在月黑风高之夜驱赶他们独自前往墓地、远近闻名的鬼屋、危险的山峰或者刑场。当时的年轻人需要做很多事，唯一的目的是培养勇气和胆量。于武士而言，最恶毒的话语莫过于"懦夫"。很多致命仇怨都仅源于这句最惹人憎恶的侮辱之辞。日本历史中有很多彰显勇敢的英雄事迹。与一位武士后代交流的经历让我至今记忆犹新。他满腔热血地向我讲述了旧时武士英勇无畏、浴血奋战的经历。他还附带提到，只要未杀过人，就会禁不住地战栗，一旦让刀剑尝到人血滋味，也就无所畏惧了。他还告诉我，武士为了让孩子习惯那些骇人场景，会在深夜将他们送往刑场。在那儿，惨白的月光下是刚刚砍掉插在木杆上的头颅。

日本人的勇气从某些方面来看是独特的，至少看起来与盎格鲁—撒克逊人的勇气不同。在关键时刻，日本人可能会丧失理智。他们会发疯般地陷入争执，无所顾忌。这是从我所见所闻中得出的印象。甲午战争也证明了这一点。

不过，日本人不仅在面对死亡时拥有这份勇气，面对痛苦，他们也会选择无动于衷。众所周知，如果触犯了法律或者有失礼节，武士就会"切腹（seppuku）"。这种行为被赋予无上荣耀。所谓"切腹"不过是赋予残忍"自剖肚子（hara-kiri）"的雅致说法。在害怕血腥之人看来，未经删减的日本史必定非常可怕。自杀人数极为庞大，若不是有大量确凿的证据，常人难以相信。总之，日本神化了自杀行为，其万众崇尚的程度远超任何国家。

如此描述日本人对"切腹"的态度可能会产生误解。"切腹"本身并不荣耀，在绝大多数情况下，切腹之人都犯了某种罪过或者有违礼节。而那些被迫切腹之人往往缺乏胆量。此时，朋友会握住他的手，强迫切腹。这种懦夫行为也常遭人唾弃。虽是耻辱，被迫切腹相比斩首更有尊严。因为通过切腹，武士得以展现自己的胆量。

这里还要解释一下,在"切腹"时,腹部被一刀划开,一旦完成,便会有人从背后将切腹者斩首。所以,"切腹"带来的痛苦非常短暂,只会持续数秒。

威廉·艾略特·格里菲斯①在《日本宗教》(Religions of Japan, 1843)一书中的一段描写能够证明这一点:

> 自有记载以来,日本就有"殉葬"或为家主陪葬的习俗,要求尚在人世的奴仆与死去的家主一同安葬。这一习俗代代相传。直到1868年日本明治维新,当时仙台市和会津市有许多男人和男孩切开腹部露出肠脏,母亲杀死自己的婴孩,随后割喉自尽,导致自杀者血流成河。这些血液是奴仆为供奉家主流淌的,或因将士对败仗耿耿于怀……成千上万的士兵为了成为最忠诚的拥护者而憎恨自己的父母、妻子、孩子、朋友,以死明志。所以,日本的小说读起来就像屠宰场的记录。就连为摩洛(Molech)和湿婆(Shivas)献祭的人数都不及日本献身人数。这种忠诚观说起来似乎唯美至极,但落实到行动中却丑陋无比……在漫长的日本史中,统计自杀人数定会让他国难以置信。

我清楚地记得一个年轻人十分自豪甚至略微欣喜地为我讲述一个小男孩的故事,这个大概10—12岁的男孩切开腹部,但肠脏尚未完全溢出。他用肠子系住腹部,走到母亲面前,向她解释自己以"切腹"为荣,随后解开肠子,在母亲面前死去。

几个世纪以来,这种勇敢、忠诚的理想形象一直被日本青年人标榜。从进化的角度来看,不难理解这种观念和行为为何会流行。

---

① 威廉·艾略特·格里菲斯(William Elliot Griffis, 1843—1928),美国东方学家、公理堂传教士、教师和作家。1870年,格里菲斯受邀来到日本,兴办现代化学校,先后担任越前市教育总监、东京帝国大学教授,编写了新日本系列阅读书籍,并在美日两国报刊发表多篇关于日本事务的重要文章。——译者注

但随着西方社会秩序进入日本，封建君主、日本忠诚观以及佩戴刀剑的行为均被废除。现在的日本人不如30年前勇敢吗？社会秩序已然改变，展现勇气的方式也随之改变。仅此而已。

难道日本人比其他民族更加勇敢吗？即便其他民族未像日本以自杀的方式表示忠诚，但任何真正理解其他民族之人都会摒弃自身不够勇敢的想法。不同的社会秩序造就了勇气的不同表现形式。若没有极高的勇气，任何民族都无法存在，更不要说长存于世了。

尽管日本人的勇气是以自残的方式展现，却不限于此。与其他民族相仿，日本人拥有捍卫个人信念的勇气。殉道者前仆后继。佛教传入日本的最初几十年间遭到强烈排斥，皈依佛教者需要极大的勇气和坚定信仰。同样，日莲宗（Nichiren Shu）兴起，也有大量的信徒遭到迫害。基督教传入日本，德川幕府也曾下令阻止其传播发展，成千上万的信众宁死不屈。即使在近代，他们也展现出无比的勇气。

第十节　善变、麻木、寡欲

日本社会的快速变化常受外界批评。其流行文化和观念的快速更迭，无论在娱乐还是工作领域，似乎展现了一种缺乏持久性的特点。这种评价似乎无需证实便被广泛接受，日本人自己也对近年来的"波动式"发展表达了失望。考察入学率的波动便能发现与社会潮流的变化密切相关。曾经以收纳数百名学生为荣的私立学校，一夜之间可能仅剩下几十名。历史上的几个例子——1873年，日本对兔子的热情达到高潮，某些品种首次引进后，价格飞涨；1874—1875年，斗鸡成为风靡一时的运动；又或是西方的华尔兹和丧葬仪式，以及摔跤成为国民运动，连时任首相的黑田伯爵也加入其中。然而，本文探讨的核心在于，这种变化性是否真正地深植于日本人的性格之中，或者这只是近代历史发展的一种体现。

有学者如张伯伦教授认为，日本需要加快发展步伐，以弥补与西方的差距。这种观点揭示了日本社会变化的背景。回顾德川幕府时期，我们不会认为日本人善变，反而稳定和恒久似乎更符合当时的社会态势。因此，近代的特殊历史背景可能是造就日本人"善变"特性的原因，而非本性。对新鲜事物的追求虽然显得善变，但不代表日本人缺乏持久性的品质。

实际上，日本在学习西方的行为、思想和语言方面的坚持，展现了深层的坚持与毅力。在过去的30年中，日本不断吸收外来文化，这种起伏在一定程度上是自然的。如今，成千上万的日本年轻人精通英语，数千人掌握德语和法语，外语教育成为高校的必修课。1900年颁布的规定要求学生学习两门外语，这一政策的实施就花费了巨资。因此，这种所谓的"善变"其实更多地涉及学习方法的探索，而非学习目标本身。日本早就认识到，要想提升国家地位，理解西方发展动力是关键，而教育是解开这一谜题的重要途径。在探索外来教育方法的过程中，遇到挑战并不意外，一个国家要获得宝贵经验，不可能仅靠一代人的努力。因此，日本的发展可能会呈现出不稳定和不平衡的迹象，但这只是成长的一个阶段。

在日本，一个触动人心的场景是见到五六岁的男孩竭尽所能地帮助父母推装满货物的手推车。这不仅仅是一个现代文明的缩影，还揭示了一个更深层的社会现象：这些体力劳动主要是由30岁以下的年轻人承担的，其中大多数不超过20岁。这种现象并非限于体力工作，诸如邮局职员、商店员工等职位也大多由年轻男性担任，中年男性在这些行业中变得越来越少见。

那么，为何会出现如此高比例的年轻工作人群呢？一部分原因可以追溯到日本的"退位"习俗，即家庭中较年长者将位置让给年轻一代。这种做法对国家的整体性格有着深远的影响，部分解释了日本人在商业行为和其他领域的冲动倾向。随着社会进步，年长者发现自己难以适应新兴工作角色，而灵活且能快速适应新环境的年轻人则迅速填补空缺。比如，那些古典文学背景的资深教师，在新兴学科面前显得力不从心，导致公立学校的教师队伍几乎完全年轻化。政府部门也出现了同样的年轻化趋势,这在西方是前所未有的,在日本历史上也是罕见的。

然而,有充分的理由相信日本将走出快速变动的时期。随着西方科学、哲学和逻辑传入,各种狂热的风潮、不切实际的幻想和愚蠢的行为也随之而来,但这些对于日本人来说已不再是新鲜事。随着经验和年龄的增长,这一代年轻人变得愈加清醒和稳重。他们经历了新秩序的塑造和洗礼,不久将成为社会各个部门的中坚力量。

我们自然希望日本能够恢复到数十年前的稳定、有序。对于初次来到日本的西人而言,日本人面无表情、如同沉思的佛陀,对俗世漠不关心的印象深刻难忘。一些西人用"呆子脸"来描述这种神态,尽管对于那些与日本人关系密切的西人来说,这种表情并不陌生,但初来乍到,这种淡漠的东方表情对西人来说更加印象深刻。即便"呆子脸"的标签可能随着时间淡去,但那种寡欲坚忍的形象将永远存在。

表面上相似而混淆的麻木与坚忍其实有着天壤之别。前者源自愚昧和迟钝,而后者则是精心教育和刻苦训练的成果。在农民阶层,这种呆滞愚钝的态度尤为突出,几个世纪以来,他们一直专注于耕作,智力开发受限。读写于他们而言极为艰难,这并不是日本独有现象,其他国家在相似条件下也表现出相似结果,正如让·弗朗索瓦·米勒的油画《扶锄的男子》所展示的那样。

值得一提的是,日本人的麻木印象并非愚笨,而是接受坚忍教育所致。几个世纪以来,他们学习如何压抑情感,下级在上级面前必须保持沉默。听命行事、尊卑观念深植人心。在日本家庭中,这种几乎如军令般的规范很常见,任何微小的表情变化,无论是说话、笑声、好奇提问还是表示惊讶,都被视为不礼貌。

在日本,对情绪的压制不仅体现在言语教育中,违反这一规范的人还将受到严厉的惩罚。历史上,前往都城江户的大名享受着几乎等同于神明的尊崇。人们必须跪拜叩首以示欢迎,任何对大名不敬的行为都会被处死。这种压抑情绪的习俗根植于日本长期存在的封建秩序之中。在这样的社会环境下,能够最有效控制自己面部表情、隐藏真实想法的人，无论在敌人还是朋友面前，都能够取得优势。

更深层的原因与宗教信仰有关。自1200年伊始，佛教深深影响着日本社会的中下层阶级。佛教认为欲望是一切罪恶的根源，推崇通过压制情绪，遏制欲望的生活方式。对于深受佛教影响的日本人来说，展现出自己已经超越欲望的状态，成为他们追求的生活理想和目标。然而，情绪的克制并不等同于欲望的消失。

这一现象对于在日本的西人而言是显而易见的。当遇到西人时，日本人可能显得对这些"外来者"毫不关心，既不回头张望，也不表露出任何好奇之情。但他们的目光往往会不自觉地跟随着这些西人，注意每一个细节。在日本的内陆地区，这种好奇心表现得更为明显，常有年轻人故作疏离地绕道而行，实际上是为了更好地观察。这种行为反映了他们不能随意展露好奇心的文化约束。

西人可能将这种现象理解为情感匮乏或压抑，但背后还有其他原因。举例来说，当深受民众敬爱的天皇出现在街头时，周围的民众竟会保持沉默，这对西人来说难以理解。在西方文化中，若君主亲临，民众通常会发出欢呼声。这种差异并非源于情感的缺乏，而是出于对天皇的深深敬畏，正如虔诚的教徒在宗教场合保持宁静一样。日本社会中深植的尊卑观念决定了民众在高位者面前的表现。

随着时代的变迁，现代日本不再要求民众在贵族面前保持沉默，甚至在甲午战争期间，天皇公开露面时民众还会热情欢呼。在新的社会秩序和统治思想下，日本人一贯的无表情神态正在逐渐消失。

教育为日本注入了新的活力，释放了人的天性。几百年来，日本人努力克制情绪，但现在，平等的观念日益盛行，特别是在年轻一代中。这一转变表明，随着社会的发展和观念的更新，人们开始更加自由地表达自己的情感和想法。

几年前在九州（Kyushu）旅行的经历告诉我，一个民族的性格——无论是沉稳还是活泼——很大程度上受到当时社会秩序的影响。与日本人交往过的西人都会注意到，日本女性的安静和矜持得到了东西方作家的广泛赞扬。在交流中，她们通常低声简短回答，与陌生人保持距离。

从她们的沉默寡言中，我们可以感受到日本女性对社交活动的兴趣似乎不高。同样在教会活动中，我发现要想结识尤其是年轻的日本女性极其困难。然而有一次，我拜访日本家庭，家中只有未曾见过的年轻女儿在家。与过往经历不同，这位不到20岁的年轻女性回答问题时既镇定又清晰，甚至能够自信地进行反问。这令我非常惊讶，她的言行举止竟然与美国人一样。这位年轻女士曾经在美国的拉德克利夫学院学习几年，不再是日本女性典型的端庄拘谨，更像是美国人的开朗、率直。这表明端庄、拘谨更多是社会风尚的结果，而不是民族固有属性。

社会的开放、自由给日本带来了更多活力，民众的面部表情更加生动，这是传统社会秩序无法实现的。艺妓的存在进一步证明了女性的淡漠和拘谨实际是由社会造成的，而非民族本性。当其他女性获得如艺妓这般受人尊敬的社会地位时，她们也会根据情境表现出稳重或活泼的性格特点。

通过对日本人情感特征及其成因的探讨，我们了解到日本人在情绪表达上的克制，并非源自其民族本性。值得深思的是，为何日本人在情绪化方面似乎超过其他民族，而在表达时又显得如此克制。无疑，社会环境在刺激情感发展方面起到了关键性作用，而不是智力发展。基于军国主义的社会制度限制了国家整体的智力发展。19世纪中叶，日本的社会结构以及教育主要针对武士阶层的现象，说明了情绪的克制与知识水平的关系。

展望未来，随着公平教育普及与民主政治发展，日本民众将承担起前所未有的责任，并对生活、政府和法律进行深入的思考。这将减少民族性的情绪化倾向。正如一个尚未成熟的孩童对刺激的反应更加极端，一个民族的智力发展水平也会影响情感表现的方式。

总之，情绪特征作为一种基本的民族属性，受到社会秩序的深刻影响。日本人的情感特征，既非源自固有本性，也非大脑结构的差异，而是特定社会秩序的产物。

第三章　思维与道德

第一节　审美

　　日本人展现出远超其他民族的艺术鉴赏力,从他们对景致的审美格调便可窥得一二。即使是日本最普通的劳工,其厅堂庭院的布置也比西方同阶层之人的住处更具艺术美感。在日本,几乎每家每户都有一座精美的微型庭院,院内假山层叠、湖泊潺潺、小径蜿蜒,原因无他,唯赏心悦目。

　　日本的审美注重细节,寸丝半粟皆能见其匠心,"野蛮"的西人初至日本,总会惊艳于此。随着来日年月渐增,对该民族了解日甚,这种欣喜之情也不会消失,而是有新的发现。不仅如此,欣赏日本的艺术品,越是细微之处,越能得其精妙:日本人家中设有凹室,名曰壁龛①,较房间地面高出4—5英寸(约12—15厘米),旁人不得随意踩踏。壁龛之上通常安置挂轴、插花等饰物,墙上字画皆出自名家之手,应季而换。整座房中,唯壁龛一室的木器和色调最为考究,主卧的壁龛更是闲适幽雅。每有客至,主人总会敦请坐于壁龛之前。在日本,家家户户皆设壁龛,若家主收入尚可,会设两至三处,寒门无此闲情雅致。

---

① 设于日式房间正面上座背后,比地面高出一阶,大小形制各不相同,可放置条幅、花卉等装饰品。——译者注

第三章　思维与道德

　　日本人的房屋色调及装饰足见品位之高雅。天然实木经过刷漆抛光，立于屋宅各处，根根傲然挺立，与房屋结构相得益彰。若木柱、木板位置颠倒，日本人便可一眼辨出，这让西人啧啧称奇。原木色的天花板搭配柔和的黄蓝色墙壁，纵使是品位刁钻之人，看过后亦会心满意足。齐整的隔扇①上方是镂空的格窗②，图案精美、纹路典雅、古色古香，装饰之外亦可通风。由薄木板所制的隔扇，呈推拉式，用来隔断房间，抑或作为衣橱的闭门。其表面刻有图案，样式简约齐整，符合日本一贯的绘画风格。

　　此外，日本人审美之高雅在他们对花卉的钟爱可见一斑。每逢各类花节到来，民众纷纷涌向城郊园圃赏花。无论私人家舍、公共厅堂还是教堂，各式的花枝从未缺席。日本人的插花艺术堪称惊艳，花道课是日本女子学校的必修课程，我便认识两三位老师以此为生。日本的小型花木无不精心料养，相识的一位日本人甚至有230种梅树，有些已有两三百年历史，甚以为傲。日本的神社及佛寺建筑也充满艺术气息，视之心旷神怡。

　　更值得思量的是日本人为何极具艺术鉴赏力。相比于西人，日本人是否对美拥有更强的感知力？这种审美意识与生俱来，还是文明使然？

　　回答上述问题，须先明确日本人艺术品位颇有"厚此薄彼"之势，气味审美便是较为薄弱的一面，但不代表"日本人的鼻子毫无用处"，也不意味着日本人不识芬芳。当时英国驻日本的领事阿礼国爵士③有句名言："这个国家美丽富庶，可花无芬芳，鸟不啁啾，果

---

　　①　和式房间用的门窗扇，在木质花格上糊上布或纸等，其四周再装上木框而成，用于隔开房间。——译者注

　　②　天花板与门楣之间安装有格子或镂空雕花板等的部分，兼有采光、通风及装饰作用。——译者注

　　③　阿礼国（Rutherford Alcock，1807—1897），英国驻上海领事，第一任英国驻日本公使。1844年为福州领事，1846年接替巴富尔晋升为上海领事，1858年至1864年派驻为英国首任驻日本公使，1865年再次来到中国，担任驻北京公使，从事外交工作，直至1869年卸任返回英国。返国后在英国皇家地理学会与北婆罗洲渣打公司等处任职，1897年卒于伦敦。——译者注

蔬食之无味。"事实上，此句话极不真实，给世人留下错误印象。樱花无甚香气，但美在如云似霞、花繁枝茂。而日本的大多数花卉，如梅、菊、莲与玫瑰，皆因馥郁芬芳、色彩亮丽受人喜爱。日本诗作常以花香为题，日本女性也似西方，钟爱气味香馨。古龙水一类的香物在日本很是畅销，富人阶层更会随身携带价值不菲的麝香。

日本人却对臭味视而不见。举止文雅之人对恶臭的容忍属实难以置信。西人常藏于后院或者偏僻处的堆肥，日本人竟然置于前院，当然，这样的现象在乡下更加普遍。如此异味，想必为高人雅士所不容，但日本人似乎未加以思量，也不在意卫生问题。

若论上述事实的成因，日本的农业模式就没有对人们的味感审美造成影响？在物质财富贫瘠的原始社会，人们把粪泥制成肥料，放在今日，它们已经从城市下水道排出；或许农业的需求锻炼了日本民众的心理承受力，又或许相比于不大雅观的景象和难闻的气味，施肥土地更重要。西人并非讨厌臭味本身，而是反感由臭味遐想到的不洁环境，以及疾病和死亡。所幸如今的日本人意识到彼此之间的关联，愈发重视。

在下结论之前，我必须强调一个事实：人类的味感审美直到近代才得以发展，西方也不例外。毫无疑问，欧洲之外，日本的味感审美发展最为充分。更何况反观西方发展历程，不必对日本的滞后感到惊奇，若遗忘西方不久前的粪坑填埋，才会让人唏嘘慨叹。

不难发现，简约是日本绘画的一大特征。寥寥几笔，便成佳品，正所谓笔有尽而意无穷。这种特征也与绘画工具有关——兼蓄书、画的毛笔，不仅可以勾勒粗犷的轮廓，亦能展示精湛的技巧。因此，"书法"在日本是一门高雅艺术。日本人鲜少附庸风雅，但每家都会收藏几幅字画拓本。字画艺术之于日本如同箴言警训之于西方，不仅情感表达为珍，还以挥洒自如的笔法为贵。有名的善书者只需书上一幅寥寥数字的"墨宝"便能获得丰厚的酬劳。

诚然，提高审美情趣还需置于大自然的美景之中。日本山丘耸立、峡谷绵延，江河湖海数不胜数；更有山水相映，万紫千红，一草一木皆美、皆繁。任何有情趣之人生活其内，会被如诗如画的美景折服。然而，世人认为日本艺术对景致的再现逊于西方。

众所周知，日本多刻画动物、自然，未给予人物描绘应有的关注。这种奇怪的缺失在绘画和雕塑领域体现尤为突出。以人物为主体的画作中，多歌颂崇高品质，如战士的英雄气概、智者的慧心巧思、僧人的从容自若以及神灵的玉洁冰清……为凸显神祇疾恶如仇的品格，日本众神常以面目狰狞的形象出现，这极易引起外界对日本神灵的误解。而西人认为，越是面露凶相的天神，性情越是残暴。东方却非如此，神的形象越是可怖，品格反而更加高尚。颇为有趣的是，神道教中的佛像皆来自印度佛教的舶来品，日本的艺术家从未对可怖的形象加以改善。总之，他们在插花和自然景观中显露的卓然品位，未能让日本艺术摆脱不具美感的人、神形象。

前不久，在玩具店橱窗里数不清的玩偶中，我再次感受到日本人对颜色和样式的匮乏审美。这些玩偶个个循规蹈矩，让人不胜其烦。我将目光转向临摹自然物件的时候，印象全然改观。仿真花卉堪称完美、着色精致、美轮美奂，其艺术品位令人赞叹。

为何日本艺术作品中的人、物总是极不真实？是否如一些人的主张，皆由东方民族的"非人格"所致？我以为，这一观点无法诠释上述现象，真实的原因隐藏在日本主流思想之下——人们所尊崇、敬仰的非人之本身，而是人所展现出的精神风貌。比如，画作抑或雕像中的战士多是身着盔甲，一副斗志昂扬的胜利者神态。他必将奋勇杀敌、征战沙场，方为人所敬仰。对牧师、教师、皇帝、将军等其他人形象的刻画同样如此。他们载于画册不是因其自身如何，而是借其身份地位，因此人物所着服饰皆与社会地位匹配，少有对外貌的真实描绘。日本人若非凭借社会地位，将很少受到关注，更弗说艺术家的青睐，这一特点又与日本社会秩序吻合。一个文明的主流思想必定反映于一国的艺术中，日本未能认识男性和女性的内在价值，只功利评判人物的高低。

日本艺术家显然未尝试裸体画。这或许因为通过体能训练获得完美形体不为东方主流思想所取。日本人认为，劳作皆有辱人格。在武士阶层，军事技能培训和力量训练确实常见，但训练是为了追求技巧、力量而已，绝非健美体魄。回顾古希腊艺术发端，体育在希腊文明中占有重要地位，对于完美体型极为重视，我们就能知晓日本与西方的艺术发展为何截然不同。我从未见过日本男子挽起衣服，自豪地展示自己的肱二头肌或是小腿肌肉，却常见美国学生对此得意扬扬。若是他们看到日本学生普遍拥有健美的小腿线条，怕会羡慕不已。

有人指出，东方人的体态缺乏美感，男性非胖即瘦，并不匀称，而女性在锦瑟年华过于丰腴，待韶华逝去，红颜老矣，楚腰臃肿。这一解释不免贻笑大方，不禁怀疑说话者的经历，只要在日本生活过的西人都曾遇见玉树临风的男子和风姿绰约的女人。其形貌之美，连最挑剔的艺术家也忍不住将之刻画。

也许有人会认为，一个艺术造诣极高且保留着有伤风化习俗的民族，定会在裸画领域有所成就。然而直到近代，日本才开始模仿西方艺术，尝试裸体画。此番尝试未在艺术上有所成就，也未有作品流传。无论雕塑还是绘画作品，都不曾出现日本裸女的元素，就连名妓也衣着完整，只是用发簪数量、大小以及衣衫的浓艳暗指风尘。

仅凭这些无法断定日本是否出现过春画。事实相反，日本曾有过完全自由的春画市场，直到日本政府迫于西方舆论，才禁止了这种行为。据一些久居日本的西人所说，描绘淫秽场面的画作频频出现，被公然兜售。我认为，此类创作算不上艺术，翻印这些画片也非出于审美，而是为了满足低俗之欲。

日本艺术缺少对裸体的描写和对人性的刻画，二者原因大体相似：就人物本身而言，两性特征绝非艺术家们着力描写的主题。

日本人对漫画情有独钟，这点让西人颇为好奇。漫画常以荒诞的手法凸显人物特征，如额头硕大的小孩、体型矮胖的男人以及奇丑无比、姿态滑稽的侏儒，几乎所有的漫画都有意丑化人物。热爱怪异形象不仅停留于艺术，还体现在其他令人诧异的方面。一个醉心于自然之美的民族居然能够在畸形的自然景物中寻到乐趣：发育不良的树木

第三章 思维与道德

枝干扭曲、奇形怪状，已不似自然之物，日本人却喜闻乐见，视为"天然之美"。日本中上层人士的庭园里栽种矮化的陈年植株，枝条也被修剪成奇异形状。这种盆景美在何处？缘由在于人类爱好技术含量较高的活动，这是自然规律。试想，要经过无数次试验和多年悉心照料，才培育出一株12—15英寸（约为36—45厘米）的矮梨树，再等它累累硕果，这绝对是耐心与毅力的考验。它满足了大众对怪诞事物天生好奇的心理，这一点从日本的原始宗教中可窥知一二。

"美学"这一术语通常涉及艺术，但也与言语行为密切有关。比如，诗歌创作与美学密不可分。在日常对话中，少有人注重语言美感，但有文化涵养之人会下意识地予以关注。此外，美学对日本人行为举止的影响也比西方所认为的更加深刻。文人出于美观，多对粗鄙之行加诸厌恶，各国皆是如此。美学又与道德伦理交织，对人的行为举止皆有影响，二者界限很难划清。也因如此，美学和伦理道德常被误解为互补而非互斥的二元关系。但是，不具美感的行为未必不道德，不道德的行为就一定不符合美感？在我看来，远非如此。

日本人言语行为中运用的美学元素之多，世上再无他国匹敌。日文字里行间流动着审美的气息，"敬语"（honorifics）[①]使得说话人鲜有粗鄙之言，甚至避免自称。不过，这也给西人造成空前困扰：说话人礼貌与否显于细微之处，不论是自我表达还是旁人之语，都难以把握内在精准含义。一些作者认为，日语缺乏人称代词源自泛神论。对于这一点，我不敢苟同，本人会在后文关于日本"人格"的篇章中详述。

即便敬语充满美感，但涉及西人避而不谈的话题时，日语又不够含蓄，易给人留下相反印象。在日本，这样的言语非粗鄙下流，只是不够优美，无不洁之义。在此，我没有暗指日语中毫无粗鄙之语，只是说上述语言没有包含道德倾向。此类粗鄙之言在此不一一举例。

那么日本的粗鄙之语该如何认识？发展较为滞后的国家普遍具

[①] 一般分为尊敬语、谦逊语和礼貌语。——译者注

备语言较为直白的特点。而在文化程度高的国家中，上述风格缺乏美感，引人不适。日前，日文保留着一些不雅词汇。与行为相比，言语变迁更为缓慢。如今的日本正通过立法规范不良行为，这些举措终将对言语习惯产生影响。而要在文化层面超越西方，日本无疑再需几十年的光阴。

无论是言语还是行为都是对精神生活的反映。日本礼仪受封建社会秩序影响，显得尊卑有序、等级森严。武士阶层纵然杀伐决断、个性分明，仍然受到种种限制。普通民众一言一行都要循规蹈矩，迎合权势成为一贯的生存法则。较于特权阶级，普通百姓的权利很少受到重视。封建主义连同特有的礼仪制度，经过卫道士和宗教领袖的宣传，逐渐在日本社会扎根，最尊贵的天皇也要奉行礼制。如此伦理准则与社会审美结合，造就了"世界上最有礼貌的民族"。今天，日本对西方的粗鲁失礼行为有所改善，也印证了我的论点——上述特征与民族天性无关，而是社会秩序所致。

那么日本社会各阶层的艺术品位正普遍提高，这一点又作何解释呢？如前文所述，日本美丽的自然风光对国民影响极大。日本社会各阶层虽然等级分明，但毗邻而居，下层民众依然有机会了解上层人士的精神生活。故此，社会地位虽有高低之分，但文化传播畅通无阻。另外，平民修葺房屋时还能依照富庶人家的建筑材料和方法，且成本更加低廉。由于房间的结构有着固定形制，通用的床垫便能轻松装配。床垫通常由草编的底衬和席面组成，二者价格悬殊，但无论添置何种品级的垫子，都能以较低的成本打理。普通房屋的墙壁由泥瓦所砌，外层石膏由精选的泥土和石灰混合而成。无论花费高低，墙面都能整洁美观，房屋的其他部分皆是如此。由于日本中下层民众缺乏独立思考能力，又热衷于仿效上层，等级观念更加植根于大众心中。不过，日本人的文明优雅仅流于表面。由于缺少桌椅、床架、盥洗台以及其他家用物什，日本的家庭主妇可将房间打理得井井有条，却无法在家具的布置与摆放中体现文化审美。

日本人习惯盘腿而坐，其中缘由我无法知晓，也未曾听到对此现象的合理解释。但这种坐姿致使家中大部分家具派不上用场，从而免于笨重家具之扰。随着西方家具引入日本，日式审美能否与崇尚实用但外形笨重的西方元素和谐相容？我们拭目以待。

从细微之处发现，日本人的高雅品位与社会文明无关，而是个体的审美。长久以来受社会风尚影响，日本妇女的服饰颜色总能体现出不俗的品位，但有时又让人忍俊不禁。衣着艳丽的富家小姐及其友人不觉得有失美感。而童衣之花哨，让约瑟夫的彩衣①黯然失色。西人眼中粗糙俗艳、全无美感的风格却符合日本民众审美。日本人时而卓越时而俗陋的颜色选配在各阶层的家居装潢中更为明显：红、黄、蓝三色钩织的婴儿帽和婴儿披肩俗陋不堪，与西方颜色搭配审美全然相反。

在社交礼节上，日本人似乎一窍不通。拜访西人时，日本人常感到无所适从。曾有日本学生、绅士拜访我，竟不知在门口显眼的地垫上蹭净鞋底。当他们回到自己家中，却先脱鞋，再进门。一番对比，让人心中疑惑。我常在火车上看到先到的乘客独占一排座位，任凭他人站立长达一小时之久。其实只要挪挪座位，所有人都能坐下。这种情况时有发生，并非特例。此番无礼非故意为之，只是对他人缺乏真正的礼貌之心。

我认为，日本人在礼仪上的欠缺大致源于以下几个方面。在民众眼中，礼仪通常指各种行为准则，而非内心想法的外在表现。自古以来，日本的社会生活准则皆由掌权者制定，再对百姓施以教化，哪怕是极为普通的农民也知道如何表现得礼貌得体。但在特殊情况

---

① 出自《创世记》第37章。约瑟弟兄总共12人。约瑟是父亲雅各老年所生，所以特别被疼爱。雅各曾给他做了一件彩衣，他的哥哥们为此事很不满意。后来约瑟做了两个梦，一次梦见哥哥们的禾捆向他的禾捆下拜，另一次梦见太阳、月亮和11颗星星全向他下拜。11颗星星显然指11个弟兄。这使哥哥们对他更加怨恨。有一天，约瑟的哥哥们在多坍放羊，父亲让约瑟去看望他们。他们一见约瑟，就同谋要害死他。于是剥掉他穿的彩衣，把他丢进坑里。但又觉得对骨肉胞弟下不了毒手，就以20舍客勒银子把他卖给过路的以实玛利人。以实玛利人把他带到埃及。约瑟的哥哥们宰了一只公山羊，把那件彩衣染上血，打发人送给父亲看。父亲见到爱子的血衣，以为约瑟已被野兽吃掉，便撕裂外衣，腰间围上麻布，为儿子悲哀了多日。后来在西方语言中，"约瑟的彩衣"意谓"荣誉的服装"。——译者注

下,如在西人家中或者列车上,毫无先例参照时,礼貌的假面就被撕下。因此一旦进入新环境,日本民众无所适从,不知如何变通;于西人而言,只需遵循内心的道德准则即可,这是最简单的常识。日本的礼崩乐坏引发日本作家的关注与谴责,而这不仅与封建枷锁的消解有关,还在于民众面对陌生情景时,内心准则的缺失以及从未接受过广为适用的礼仪原则教育。

许多美国人认为,当今日本审美缺陷的症结在于与西方的交往并深受西方艺术影响。对日本艺术一窍不通的外国游客大量购买怪诞俗艳但价格高昂的日本纪念品,于是,日本伪艺术在病态的刺激下疯狂发展。但根源还在于日本人自身的审美品位,例如婴儿围嘴和狗项圈居然使用撞色,这与西方艺术毫无关联。毕竟,哪个西人会给自己的宠物狗套上宽11厘米的撞色项圈?

不过,日本彩色照片之精美,让西人十分着迷。匠心独出与怪诞诡异皆出自同一双手,其中界限只在于颜色变化,这不能不让人感到惊奇。更奇怪之处在于日本人似乎意识不到作品中的缺陷,毫不犹豫地将之放在商店出售,甚至远销重洋。而坚持真正艺术的消费者精挑细选才是日本艺术家保持水准的真正动力。

如果还需要其他实例证明日本人审美能力的缺陷,就让质疑者去日本任意一处人来人往的二流神社或佛寺看看。在那里,毫无美感的景象比比皆是。各种涂彩的、原色的神像,身戴脏兮兮的围兜,面目狰狞,大小不一;侧殿荒废,神像破败,旧灯碎石散落一地……手水舍里的毛巾曾虔诚地献于神灵,又被风尘仆仆的朝圣者使用,如今早已污秽不堪;主神殿前的铃绳同样脏污,不知道被多少双祈求神灵的手拉响。画作只有少数称得上艺术品,余者皆丑陋得令人难以置信:面目可憎的天狗①,长鼻獠牙,周身堆积着几十个纸团甚至泥球。以上有碍观瞻的景物皆出自香火旺盛的神社及寺庙。而这

---

① 一种妖怪,高鼻、红脸、手足的爪长且有翼,持金刚杖、长刀、羽毛团扇。据说神通广大,可自由飞翔。——译者注

些景象无一受到西方艺术的影响。此外，毫无艺术美感的景象又与整洁之地相邻，如精心打扫的道路、崭新的副殿、花卉装饰，堪称美与丑的奇异组合。总之，日本人的审美发展片面且奇怪。

若对日本音乐史有过研究，可以知道日本人在节奏和韵律造诣不浅，但在旋律与和声尚为落后。他们的器乐原始、匮乏，也无乐谱。但这些不足以影响日本人对音乐的热爱。他们以小调半吟唱的方式独唱。歌者之激情，声音之凄楚不绝于耳。这种美感不同于旋律之美，却动人心魄。在弦乐的轻拢慢捻中，传来艺妓凄婉的歌声，此情此景下，日本民族对音乐的热爱与其音乐审美之落后形成鲜明对比。不过，日本音乐发展起步较晚，在对比日本和西方音乐发展史时，我们不能忽略这一事实。

日本近年才有发展音乐的条件。因此相比于西方，日本音乐发展尚处于早期阶段，但已初显成效。铜管乐队受大众欢迎；管风琴引进后，开始本地生产；公立学校引进各种乐器；越来越多的民众接受西方声乐、器乐的训练。这些事实都在表明，假以时日，日本音乐将迎来自己的春天。对此持怀疑态度，认为民族特质与生俱来之人，不妨回想一下夏威夷两代人身上的变化。他们在乐感领域先天不足，后来爆发出惊人的音乐能力。时隔27年，我重访夏威夷，出席了一所主日学校的展览活动，活动内容是音乐比赛。面对颇有难度的曲目，本地歌者声音嘹亮，挥洒自如，他们所展示出的乐感，不逊于英、美任何一所主日学校的师生。

日本文学同样揭示自身对社会秩序的依赖。同服饰、音乐等领域一样，日本文学处于失衡状态。"就短歌[①]而言，其词句之凝练，韵律之优美，情感之真挚，无甚能出其右。"[②] 但西人已经指出日本诗歌的不足之处。下文附上对日本诗歌的整体概述，与前文引自同

[①] 和歌（わか）的一个形式，有五句三十一个音节，是一种日本传统定型诗，格式为五—七—五—七—七的排列顺序。它始于六、七世纪，根据日本最早的诗集《万叶集》记载，第一首和歌作于公元757年。——译者注

[②] Aston William George, *A history of Japanese literature*, New York：Daniel Appleton & company，1899，p. 29.

一卷内容，望读者留意：

  主题狭隘、素材有限，不足不在已有之物，而在于未有之物。首先，日本文学没有长诗，甚至没有一种类似于史诗的体裁——不曾有《伊利亚特》《神曲》，甚至没有《尼伯龙根之歌》(*Nibelungen Lied*)① 抑或《切维追逐》(*Chevy Chase*)②。事实上，日本叙事诗篇幅极短，数量匮乏，我仅读过两三首，皆为抒情民谣。教诲、哲理、政治和讽刺主题的诗作同样寥寥。该类题材非日本艺术重点，即便加以引导，日本文学是否有足够的能力吸收此类题材未有定数。直到14世纪，日本才出现戏剧诗，但这种诗体并不完善，只能算作含有诗歌元素的戏剧……简言之，日本的诗歌以抒情诗和短句为主，以抒情为主题，或思念家乡亲友，或赞美爱情美酒，或哀婉逝者，或感叹无常。日本诗人笔下，有流水淙淙、富士山雪、惊涛拍岸；有春笋秋鹿、枫火花月；雨雪雾风、四季枯荣，皆为诗人顿足之处。若附宫廷、爱国、宗教主题以及更多的修辞用法，内涵颇为完整。但如张伯伦所言，确有一些遗漏颇为奇特，如战争诗，这在日本诗歌中几乎未见踪影。显然，在日本，战争和杀戮并不适合作为诗歌主题。③

  无论戏剧还是小说，日本文学都取得了长足进步，但相比于西方文学，主题不免有些浅薄、平淡。这显然与社会秩序有关。批评家一再强调，日本文学缺乏崇高立意，并将其归咎于民族性。即便日本文学缺乏深度，这或许体现一定的民族性，但我相信，这里存在更好的解释——在旧社会秩序下，个体常被忽视。日本受佛教的

---

 ① 德意志民族的史诗，由奥地利某不知名骑士创作于1200年前后，是中世纪德国一部伟大的英雄叙事诗。——译者注

 ② 14世纪末叶英国民谣，又名《切维奥特的狩猎》(*The Hunting of the Cheviot*)。——译者注

 ③ Aston William George, *A history of Japanese literature*, New York: Daniel Appleton & company, 1899, p. 24.

个人主义影响，但依旧处于崇尚集体主义的社会环境之下，不论人性深处的光辉，面对诱惑时的挣扎，还是个人的荣辱得失，都没有成为文学主题。恰是诗意、戏剧性和叙事性的题材，揭示了隐秘的人性，赋予了文学无穷的生命力。

日本诗歌形式的匮乏是引来西方批评的另一个原因。阿斯顿先生①已经向我们解释了日语语音如何造成这种匮乏的现象。该特性使得日本诗歌基本无法在韵律和节奏上多做文章，也导致了"日本天才诗人偏爱短歌"的现象。但一门语言显然是语言遗传过程和社会秩序的综合产物，不能归咎于固有民族性。因此，社会遗传和社会秩序直接决定了一个民族的文学特征和审美品位。

更加突出的是，日本的建筑发展可以追溯到中国和印度。文明的内在发展需求决定了它的外部表现形式。日本孤立的地理位置、社会秩序下的特殊需求、不同的建筑材料，以及可追溯至史前的社会遗传特性，都是中日建筑差异的缘由。因此，日本建筑的显著特征与其固有的民族性相关，这一观点我绝不能苟同。

我们最终得出结论，日本人并非先天具有独特的艺术品位。他们在某些领域的确领先于西人，但在其余方向却相对落后。这与社会秩序有关，而非民族性抑或大脑结构所决定的。如果说艺术鉴赏力取决于先天的大脑结构，那么日本人审美能力的急速变化，在多个领域鉴赏能力发展的不平衡，以及快速吸收其他民族美学成果等现象便无从解释。

第二节　记忆、模仿

相比于东西方思维模式的共同点，两者的差异可谓微不足道。这一事实需要着重强调，因为许多日本作者似乎浑然不觉：他们时

---

① 威廉·乔治·阿斯顿（William George Aston，1841—1911），英国外交官、作家和学者，主要研究日本和朝鲜的语言与历史。代表作有《日本口语短语法》《日本早期历史》《神道教：诸神之道》等。——译者注

常惊叹于东西方思维模式的差异。但事实上，两种思维方式相差无几，且不同多流于表面。诚然，日本人的祖先早在近3000年前就已经离开早期家园，前往日本。其间，他们又禁止与印欧母系通婚。在几千年的历史长河中，日本人和盎格鲁—撒克逊人之间毫无血缘。但二者的观念架构和思维模式极为相似，比如日本心理学学生能够完全理解西方心理学教科书中的内容。我曾向松山师范学院的一位心理学教授求教：在讲授英美学者心理学体系时，学生们是否理解困难？有些西方思想是否是日本人无法理解的？这些心理学教科书是否忽视日本人的某些心理现象？对于上述问题，教授给出了否定答案。因此，我认为，东西方思维方式的差异实在微乎其微。

在此，我们讨论的不应涉及所有民族共有的一般性心理特征，只涉及日本民族的特殊心理，其目的在于了解日本人的思维特点是否由大脑结构、民族性所致。而这正是我们不断重复的问题。

首先，关于日本人的大脑发育。许多游客对日本人不同寻常的头部尺寸印象深刻。不过，这是因为日本人四肢较短，相对较大的头颅占比所致。也有人指出，圆形的头部更易显现。但不论如何，比起矮小的身躯，日本人头颅的确显得硕大。

耶鲁大学的马什（Marsh）教授指出，从大脑的尺寸来看，日本人在优胜劣汰的自然法则中拥有得天独厚的优势。有传言称，不仅日本人的头身占比高，大脑也比欧洲人硕大，这已确凿无疑。但颅骨统计数据从未证实这一论断。最近，一些日本杂志对此事有所讨论。我在一位日本友人的帮助下收集到以下数据（在此深表感激）。

根据戴维斯博士的最新研究，欧洲男性大脑的平均重量为36498姆米[①]，澳大利亚男性为22413姆米，而日本男性的大脑，据田口博士测量，均重36205姆米。从最值上看，英国男性大脑最重为38100姆米，最轻为35377姆米，而日本男性最值为43919姆米和30304姆米，二者相差巨大，令人震惊。按照东京帝国大学贝尔兹博士研究，

---

① 1姆米=4.3056克/平方米。——译者注

日本下层民众的头骨周长（1.8414英尺）高于日本中、上层阶级（1.7905和1.8051英尺），而阿伊努人头骨周长（1.8579英尺）超越所有日本人。

基于上述数据，大脑的大小和文明的发展程度几乎成反比。也就是说，如果日本人的头颅更大，其智力可能不如欧洲人，这与德·卡特勒法热[①]的某些调查结果相吻合。他证实了出生在美国的黑人脑袋较小，但智力上却优于非洲黑人的现象。"因此，对黑人来说，脑袋越小，智力越高。"

不过，将民族和文明发展的本质追溯到大脑发育之人无法从不同人种大脑的比较分析中得到多少安慰。卡特勒法热的结论一再遭到质疑："毫无疑问，头颅大小与社会发展之间毫无瓜葛。""人类智力发展在很大程度上与颅骨容量和大脑体积无关。"由此可知，日本人的智力绝非取决于头颅的大小，却与社会发展趋势相关。不过，仔细研究民族性与社会秩序的关系，总归有所助益。

在与中日交往的过程中，西人对他们的记忆力叹为观止，在背诵汉字方面更是突出。我有一本汉语字典，其中囊括了50000多个汉字，要掌握所有汉字实在是一件骇人差事！日本人和中国人如何做到的，这让西人百思不解，只得诉诸他们拥有惊人的记忆力。几百年来，使用汉语的民族不断书写这种繁琐文字，加强了记忆，故而如今的记忆力变得出众。

但是我认为，这种能力远没有想象中那般神奇。首先，少有日本人敢说自己完全掌握了50000个汉字；但凡读过些书的日本人会假装认识好几百个汉字，绝大多数真正有学问的日本人所识汉字也不过10000个。现在，一些日本报社开始减少汉字使用，4000—5000个汉字就可以满足日常交流。受过教育的阶层无疑对4000—5000个汉字使用得最为熟练，但普通民众要在每一个字旁注音才能

---

① 德·卡特勒法热（Jean Louis Armand de Quatrefages de Bréau，1810—1892），法国博物学家、人类学家。——译者注

阅读。再者，别忘了，日本青年把他们的一生中最美好的时光都花在背诵这些字符上。

倘若欧美青年每天花上同样长的时间学习汉字，习得年数也一样久的话，那么我并不认为结果较之于日本青年会有明显差异。别忘记，有些西人也展现出了惊人的汉字记忆能力。

换句话说，社会秩序筛选出记忆力高超之人，让他们脱颖而出。而那些记忆力相对较差的人只能退居幕后。学界必然是藏龙卧虎，记忆力超群者众多。若技不如人，只能遭到摒弃。成功人士受人关注，引人艳羡；而对于失败者，世人一无所知，甚至忘记了存在。

我询问日本朋友，是否认为日本人比西人记性好。他们一致否认，似乎还对我提出的疑问感到惊讶，特别是西人对日本人记忆力的高度评价，更是出乎他们的意料。

其实，如果问及他们在日常工作、知识掌握和留存方面的记忆能力，以我12年（主要在日本中下层）工作经历来看，虽然有些人学习轻松、记忆力较好，但大多数人并非如此。总之，我认为，日本人是否在记忆力方面明显胜过他人，实在是未知指数。

在东西方比较的过程中，应当记住，西方不似东方注重记忆力。东方传颂者说起古诗词和宗教教义滔滔不绝，展现出的惊人记忆力；据马克斯·穆勒（Max Müller）教授所说，只凭神职人员口口相传，卷帙浩繁的吠陀经数世纪以来竟古今一辙，从未变化。实际上，各民族不断发展，在各自文字高度成熟之前，都具有类似的记忆能力。这种记忆力并非与生俱来，也非大脑结构所致，而是社会秩序诱发的。因此，相对落后的日本民族需要花费大量的时间和精力才能记忆繁复的文字，西方则在文字的发展中找到了一种更简单、更实用的方式留存史实、诗歌、宗教等作品。处理日常生活事务中，西人也常借笔、本和打字机的辅助，节省记忆的时间和精力去做其他事情。

由于记忆是所有心理活动的基础，因此我们把它放在第一位。日本人的记忆力不容小觑，这充分证明他们在其他方面有望达到高深造诣。考虑到这一点，我们自然会问，日本民族在外语习得方面是否同样表现出不同寻常的能力？鉴于日语与其他民族的语言长期分离，我们难道不应该期待日本在这一方面有明显缺陷？但我发现，不少日本学生的英语、法语和德语阅读能力不差。那些受过良好教育以及少数海外生活过的日本人可以使用各类语言随时交流。事实上，由于日本人学习外语比外国人学习日语更加容易，日本人的外语能力更胜一筹。但不要忘记，在上述比较中，学习时长和能力是一方面，所学语言的固有困难以及为学习者提供的帮助都应考虑在内。

于是，我得出结论：日本人在语言习得能力上既非天赋异禀，也非特别欠缺。他们与西方相差无几。

在我看来，语言为本书的总论点提供了绝佳证据，充分证明区分民族性在于社会，而非生物性。不同民族语言之所以不同，无关乎大脑构造，在于民族各自的社会发展。假如历代以来，日本与盎格鲁—撒克逊民族的祖先即便禁止彼此通婚，也能够保持良好且持续的社会交往，那么如今的英语和日语也不至于发展成截然不同的语言。日本儿童能够习得英语，英美国家的儿童也能够准确地习得日语，这一事实有力证明，语言的多样性不取决于大脑差异和生物遗传，而在于社会差异与社会遗传。

若上述命题成立，那么该论点可轻易地延伸到区分不同民族文明的一切特征；因为任何民族的语言都是该民族文明的缩影。一个民族所有的思想观念、民俗神话以及所有显著的社会特征无不体现在自身的语言之中，并通过语言实现代际传递。这一论点可作许多扩展和说明。

西人常常语带轻蔑，指责日本是个只会模仿的民族，如此言论已是陈词滥调。然而，了解事实真相的我们知晓这种品质从多方角度来看，大有裨益。最具辨别力和模仿力的民族势必比那些故步自封的民族具有优势，因为后者视他人所长于无物，也不仿效学习。因此谈到日本人的模仿能力时，我并不贬斥，而在褒奖。让日本从原始社会到封建社会，向20世纪现代社会转变的，不是"猴子"式的模仿。换句话说，未经深思熟虑的单纯模仿在日本鲜少出现，就算偶有发生，也不过是昙花一现、过眼云烟。

张伯伦教授在他的《日本古典诗歌》（"The Classic Poetry of the Japanese"）序言中，曾这样描述日本人的模仿性：

> 日本是一个爱模仿的民族，这一普遍印象大体上是正确的。如今，他们模仿西方，1500 年前他们模仿中国和朝鲜。宗教、哲学、法律、行政、文字，日本（除了最简单的）技艺和科学全都来自邻近的大陆；舶来品实在太多，以至于在我们习惯称为"旧日本"的事物中，只有百分之一是地道的日本货。不光丝绸、漆器不是他们发明的，绘画也不属于自己的（尽管欧洲批评家常常称道其独创性），他们的瓷器、音乐亦非原创，甚至大部分的语言都是错读的汉语；日本人攫取汉语，给处所之地更名换姓，还为古老的神灵安上新的头衔。

虽然以上论述无可争议，但我认为这是一种错误的宏观印象。假如欧洲人遭此拷问，会是怎样的结果？哪个欧洲国家能说本国的艺术、书写、建筑、科学以及语言都是"自己发明"的？我们细究古代日本文明之刻，就会发现虽然最初是在模仿，但之后也有独创。在某些情况下，这些变化至关重要。

考察实用工艺时，不得不承认日本多数工艺都来自朝鲜、中国，但也须清楚，日本仍有许多方面独领风骚，比如，铸剑工艺虽然是引进的，但是对于素有东方大马士革刀之称的日本刀，谁不称赞其品质精良、刀形完美？无人认为如此卓越之物是他国所产，这是受日本社会秩序和文明影响的产物：当时的武士习惯将刀鞘别在"腰带（obi）"上，日本刀形便是依此习惯而制。

如果前往日本工人的家庭一探究竟，或者考察常用工具，我们就会发现日本并非只会模仿。若日本只是模仿，我们该如何解释他们的建筑与中朝两国如此不同？又该如何理解竹子、稻草无数种独创用法？

若追根溯源，我们需考虑日本引入的道德伦理和宗教准则。在

第三章　思维与道德

中国，儒家思想强调孝道的义务，而日本以忠诚为本。二者差异使得日本思想体系与中国儒教判然不同。此外，日本佛教原属印度，西方宗教源自巴勒斯坦。我们发现，前者之差甚于后者。不得不说，日本佛教已经变得如此独特，以至于多数时候很难与中、印佛教联系起来。在日本，佛教教派林立，各派论说纷纭，势成水火。

在日本佛教中，当属净土真宗方兴未艾，有西人时称为"新"佛教。其始祖亲鸾[①]在13世纪阐述了主要教义佛法。一般来讲，佛教宣扬以自我努力、自我克服获得救赎，而净土真宗则摒弃此教义，提倡靠"他力"而非"自力"，并以此为正统教义。净土真宗允许僧侣婚姻、荤食，佛教圣典以白话印刷，妇女被赋予了极为特别的地位：女性有望获得救赎。此等做法皆与其他教派大相径庭。"苦修斋戒、节律饮食、朝圣遁世（隐士和寺院都是如此）、佩戴符咒皆为此教派所禁。教派中人不必赌誓发愿、为佛献身；也不必山栖谷隐，亦可家庭美满。他们坚持虔诚祷告、纯洁信仰、认真生活，并相信佛陀是唯一完全公义的践行者。他们认为道德比正统更重要。"净土真宗教派与常规的佛教教义和佛法已是渐行渐远。能够发展如此教派体系，谁能否认其中的创造性呢？

日本另一教派——"日莲宗"亦值得关注。日莲宗创始人名曰大日莲[②]。此人不与俗流，对宗教信仰热情高涨，出于对当时主流教派教义和习俗心存质疑，独自钻研佛教典籍。其结论在当时可谓惊世骇俗。面对他人的口诛笔伐，他始终坚定不移，信念不屈。哪怕众叛亲离、两次被驱逐，始终不渝的他终得万千皈依者影从云集。大日莲认为主流教派存在错误和腐化现象，故对其猛烈抨击，也因此遭到恶语相向。大日莲早期的追随者必然难逃同样的境遇，可见他们不是卑微的模仿者。

[①] 亲鸾（1173—1263），日本佛教净土真宗初祖，曾名范宴，绰空、善信、愚秃亲鸾等，谥号见真大师。——译者注

[②] 大日莲（1222—1282），日本佛教日莲宗创始人，俗姓贯名，幼名善日，祖籍远江国（今静冈县），生于安房国（今千叶县）小凑。——译者注

此外，日本在吸收中国哲学思想方面也有所创新。虽然诺克斯博士在他的论文《日本哲学家》（"A Japanese Philosopher"）中指出：

（日本）披沙拣金，皆无新意，唯规行矩步尔。（他们）亦无意提升新学，含混错误皆照搬之。未将其体系研精致思，而致囫囵吞枣，不辨滋味。论证与本体之论，伦理与宗教之学、奇迹与英雄——皆全盘受之。另外，鉴于新制度较旧制度之优越，则有诸多喜新厌旧之体现。

他也曾断言，"日本作者惯于陈言老套，所著多无新意。于舶来品口诵心惟，于政治、伦理及形而上学欣然受之，不辨其他。"而我对这些日本哲学家稍加考察后，认为上述论断不无道理，但有失偏颇。诚然，日本未出现能与中国哲学家朱熹、王阳明相提并论之人。王阳明的作品和思想曾在日本风行一时，后由于政府当局禁止，朱熹的著作和思想体系得以取得统治地位。但也有不少日本思想家不顾后果，拒绝朱熹学说。贝原益轩便是其中之一。他所著的《大疑录》（The Great Doubt）一书直到其死后方才出版。书中，他坚决反对朱学。东京帝国大学哲学系教授井上哲次郎[①]在题为《日本哲学思想发展》（"Development of Philosophical Ideas in Japan"）的文章中总结道："日本哲学始于朱、王。但日本诸子百家放弃此二人，速成实用、先进的人生观和世界观。"

西人认为日本没有独立哲学的一个重要原因在于西方对日本和中国文学一无所知。东方思想正朝着与西方迥异的方向发展，以至于西人注重东方文化的普遍相似性，对个体的差异有失察觉。若能对东方文化一了千明，其中个体差异自然显现。

西方旅者初到东方时，很难区分面孔，在他看来所有人脸极为相

[①] 井上哲次郎（1855—1944），日本明治、大正、昭和时期哲学家，日本近代唯心主义哲学先驱者，日本学院哲学奠基人。——译者注

似。由此可见，研习东方思想的西人对东方文明、东方思维和东方哲学中的相似性印象深刻，很难发现东方民族之间的不同。同样，初学日本哲学的西人也很难认识到日本对中国哲学的改变。

自古以来，日本民众对政府的依赖程度远超西人想象。过往民智未开，只有绝对服从的意志。个人的主动性和独立性，即便不受强行压抑，也从未提倡，于此形成善于模仿的习惯。因此，日本大刀阔斧全面改革才让西人讶然不已。早期接触中国政体后，日本统治阶级甘拜下风，依样将其作为自身体制之基。这就是日本历史上开辟新纪元的时期，即"大化改新"。大化改新始于公元7世纪，改革内容主要为中央集权，可以说这是日本历史上首次真正实现国家统一。批评者指出，没有对中国制度的模仿，日本不可能实现统一。模仿不置可否，但这种模仿归根结底是统治阶级的模仿，它将自身的意志强加于民众，才让模仿得以流传。

同样，如今主导日本的西方化社会秩序也非民众自主选择；民众面对统治者的意志非但没有抵制，还会忠心接受——天皇的决定，不可有违。我确信，日本人的模仿特性正是对当权者无条件服从的精神体现。

总之，模仿性很大程度上是日本长期封建社会秩序所致。在此国度，个体主动性必然罕见，父为子纲、君为臣纲、夫为妻纲，上级意志至高无上，这自然导致了模仿品质的应运而生。

第三节　创造、原创

创造与模仿是相对的。在反驳"日本是一个盲目模仿国家"的观点上，我已列举数个新例。再次赘述这一特性无甚意义。不过，日本另一情形亦可作为说明。

日本艺术卓尔不群，举世公认。日本寺庙和宫殿皆以壁画和雕塑为饰，深得西方专家赞叹。只是，作品美轮美奂，作者却难以确定这些艺术品到底出自日本、韩国、还是中国的巧匠之手？毫无疑问，日本的艺术灵感多来自中国，汲取了诸多艺术创想和技法。但日本没有匠心独运、推陈出新吗？事实是日本艺术虽然中国色彩浓厚，却也不失独到之处。一部名为《日本艺术文物征集本》(Solicited Relics of Japanese Art) 的大作即将出版，其中就有大量的彩色版画和珂罗版画对古代日本艺术精品的复刻。《日本邮报》做出评论：

> 拥有如此精湛技艺的雕塑家，若来自中、朝，为何要将他们的天赋才华献给日本？在接受"日本古代杰作皆为舶来品"这一论断之前，须先回答这一问题。但凡中朝两国拥有同样美妙绝伦之作，上述结论就没那么牵强。

在佛教的早期影响下（公元900—1200年），日本欣欣向荣，迎来了建筑、文学和艺术领域的全盛时期。但好景不长，一场灾难降临，日本至今仍在恢复期。后文将会提及这次灾祸的根由，这里只关注其中一个方面，即统治者对创造性的压制。

曾经，汤森德·哈里斯在他的日记中提到"日本政府似乎意图禁止民众发挥任何聪明才智来生产奢侈品。节约法令严格规定所有人的着装形式、颜色、材质和更衣时间。至于豪华家具在日本更是未曾听闻……日本人受当局管制的行为之多，难以语尽。"

德川政府禁止建造大型船只；因此，进入19世纪中叶，造船技术已经远远不及两个世纪前的水平。17世纪初期，日本政府消灭了基督教、禁止宗教信仰自由，遏制部分儒家思想体系的传播以固政权。同时，学者在中国文学和哲学研究中激发出的创造性也为一手遮天的德川政府所压制。统治力量的意图是让日本维持"现状"：创造即大逆不道，进步则亵渎神明。儒家学说亦用来为此政策添薪助火：遵照祖宗成法，是为尊重；行其行，或思其思，否则便有辱列祖列宗。虽然中、日不缺创新、自主者，但这些人还不足以打破僵化体制，破除侍奉过去为圭臬的思想。如此制度视发明创造为眼中钉、肉中刺，面对发展如临大敌，这极大地遏制了国家的进步、民族的发展。

第三章　思维与道德

　　论及研究与信仰自由，日本依然存在一种反常现象。虽说学术界有着较大自由，但有一课题仍谢绝讨论：任何人不得公开对钦定的日本原始历史发出异议。几年前，帝国大学一位教授试图解读日本古代神话，官方认为他的理解威胁到了日本神圣血统，便立即解雇了他。

　　日本帝国大学佛学教授井上博士在仙台市教职员会上发表了一篇演说。演说内容因循保守，言语间隐现尊内卑外。据当地一位英国记者报道，井上博士坚称日本人"是神之后裔。别国君主、皇帝皆为凡人，而日本民族则人人为天皇之后；孝道忠贞之品质，虽非日本人独有，却无人在此方面与之媲美，日本民族的道德造诣无人可及"。井上博士宣称，日本民族思想优越，即使行为处事仍需借鉴国外一二，本质思想则无需革新，足足有余。

　　于是，纵使严谨的学术精神与盲从的轻信行为天上地下，在日本作品中却奇异地结合在一起。日本民族似乎对原始神话深信不疑：神话传说皆为真实的历史事件大量引用，甚至有准确的日期可循。《古事记》成书于公元712年，日本人仅凭其中的只言片语，便敲定公元前600年—800年的日本史。而《古事记》所述仅源自一人回忆。另外，在日本政府为哥伦比亚博览会准备的日本正史英译本中，有如下说法："自琼琼杵尊①奉天照大神②之命从天庭降临拥护大国主神③和其他日本神灵后代统治日本，神裔子孙始继承帝位，世代相传。""天皇乃天庭诸神之后裔，毋论沧海桑田，其崇高地位代代承继，威望尊严亘古不变。""未尝有臣民图谋损害帝国威仪。"实际上，在一段单独的叙述中，"众神时代"被描述为"神奇传说"，但文章又补充道，无论这些传说有多么奇特，为了解帝国开创史，还须对传说了若指掌，随后便开始讲述天神创造日本、民众以及无数

---

① 又称"天津彦彦火琼琼杵尊""天饶石国饶石天津彦琼琼杵尊"等。日本神道教认为是天照大神之孙（"天孙"或"皇孙"），奉天照大神之命从天上下来统治日本。——译者注
② 神道教最重要的神，即太阳女神，被认为是日本皇室家族的祖先。——译者注
③ 《古事记》中统治苇原中国的主神。有着不平凡的经历，在本家受到自己80个兄弟的迫害以后逃亡到须佐之男的领土，获得了须势理公主的爱情，通过了须佐之男的一连串考验，最后打败自己的兄弟建立了国家。——译者注

神灵之事，全文未有任何批评和异议。日本众神时代和人类历史也非泾渭分明，最初发明，诸如火、采矿和纺织等皆归功于天照大神（太阳女神）。根据这些传统和建立其上的近代日本史，日本民族完全独立于其他人种而存在。而这也是当今日本学校统一的教学内容。

西方学者对此无法苟同。诚然，只要社会秩序允许，日本人会在早期历史的研究中表现出较为客观的批判。但现在，即便有少数人持有更加客观、先进的史学观点，也不敢公开宣扬。这揭示了一种有趣的现象，说明社会秩序或专制政府可能会在某段时间内阻碍学术的发展。日前，日本史学界看似有轻信盲从之风，但这既不是出于民族性，也非缘于根深蒂固的迷信，而是帝国血统不可侵犯的社会制度所致。

如今，日本人已经在很大程度上摆脱了旧社会秩序的束缚，但问题在于：日本民众能否展现创新的能力？从最近的几项重要发现、发明来看，答案是肯定的。村田步枪就是出自日本人之手。1897年，有坂上校对这种步枪进行了多项改良，提高了射速、精度，减轻了重量。最近，他又发明了一种快速射击的野战炮，并受命前往欧洲监督生产。下濑先生发明无烟火药，政府正生产这种粉末以备自用。报纸上也常常刊登新发明告示。我最近还注意到，日本普遍使用的手工织布机增加了"吸雾器"。此装置可消耗烟雾作燃料，从而减少煤炭使用量，降低纺织成本。日本的发明创造与日俱增，不一而足。

同时，原创性科学研究领域有著名细菌学家北里柴三郎博士[①]，以及不见经传但却独具开创性的科学探索者平濑与池野先生。二人在银杏和苏铁类植物中发现精子。对植物学家来说意义非凡，特别是在某些受精方式理论发展中作用显著。种种事例表明，日本人并非缺少创造性。假以有利的条件，日本人必将傲然于世界。他们拥有炉火纯青的模仿技巧和高超的适应能力，将为文明进步、科学发展贡献自己的力量。

---

① 北里柴三郎（1853—1931），日本医学家、细菌学家。——译者注

第三章 思维与道德

　　创造力在上述的模仿行为中有所体现，也在新的产出上有其踪影。日本人没有复刻任何一个国家的制度，甚至很难说有哪个西方国家对日本新社会秩序有着极端影响。虽然英语是过去30年中使用最广泛的语言，但由此假定英美国家的社会模式最受青睐，未免过于草率。日本人确实善于博采众家所长，但要做出改变时也并不轻率。正如《远东杂志》指出：

　　　　日本与他国隔绝时，无需配备军舰，故在此方面确有不足。但开放外交后，日本立即发现海上防御的迫切需要，雇用了一名荷兰军官建设日本海军。随后在1871年，日本政府雇用了一批英国军官，几乎照搬英国海军编制，重建日本海军。日本随后改用更加有效的美国海军编制。而在军纪方面，日本海军军官发现德国更胜一筹，便采用了德式纪律。因此，日本海军非原封不动地模仿英、美、法、德海军编制，而是集众家所长，融会贯通。就陆军而言，日本先形成自己的体系，后开始使用火药，引进国外纪律模式。进入近代以来，日本改组军队，先后采用荷、英、法编制。普法战争结束后，日本又学习德国军队，再次改革编制。每次改组之时，日本对旧的编制取精华、去糟粕，使其与新编制相辅相成。于是，日本创造了一个全新的体系，与任何西方军队编制大不相同。民法典也不例外，日本极其仔细地参考了许多国家的法律，荟萃各家精华，最终制定适合本民族风俗习惯的法典。此外，在货币制度的改革中，日本政府委派了一批杰出的经济学家，对国外货币制的特点、优劣进行了两年多的考察，最终用金本位制代替了旧的银本位制。

　　上述说明日本在借鉴时是有选择的，它从未盲从或无意识的模仿，而是有意识地选取最佳模式。当然，是否"最佳"或许另当别论。但近几十年来，日本已经取得了长足进步，日本政府无不赢得每一位东方中立学者的钦佩，这一点毋庸置疑。不过，欲到天边更有天，日本人自己也知其中的道理。如今的日本领导人在模仿外国时，已然表现出极高的创造性。

第四节 "名义主义"

"迂回间接（Tomawashi ni）"和"有名无实（yumei-mujitsu）"这两个词精确反映了日本文化的独特性质，深刻揭示了长期生活在日本的西方人对日本人性格的深刻洞察。数年前，我曾想出售一头奶牛。作为一名美国人，我本能地联系奶牛场老板询问他是否感兴趣。但在日本，这种直接的做法行不通，只能依赖"中间人"的协助。这些中间人在各种交易中扮演着关键角色。例如，在熊本，一位传教士若想购买住宅用地，可能需要通过三、四个中间人进行谈判，每个中间人又都希望通过"谢礼"赚取佣金。即使是两、三英亩的土地，买家也可能需要与15名甚至更多的土地所有者协商。与买家直接接触的中间人可能多达三人，而每个中间人又有自己的联系网。有时，这些中间人甚至会联系其他中间人，直到最终与卖家建立联系。我有一位打算离职的员工也是通过中间人来与我协商离职事宜，这名中间人又是通过另一位中间人与我联系的！在日本，重要的谈判场合中间人必不可少。在这样的交易中，拖延和误解时有发生。然而，这种做法也具有独特的吸引力。一旦发生摩擦，双方中间人可以以第三方身份最小化冲突。

我回忆起在熊本福音站遇到的两位传教士，他们向我吐露心声、倾诉困难之前，总是充当彼此的中间人。这与美国人直接表达不满和期望，追求即时解决问题的方式形成鲜明对比。

在接下来的章节中，我们将深入探究日本人是否在某种程度上缺乏个性，特别是关注日语中人称代词的省略以及对敬语的过度依赖。在日本，敬语的广泛使用替代了人称代词，这使得日语的表达变得模糊，令使用者难以捉摸。

这种间接的交流手段不仅是日本行为准则的一部分，而且深深植根于日语本身。在本书的后续章节，我们将深入探讨日本人是否在某种程度上"无人格"，重点剖析日语中人称代词的缺失以及"敬语"滥用现象。敬语取代了人称代词，导致日语表达含混不清，让使用者难以理解，例如，"kenai koto-we shimashita"直译为"事情未尽，不能走"。究竟是谁没完成？是你？是他？还是我？答案只能推测。如果有人想在言辞中模糊所指，日语能够轻松达成的同时，又不违反语法规则。比如，"感冒了""最好问问""非常抱歉""饿了"等日常用语，都不受西方语言中明确人称指代的限制。即使日语缺乏人称代词，也不代表说话者或听者的思维中缺乏人称概念。日语在表达上极富迂回细腻之美，尤其在礼貌用语方面表现突出。例如，日本人不会直接说"我很高兴见到你"，而是"欢迎光临"；不会说"很抱歉打扰您"，而是"多有不便"；不是"谢谢您"，而是"无以言谢"。

  有一回，我与一位卓越的教育家进行了深入交流。我曾坚持认为日本青年没有必要学习英语，因为他们掌握的英语水平无法在将来的生活中派上用场，应该把宝贵的时间花在更有实际用途的学科上。然而，这位教育家的回答让我深受启发。他指出，让日本青年学习英语是非常必要的，因为这不仅有助于培养他们清晰的思维方式，而且英语的句子结构、人称代词、时态和数的使用都能够锻炼他们的思考能力，这是其他学习方式无法比拟的。即便将来他们在阅读或交流中不一定使用英语，学习英语的益处仍然足以弥补初期投入的时间与努力。我还发现，学过外语之人通常发音更清晰，断句也更恰当，相较之下，日本普通民众的说话方式往往冗长、拖沓。

  在过去的30年中，日本社会已经发生了诸多变化。与旧社会秩序下的迂回行为相比，现在的委婉做法简直是小巫见大巫，因为新秩序完全建立在不同的观念之上，与封建时期完全相悖，更推崇直言而非迂回。如今，直接有效的政府程序已经相当普遍。商业领域的交涉更加直接，虽未达到透明开价的地步，但可以期待更多。可以确定的是，日本店铺明码标价的做法已逐渐推广。即便价格偶尔上涨，也多半是因为买家偏爱讨价还价的习惯。

我的亲身经历证明了这一点。一次，我与爱妻仔细比较了几盏灯具的价格，记下中意的一盏，但未当场购买。第二天，我派仆人去购买，结果得到的报价却比昨天高。仆人惊讶之余告诉了我先前告知的价格。店主解释说，因为我们当时没有试图砍价，他才直接报出原价。事实上，现代工业环境已经大大淡化了民众讨价还价的旧习惯。在当代商业交往中，人们更注重直接、坦诚的交流，与过去的社会风貌形成了鲜明对比。

本章初提到的"有名无实"，与"迂回"紧密相连，我称之为"名义主义（nominality）"。日本历史就是这一概念的生动例证。在过去的一千多年里，"有名无实"一直是日本政治生活的常态。虽然天皇在理论上位居至高无上的地位，拥有绝对权力，但往往只是名义上的统治者。[①]早在公元130年，大臣和大连就开始在中央政府中行使实权，这种早期的封建制度一直延续到20世纪中叶，几乎未曾中断。一些权贵家族专门为皇室挑选后妃，早期的后妃渐渐掌握了实权，并将权力转嫁给背后的父系。家族间的激烈争斗给国家带来了混乱。藤原氏[②]、源氏[③]与平氏[④]

[①] 引自《日本帝国史》（*History of the Empire of Japan*），由世界哥伦布博览会日本帝国委员会编纂并翻译。——作者注

[②] 天智朝八年（669年），中臣镰足死，天智天皇以其参与大化改革之功，赐姓藤原朝臣，是本姓之始。其后文武天皇诏，只准其子不比等姓藤原。壬申之乱后，不比等参加撰修律令，营造平城京，创下政治基础。其女光明子立为皇后，开藤原氏一族立后之端。不比等有四子：武智麻吕（南家）、房前（北家）、宇合（式家）、麻吕（京家），是律令制下政治势力强大的四家。其后三家在争权中失势，北家独荣不衰。到藤原良房时，以外戚出任摄关职，以摄政或关白之名义长期左右朝政，称为摄关政治，是北家的全盛时期，并确立摄关由北家嫡流出任的传统。及至道长当政以后，藤原氏专权达于极盛期。其间，藤原氏以外戚身份干政，为所欲为，二后并立，四女三妃。东宫立妃，年幼的天皇常住其家。摄政、关白、太政大臣、左右大臣之职为藤原氏一族独霸，形成摄关政治的特殊体制。北家嫡流（被称为摄关家）在平安时代末期分为近卫、松殿、九条三家。——译者注

[③] 据说在弘仁五年（公元814年）五月八日，第52代天皇—嵯峨天皇因财政问题，第一次下赐四位皇子和四位皇女源氏之姓，之后陆续有十三名皇子和十一名皇女被赐以源姓。这可能是源氏最初起源。——译者注

[④] 公元8世纪末期，桓武天皇实行臣籍降下政策，大量皇族被赐姓名外放，其中平氏是赐给皇孙，源氏则是赐给皇子。最早冠姓平氏的是葛原亲王之子平高栋和平高见，高栋的子孙为堂上平氏，而高见之子平高望的子孙则散落于下总国、常陆国和武藏国等关东地方，形成坂东平氏各流派。——译者注

三大家族对天皇的操控尤为显著，他们控制着皇位继承，屡次迫使年幼的天皇退位，将皇位传给自己支持的幼小皇子。但家族内部也存在"有名无实"的现象，地位较低的家臣实际操纵家族领袖，而这些领袖不过是豪门家族争斗棋子。天皇的更迭由这些幕后人物决定，其中多数不为民众所知。拥立幼帝，迫使他在成年前退位，不过是把控有名无实的皇权手段而已。

随着军事氏族逐步掌控皇权，人们开始洞察这一策略，并将之称为"幕府"或"幕帘政府"，这一术语用来形容那些由武士阶层领导的军事政权。历史上，"幕府"相继兴起，其中最成功也是最后的幕府便是德川幕府。它于1867—1868年结束了统治，标志着这一政治体制的终结，天皇从此真正开始掌握皇权。

然而，"有名无实"的现象并不仅限于政府层面，在各个氏族内部也普遍存在。在大部分情况下，大名不过是其下家臣的傀儡。那些在背后被忽略的家臣实际上才是权力的真正掌控者，所谓的领主不过是有名无实的象征。虽然"有名无实"可能带来一些负面影响，但这并不是我们讨论的焦点。实际上，正是由于统治者的有名无实，底层民众才得以避免受到无能、无知、自私、自利世袭统治者的伤害。"有名无实"的政府体制在一定程度上成为消除世袭弊端的一种手段。但从长远来看，这种体制是否应当维持下去？它能否孕育出一个充斥着掩饰与欺骗的体系？这种社会秩序是否能够培养出坦诚、真挚、忠诚等杰出的民族品质，尚需进一步思考。

虽然如今"有名无实"的政府已不复存在，这一特征对社会结构的影响依然根深蒂固。拿日本家庭内部的"名义主义"来说，为了保持家族血统和传承姓氏，成年男女常被收养为义子、义女。若未按照姓氏登记注册，即使是亲生子女，也是非法的；反之，私生子若能够登记在案，即使过继给外祖母或姐妹，也被视为合法。这就允许了一些没有直接继承人的家庭通过法律手段来指定他人继承家族姓氏，负责祭祀家族神社，维系家族绵延。这种做法虽然不属于欺骗，其历史根源也颇为古老，且非日本独有，但它确实是日本封建文明"有名无实"特征的一个重要体现，至今仍在社会结构中发挥作用。

　　此外，介于神户和东京之间开通的特快列车启用不久，我计划乘坐早班车从大阪前往距离30英里外的京都。考虑到大阪和京都是日本的第二和第三大城市，两地间的交通本应便捷。我却被告知无直达京都的票。在目睹许多已购票的乘客涌向站台时，我询问原因，得知此特快列车不售卖少于40英里行程的车票。只能购买额外一站的车票才能在京都下车。后来，我还听说横滨和东京之间的火车也有类似的规定。

　　提及这些插曲的原因是因为它们反映了日本人的性格特点，以及他们对待生活的态度。那么，"迂回"的特点源自何处？是出于民族性？还是日本民族的大脑结构所致？在我看来，"名义主义"更多植根于旧社会秩序，而这两种特点在日本封建制度中或多或少有所体现。经过与西人和西方思想的频繁接触，如今的日本人已变得更加直率、坦诚。如果上述讨论的"迂回"特征仍然受到民族性的影响，那么它必然会代代相传，上述的变化无法发生。

第五节　智力

　　部分作者持论，日本国民先天智力平庸是东西方文明差异的主因。证据在于，日本所有学科尚不成熟，迷信之风盛行，且缺乏历史洞察力和对历史的解释，这些在受过教育的人群中也能见其踪迹。

　　日本任教的外籍教师曾向我透露，与西方学生相比，日本学生的分析和概括能力明显不足。甚至认为，日本人完全不具备概括能力，自身文明发展皆依赖于模仿和接收外来知识。阿斯顿先生就曾将日本文学的种种特征归因于民族性，认为日本人"几乎无法取得卓越的智力成就"。

　　若日本人暂不具备与西人等同的科学概括能力，那么将引出另一个问题：该差异源自先天不足，或者与后天培养有关？要知道，那些外籍教师在日本学校见到的年轻人已是日本教育体系、家庭和学校共同塑造的产物，必然深受环境影响，这一点不容我们忽视。

在过往章节中，我已列举了日本最新发明和重大科学成就。倘若日本人不具备真正的分析能力和概括能力，这些发明创造就无从谈起。我们也不必在此多费口舌。

不过，另一组事实能够给出上述问题的答案：许多日本学生无论在国内还是国外都已展露出现代化思维。他们远赴欧美、学成归国，其中不乏学业优秀的佼佼者。这些日本留学生的勤奋程度与他们国内的同胞无异。课业负担之重常令我惊讶，也是他们学习能力的佐证。一名接受西方教育的日本学生能够轻易掌握复杂的逻辑推理、深入分析与概括问题的能力。这证明，即使长期生活在文明、科学相对落后、迷信盛行的社会中，他们依然具备令人满意的智力水平。

另外，值得一提的是，日本青年公开演讲的英语流利程度远超我在美国见到的任何年轻人。他们20多岁，其貌不扬，但谈及宗教、历史或政治时滔滔不绝，神采飞扬，真是难以想象。在熊本一所仅有约150名学生的男校中，学生能够围绕日本的国家政策、宗教、与东西方国家关系等重要议题侃侃而谈。这样的学生并不少见，甚至超过我知晓的两所美国大学。当然，日本青少年未必能够对这些问题发表独到见解，但他们至少记住所听所闻，以惊人的流利度复述。

最近在东京的一场公众聚会上，一名大学生就宗教问题发表了自己见解，展现了当代受教育青年应有的风采，以及出众的问题解决能力。一位刚从美国大学毕业、对美国学生现状非常了解的听众认为，日本学生在此类演讲中展现的思维及语言能力更加不凡。

而内敛、安静的日本女孩在公众场合祈祷时，语言之流利常令人惊讶。一旦开口，她们便不会踌躇于想法表达及遣词造句。但面对牧师或传教士的询问，她们又变得声如蚊呐、态度迟疑。

至于日本人是否具有概括能力，古日语给出了关键性线索：早在中国文化传入日本之前，高度凝练的术语已经在日语中出现。一个常被忽视的事实是：所有语言都具备概括和归纳功能。例如"uma"是"马"

的统称。作为一个类别词，它是人类想象力无法企及且概括之后的产物。马、房子、男人、女人、树木等等词汇是对事物的归类，是概括能力的体现。而"理性（wake）、事物（mono）、事实（koto）、存在（aru）、生活（oro）、事实或存在（aru koto）、运动（ugoku koto）、思想（omoi）"等不胜枚举的日语词汇是否属于高度概括词，还需读者定夺。不过，它们都是原生的日语词，在受中国影响之前便已出现。显然，认定日本人完全缺失概括能力较为不妥。

　　日本对高度概括性的哲学术语的广泛使用，进一步证明了日本人具备较高的智力水平。例如，"理"与"气""阴"与"阳"，这些概念难以在英文中找到对等翻译；"理"与"气"可理解为宇宙规律和万物构成本源，"阳"与"阴"表示动与静、男与女、昼与夜。简言之，上述每对术语都是二元对立。尽管这些术语和思想源自中国，却在当今的日本广泛流传使用。

　　当然，仅凭这些术语的存在，无法佐证日本人具有自主概括能力。但若没有这种能力，他们很难理解上述词汇，并应用在日常生活当中。这里须要注意，不应过度强调这些术语的外来性。汉语之于日语，如同拉丁语、希腊语之于欧洲现代语言。日语中的部分术语的确起源中国，但这不能由此断定日本人无概括能力。随着文明的发展，新的日本术语会被创造出来，用来指代全新的器械和概念。1500多年来，日语从汉语借鉴、改编的汉字，正如现代科学术词汇源自拉丁语和希腊语。问题在于，这些汉字，包括借词在内，其词义在日语中与汉语是否吻合？若词义一致，日本人概括能力的原始特征便不言自明。

　　基于上述论述，日本人对汉字的广泛使用，展示出自身概括能力的提升，他们需要使用新的词汇反映不断丰富的生活体验。同时，概括能力的发展还意味着学习能力的提升；毕竟，对中文词汇的借用并非消极采纳，而是日本主动学习的过程。

　　总之，概括性术语的习得只能随着概括思维的发展而产生。虽然外来语能够提供一定帮助，但它们并非推动概括性思维发展的根本力量。

在研究日本人是否具有独立分析和概括能力的同时，我们须牢记他们所处社会环境的独特性。一直以来，作为一个孤立于世的民族，日本曾几度毫无防备地遭遇比自身优越许多的文明冲击。在这种情况下，采纳、借鉴对方的思想、语言、体制和措施，也是合理、自然的做法。

不过，教育心理学研究表明：在儿童学习过程中，若过分强调低阶学习能力的发展，可能阻碍高阶思维能力的提升。众所周知，过度重视机械记忆会严重阻碍理性思维发展。当今的日本教育虽然涵盖了数学、科学、历史等学科，但大部分学习仍依赖于机械记忆。在这种教育理念和教育制度的束缚之下，日本读书人如何对历史展开批判性研究，又怎能发展出实至名归的科学？

若一名自幼成长在美国、接受美式教育的日本孩童，其分析概括能力逊色于美国同龄人的话，我们可以给出相应的结论：日美智力差异是先天禀赋所致。但目前，将日本人智力逊色的缘由归咎于民族固有缺陷，这一论断基于深受日本本土文明侵染的个体所察，不在我们讨论的范围之内。须承认，日本文明在高阶学习、思考的发展上存在一定的缺陷，但它远没有某些人所讲的那样严重。这些不足与日本人的智力无关，而是多种因素合力形成的旧日本社会秩序所致，决定了它的缓慢发展，远非三言两语所能概括。

归根结底，日本社会秩序实为导致日本人智力差异的关键所在。若能推行一种新的文明，形成新的社会遗传，实施一套新的教育模式——能够让机械记忆退居其位，让民众剖析自然现象背后的因果关系，加强观察、分析与归纳的能力，届时，我们就会发现：日本人与西人在智力上毫无差别。

第六节　哲思

接下来，本书探讨日本人是否具备哲学思考的能力。受过教育的日本人大多对此持肯定观点。日本上层社会甚至认为，日本人能够在短时间内轻松摒弃封建迷信，这离不开他们善于哲思的本性。在过去的十年间，唯理主义、神体一位论和高等批判思想相继传入日本，并在曾经虔诚的教徒当中风行一时，日本基督徒同样认为，这是他们对哲学的兴趣和解决哲学问题的能力所致。

不过，对于日本人是否具备哲思能力这一问题，西人往往持有截然不同的看法。鲁弗斯·本顿·佩里博士①在《日本纪要：岛屿、民众与使命》中指出：

> 日本人从本质上并不勤于思辨，而是更注重实际，抽象的神学对他们而言毫无吸引力。日本哲学的发展方向很大程度上受另一个因素影响：虚荣心理。在日本人眼中，哲学和形而上学在所有学科当中最为深奥。为了凸显学识渊博，他们会对此展现出极大的兴趣。日本人不仅对东方文化中的形而上学颇有研究，对西方哲学理论体系更有著述。的确，很多日本人能够理解这些哲学思想，但其行为背后另有目的。

更有学者认为，日本人根本不具备哲学思考的能力。对于后一种观点，已在本书"记忆、模仿"一章中引用过诺克斯博士的相关论述。

事实究竟如何？日本人在哲学领域的表现究竟是高是低？到底是什么决定了他们的哲学水平，民族特质抑或另有他因？

首先，须明确一点，兴趣不同于能力，热衷哲学不代表能够建构自己的哲学体系。明确了这一点，我们就能明白，很多看似冲突的观点彼此之间并不矛盾。有些人认为日本人具备哲学思考的能力，因为他们对形而上学怀有浓厚的兴趣，也有一些人持反对观点，指

---

① 鲁弗斯·本顿·佩里（Rufus Benton Peery, 1868—1934），美国传教士、路德宗牧师，曾前往日本传教，代表作有《日本纪要：岛屿、民众与使命》《日本路德宗》《致年轻人的致辞》等作品。——译者注

出日本没有自己的哲学，离开了中国哲学的日本，哲学不过是无根之木、无源之水。

我们已经在过往章节探讨过日本教育的本质，这个民族会以牺牲高级心智为代价，发展低级心智能力。那么可想而知，日本哲学为何在历史的长河中不起波澜。事实上，日本的宇宙起源观与其他民族大同小异。古时候，鲜有日本人关注形而上学。尽管这个民族的确能够独立思考哲学问题，甚至提出过独创的哲学观点，但正如井上哲次郎教授所言，这无法证明日本开创了自己的哲学体系。所谓"独立的日本哲学"不存在。

然而，具备哲思潜力的民族也未必有施展的机会。古代日本存在很多阻碍思辨哲学发展的因素，例如封建时期的社会秩序、流弊的教育模式，以及尊古卑今的文化传统，再加上社会和法律界因循守旧、反对创新的思维定式，等等。另外，日本古代的科技水平相对落后，史料记载可信度较低，建立在这种基础上的哲学宇宙观很难在西方获得较高的评价。

尽管社会风气和教育模式不利于哲学发展，日本人依旧充分显示出自身对形而上学浓厚的兴趣，以及一定程度的解答哲学问题的能力。无论是日本宗教对来世的诠释，还是对神、人类、宇宙关系的认知，这些观念实际上都是形而上学催生出的思想果实。远古时期，日本在上述领域一片空白。随着时代的发展与文明进步，日本得以接触中国和印度的形而上学思想，并汲取了二者的哲学体系。佛教率先传入日本，儒家思想紧随其后，来自中印两国的形而上学先后在古代日本学界深深扎根。有观点认为，日本人无法理解形而上学，但是鉴于佛教教义具有高度的形而上学特质，日本僧人又必然研习佛法，这种论断不攻自破。

在日本佛教史上，公开辩经一度蔚然成风。日本僧侣前往其他寺庙参与公开辩论。寺庙中最擅雄辩之人非住持莫属。因此，他须做好应对挑战者的准备。一旦住持在辩经中落败，他会把自己的职位和圣俸让给赢家。日本流传着很多有趣的故事，讲述当时民众旁听的盛况。这些现象足以证明日本对哲学问题怀有兴趣。虽然这种风俗成为历史，但日本人对辩论的兴趣仍在延续。日本僧侣往往比西方修士更热衷于论战、争辩。这个民族就像我们西人一样擅于提炼思想、论证逻辑，不过，印度教徒有可能更胜一筹。

有观点认为，儒学并非形而上的哲学理念，而是一种独特的实践观，也因如此，儒学才得以在日本深入人心。针对这种观点，可做出如下反驳：首先，儒家思想从不以形而上学自居，但这种思想具备一定的权威色彩，并且拥有真正的形而上学思想体系。此外，儒学形而上学体系要比佛教形而上学思想更符合现代科学与哲学标准；其次，尽管儒学是当时日本治国思想与武士阶层的公认信仰，但也仅限于此。绝大多数日本民众依然坚信佛教宇宙观。我们可以从本书相关章节谈及室鸠巢的著作中看出，儒家思想显然建立在形而上学的基础之上。三百年前，日本学界普遍接受儒家学说、反对佛教思想，这样做一来保护儒家利益，二来有利于形而上学发展。从这两个角度讲，日本的进步势力都对佛教心存不满。至于这种不满从何而来，并非出自日本对宗教或形而上学兴趣寥寥、不知其然，而是兴趣与理解所致。

中国儒学大师朱熹和王阳明的思想均不乏形而上学色彩。两百多年来，日本对程朱理学展开了广泛研究，甚至罢黜百家、独尊理学。诚然，理学思想的核心在于伦理纲常，但理学伦理体系的基础正是形而上学。所以这种说法并未削弱我们的论点，反而提供了强有力的佐证。毕竟，哪个国家的形而上学思想不是以伦理学为核心呢？哲学史研究清楚地表明，哲学和形而上学皆源于宗教和伦理，伦理学和形而上学之间一直存在着紧密联系，这也成为历代哲学家绕不开的课题。日本则不然。如果哪位读者对此将信将疑，我推荐大家读一读日本哲学家的著作，倘若力所能及，建议尽量阅读日文原著。若难以实现，也可以去看看诺克斯博士的《日本哲学家》和威廉·乔治·阿斯顿先生的《日本文学史》。这两本著作包含大量日本哲学作品的翻译和概述。我们须承认，程朱理学中将伦理纲常置

第三章　思维与道德

于首位，形而上学只能退居其次。

在日本，很多热爱哲学的学生都在研习西方哲学。帝国大学拥有一批雄厚的专攻哲学的师资团队。无论唯物主义，还是唯心主义，西方形而上学思想都在日本捕获了不少知音。事实上，我们可以毫不客气地说，如今在日本哲学界，西方形而上学思想已经完全取代了日本的形而上学宇宙观。这一点在日本教徒身上体现得尤为明显。他们已经完全抛弃了日本过去的形而上学理念，例如多神论、泛神论和宿命论，彻底倒向西方的一神论。

日本人能够对西方的哲学和形而上学理论体系钻研得如此透彻，原因在于足够的理解力和强烈的研究兴趣。无论他们能否在自身的哲学理论研究中展现出同样的水平，这些都足以说明，这个民族具备研究哲学的心智才能。受过教育的日本人基本能够理解哲学问题，只要读过高桥五郎先生、加藤弘之总理[①]、元良勇次郎教授[②]、中岛力造教授[③]和井上哲次郎博士等人的力作，就不会对这一点质疑。日本国内外的很多哲学研究都足以证明这个民族具备思考哲学的能力。

最近，我与一位日本青年交流，谈话恰好证实了上述观点。这位年轻人突然登门造访，我在书房里接待了他。简单问候后，他表示希望和我谈一谈宗教问题。我问他为何会对宗教感兴趣？年轻人解释道，十年前他就读于熊本男子学校，曾经是我课上的学生。当时他接受洗礼、皈依基督教，后来心中疑虑重重，与基督教渐行渐远。从那时起，他开始钻研佛教禅宗，认真研习禅宗教义，却未能从中找到满意的答案。因此，他希望通过与我的交流，加深自己对基督教的理解。在随后3个小时的交谈中，他向我提出了很多宗教问题，例如，如何定义上帝、宇宙、人类、罪过、进化、耶稣和救

[①] 加藤弘之（1836—1916），日本政治家、政治学家、教育家、哲学家、启蒙思想家。明治14年任东京大学总理。——译者注

[②] 元良勇次郎（1858—1912），日本心理学的先驱和奠基者，1897年建立了日本第一个心理实验室，1906年被选为日本皇家科学院院士。——译者注

[③] 中岛力造（1858—1918），东京帝国大学首任伦理学教授。——译者注

赎，怎样解读生活的目的，上帝为何创造世间万物，《圣经》起源于何处，其本质究竟是什么，等等。谈话接近尾声时，他提出一个观点并补充道："这也是黑格尔的观点，对吗？"他边说边打开自己的背包，我看到包里装满了书。年轻人从中取出一本黑格尔的《哲学史讲演录》英译本，显然读得十分仔细，还在空白处做了笔记。我问他这本书看完了吗，他回答："是的，我已经阅读了三遍。"他还告诉我，去年冬天他考虑过参加我们开设的培训班，不过自己当时正在学习康德的哲学思想，因此决定第二年秋天再报名。这些西方思想家的形而上学理论如此博大精深，一向令我们西人引以为傲。至于一位日本青年如何将这些理论研究得如此透彻，我也很难说清。但是这至少可以证明，这位年轻人长期以来都对形而上学怀有浓厚的兴趣。他的言谈举止足以表明，他能够敏锐地洞悉很多哲学问题。另外，这位青年哲人还是自学成才，他仅在十年前学过英语，此后不曾上学。

另外，我曾遇见一位绰号为"小哲学家"的年轻商人。他在今治市的一家酒店里拜访过我，想和我谈谈关于来世的问题，并询问我对此的看法。这位年轻人被一系列有关来世的问题困扰。例如，生命结束后，我们还能否依据时空、形式、颜色、情感等感官知觉来思考？如果不能，我们又应如何思考？我们能否忆起自己过去的人生？假如记得，那么来世与今生不过异名同实，换言之，来生的我们仍将拥有物理感官，并继续生活在物质世界当中。这位"小哲学家"针对来世观提出了一系列质疑，我从未从西方年轻人口中听到类似的问题。尽管这些内容早有前人涉及，但这位日本青年却能提出问题并主动寻求答案，说明他对哲学怀有浓厚兴趣，并具备相当的哲思能力。

不久前，我曾与一位天台宗的僧人交换观点。他请我从哲学的角度对佛教进行批判。我给出答复后，也请他对基督教展开同样坦率的批判。他的回答令我惊诧不已，他指出基督教在实践和品格塑造方面领先佛教，但若论及对哲学的关注与领悟，基督教略逊一

第三章 思维与道德

筹。于是，我们花了很长时间探讨佛教哲学，他向我解释了佛教教义中的"空假中三谛"[①]和"有学与无学"[②]。在此，本书不再赘述这些概念。但我认为，前一种学说与黑格尔哲学里的"绝对虚无"[③]极为相似，黑格尔提出的正题、反题和合题[④]都可以在"空假中"里找到对应观点；而后一种学说则解释了心理学中意志调节[⑤]和生理调节[⑥]的差异。

而在探讨日本人哲思能力时，我们应该牢记西人自己也很少具备哲学思考的能力，甚至很少对哲学产生兴趣。在西方，只有极少数的大学生会对哲学或者形而上学感到好奇，而绝大多数民众对此知之甚少。据我的经验，与受过教育的日本人讨论哲学问题要比和美国人谈论哲学顺畅得多。如果说西人很少对哲学以及形而上学产生兴趣的话，那么能够自主研究哲学的西人更加少见。

总之，就哲思能力而言，日本人与其他民族相差无几。尽管他

---

① 三谛思想脱胎于《中论》，天台宗所说三谛又称圆融三谛。万物的本为空寂故称空，其上以因缘而生各物之表象为假，非空非假的绝对真理即是中，此三者为空假中之要义。——译者注

② 修正道以断烦恼者，乃谓之有学；彻悟真理而烦恼永绝，更无修习之事，此谓之无学。小乘之道，以前三果位为有学之所历，至阿罗汉果位乃至于无学之地；大乘之教，则以菩萨修行之十地为有学之阶，至究竟圆满之佛果，则称为无学之境。——译者注

③ 根据黑格尔的哲学理论，绝对虚无是绝对精神的第一阶段，也就是逻辑阶段。绝对精神是客观独立存在的一种宇宙精神，是先于自然界和人类社会永恒存在着的实在，也是宇宙万物的内在本质和核心。绝对精神自我发展分为三个阶段：逻辑阶段、自然阶段、精神阶段。——译者注

④ 黑格尔认为一切发展过程都可分为正、反、合三个阶段：第一个阶段是指发展的起点，原始的同一，被称作"正题"；第二个阶段是指对立面的分化，即对"正题"的否定，也就是"反题"；第三个阶段是指"正题"和"反题"的统一，即对"反题"的否定，名叫"合题"。——译者注

⑤ 情绪的生理调节以一定的生理过程为基础，调节过程中存在着相应的生理反应模式。生理唤醒是典型的情绪生理反应，如心率、血压、瞳孔大小、神经内分泌的变化、皮下动静脉联结处的血管收缩等都是常用的生理指标。情绪生理成分的调节是系统性的，这种调节将改变或降低处于高唤醒水平的烦恼和痛苦的感受。——译者注

⑥ 意志能够控制情绪，使情绪服从理智。人们在工作或学习中面对困难而产生的消极情绪，可以通过意志力加以调节和控制，从而服从于理智的要求。认识过程、情绪情感过程和意志过程是密切联系的。认识过程、情绪情感过程中包含着意志的成分；同样，意志过程中也包含着认识过程和情绪情感成分，只是为了研究的需要，才对统一的心理过程从不同侧面进行分析。——译者注

们没有自己的民族哲学，但不代表他们缺少哲学思考的能力。反之亦然，即便日本人对很多哲学议题展现出浓厚的兴趣，这也不意味着他们的哲思能力多么出色。日本之所以在哲学领域领先或者落后于其他民族，这与他们的文化传统无关，而是由这个国家的社会秩序和社会传统决定的，特别是日本教育制度的性质、方式和目标，这几个因素都对日本人的哲思能力影响深远。

第七节　想象力

在西人眼中，日本人最为诟病的缺点莫过于他们荒瘠的想象力和匮乏的理想主义。有人甚至断言日本人根本不具备想象力和理想主义精神，并将此归因于这个民族内在的精神特征。他们向来以"平淡无奇""实事求是""注重实际""缺乏想象力"著称。

沃尔特·德宁先生[1]曾这样描述日本人的心理特征：

> 从古至今，日本人对理想主义都不感冒。这个民族偏好实际，歌德的幻想和黑格尔的哲思一概激不起他们的兴致。西方的诗歌与哲学，以及西人对此两者的热忱，均来源于一种微妙影响力交织而成的网络，但日本人基本对此绝缘。有观点认为，日本人不像西人那样怀有理想主义，他们的人生机械而单调，甚至连那些最有修养的日本人也不例外。这种看法有其道理。日本人永远无法理解西人为何会为心理学、伦理学、宗教和哲学问题争得不可开交，也很难意识到背后的原因在于西人对这些问题的强烈兴趣。在西方知识分子眼中，幻想与浪漫的魅力在于这些问题本身，而非其实际价值，绝大多数日本人却觉得难以理喻。[2]

---

[1] 沃尔特·德宁（Walter Dening，1846—1913），美国传教士、记者和教师，著有《丰臣秀吉传》《日本现代文学》等作品。——译者注

[2] Basil Hall Chamberlain, *Things Japanese: Being Notes on Various Subjects Connected with Japan for the Use of Travellers and Other*, London: Kegan Paul, 1891, p. 133.

第三章　思维与道德

珀西瓦尔·罗威尔先生在《远东之魂》一书中用整整一章，论证想象力对于艺术、宗教、科学和文明的重要性，以及日本人的想象力有多么空乏。他指出，"远东民族的想象力极其贫瘠。他们本性如此，已是不争的事实。"①

阿斯顿先生亦评价日本文学：

> 日本诗歌和西方诗歌在灵感方面存在显著差异。日本诗人缺少想象力，不擅长给无生命的事物赋予生命。以雪莱的《云》为例，仅此一首中包含的类比足以写出数卷日本诗歌：
> "露珠从我的两翼滚落，
> 唤醒每一朵芬芳的蓓蕾，
> 他们的母亲围绕太阳旋舞，
> 摇晃着臂弯让婴孩在怀中入睡。"
>
> 日本读者要么觉得这首诗不知所云，要么认为其中的隐喻荒谬至极。②

反观另一些学者，他们更重视日本民族的另一面。拉德教授③指出，日本人极为多愁善感。在他们的生活中，情绪的影响力无处不在。理想化的情感造就了日本人的祖先崇拜、爱国主义、对天皇的神化以及友情观。这些理念和情感对日本民族的深远影响古已有之，并且延续至今。对此，本书已在相关章节中详述。有些作者对比中国人和日本人后认为，中国人求真务实，而日本人不切实际。

为探究日本人的想象力水平，首先应区分想象力的不同表现形式。想象力不仅以艺术、文学、奇思妙想、拟人和隐喻为自身的载

---

① Basil Hall Chamberlain, *Things Japanese: Being Notes on Various Subjects Connected with Japan for the Use of Travellers and Other*, London: Kegan Paul, 1891, p. 213.
② Basil Hall Chamberlain, *Things Japanese: Being Notes on Various Subjects Connected with Japan for the Use of Travellers and Other*, London: Kegan Paul, 1891, p. 30.
③ 乔治·特兰伯尔·拉德（George Trumbull Ladd, 1842—1921），美国哲学家、教育家和心理学家，代表作有《心理学入门》《驻日奇闻》等作品。——译者注

体，还会体现在生活的方方面面。正如罗威尔先生所言，想象力是社会进步的源泉。它源于现实而高于现实，将想象中的美好生活变为现实，是人类自古以来的奋斗目标。因此，想象类型可以根据其所在的生活领域进行分类。从艺术和文学的角度来说，想象力体现为诗歌意境和理想主义。此外，它在审美、道德、宗教、科学和政治生活等领域又会表现出不同形式。人类在艺术和文学创作中展现出的想象力只是审美想象的一部分。

若要研究日式审美特征，须明确一点，这个民族的审美意识发展极不平衡，想象力同样如此。日本人的审美意识呈现出畸轻畸重的特点。既然礼仪规则是想象力美学的产物，若论繁文缛节，鲜有国家能出封建时代的日本之右，这个民族的想象力同样在政治领域尤为活泛。在古代，日本臣民对自己的主上可谓一片至诚，家臣一心忠于领主，武士一心忠于大名，所有民众都忠于自己的氏族。而这正是想象力的生动体现。日本人通过想象将政治理想化，以此激发自己的忠诚，这与眼下日本民众对天皇的狂热崇拜一脉相承。日本人将政治方面的想象力与宗教领域的想象力相结合，实现了对天皇的神化。若论神化方面的想象力，世界上再也找不出第二个国家比日本更夸张。其野心和自恃同样仰赖于他们活跃的想象力。

毫无疑问，上述学者已经列举了日本艺术的部分显著特征。我们可以看出，日本古代文学不曾展现出别国优秀作品那样高度的文学想象力。

但是，不能据此妄断所有日本人都缺乏想象力。倘若只看16世纪中叶以前的英国文学，谁又能料想伊丽莎白时代和维多利亚时代的英国文坛将呈现怎样群英迭出、文采耀目的盛景？诚然，日本古代作品难以与西方文学中的佼佼者相媲美，但我们不能断定日本文学永无出头之日，也无法断言这个民族天生缺乏文学想象力。日本诗歌的轻巧构思是其他诗歌无法比拟的，这一点举世公认。日本爱情诗以细腻的想象和婉丽的文辞著称，对于不懂日语的读者而言，旁人的翻译或转述都很难传达其中的美感。

第三章 思维与道德

因此，日本文学有所不足，但不代表日本人与西人的思想存在先天性的民族差异，日本文学既不是这种差异的外在表现，也不是造成差异的原因。因为从社会学的角度来讲，这些现象另有解释。

日本民族平淡务实的思维模式已广为人知，在此无需赘述。但很多学者过度强调这一点，并在此基础上全盘否定日本人的想象力，这种错误的归因极为有害。根据他们的观点，普通日本民众极度缺乏想象力，这种看法固然有理，但所导致的教条主义扩大化却并不可取。基于不充分的事实得出的结论难免有失，研究日本的西方学者极易陷入此类误区，因为他们对这个民族的语言、思想和生活都一无所知。

驻日多年以来，真正给我留下深刻印象的，与其说是这个民族的乏味寡趣，不如说是他们的好高骛远和不切实际。日本人将自己不切实际的理想主义视作民族性格的一部分，并以理论家自居。我有过无数经历足以证实这一点。

日本人忧深思远、未雨绸缪，有时到了杞人忧天的地步。他们时常以一种严肃而冷静的态度谋划未来。也许，连他们自己也未曾察觉，他们的很多想法过于高远，因此显得不切实际。事实上，日本已经针对朝鲜半岛、中国大陆和中国台湾岛炮制了无数的政治阴谋和商业规划。日本政局之所以波云诡谲，部分原因正是在于好高骛远的计划层出不穷。某个国家战略暂时得势，另一种战略很快取而代之，导致日本执政党需要经常性地调整政策。日本舆论频频主观臆断攻击政府的外交政策，民众认为日本应当在国际舞台上扮演何种角色，外务省就必须照做。近来，日本引进外国资本一事在该国公共媒体上引发热议，《远东》杂志的一位撰稿人在谈及此事时表示："人们在讨论这一问题时，更倾向于从理想而非实际的角度出发……在我看来，这是由日本人特殊的思维模式引发的，他们习惯于纸上谈兵，直到事态发展到迫不得已的地步，才会回到现实中来。"

对于日本人不切实际的理想主义情结，我深有体会。一位供职于熊本车站的布道者堪为典例。此人奇思不断、天马行空。有段时间，他突然对鸦片战争很上心，认定中国遭此劫数，举国民众都将陷入苦海，便向我借阅相关书籍，提议去中国布道，一连几个星期亢奋不已。一心认定的他只要天赐良机，凭自己的三寸之舌，不仅能够引导中国百姓革旧图新，还可劝服英国侵略者低头认罪。他还计划亲赴英国，抗议英当局发动的对清战争。但仅仅数周，他就将此前的计划抛诸脑后，转而开始关注贫困群体。因民众法律知识匮乏、难以获得有效的法律援助，在生活中屡受不公。相比于鸦片战争引发的种种构想，为弱势群体发声的念头令他执迷更久。

此人神学方面的观点同样偏激、善变，忽而是心虔志诚的教徒，忽而又变成不拘一格的质疑者。全心信教时，自认可为全世界之师表，教化万方。他对宗教箴义的阐述也别开生面。此外，他还提议开创一个崭新的神学体系，一劳永逸地解决过去所有遗留的神学问题。当对自己信奉的宗教产生怀疑时，他依旧信心不减，常有惊人之举。但现实表明，此人资质平庸，能力极其有限。尽管他的薪水远高于大多数布道者，但依旧入不敷出。每个月拿到工资便挥霍无度，不得不节衣缩食，以免举债度日。

XX 先生，在熊本男校艰难求存、濒临倒闭之时曾任校长职务（前文中我称其为"英雄校长"），他本人也是一位爱好空谈、不务实践的典例。此人初到熊本时立下宏图大志，要把这座籍籍无名的中小学建设成一所伟大的高校。虽然这种浮论在校园中流传已久，但在新校长口中又翻出了新花样。他装腔作势，一面炫耀自己名不副实的博士学位，一面大谈宏图伟计，如今看来简直令人捧腹。

这种乌托邦式的理想主义的案例还有很多。例如，有些观点认为，日本人将创立一个完美的宗教，满足全世界的精神需要和智力需求。1900 年 1 月，日本帝国理工大学的井上哲次郎教授发表长篇论述，指出日前的宗教无一例外存在缺陷，均无法适应日本的道德和宗教现状，并坚持上述雄心勃勃的观点。

部分日本教徒宣扬基督教日本化："希腊人接纳基督教之前难道

第三章 思维与道德

不曾对教义加以改动吗？罗马人和德国人不也曾这样做过吗？基督教若想融入日本社会，必须实现日本化。"他们不仅口头如是说，心中亦早有自许之意："还有谁比我们更适合这项使命？"此类观点都和他们的思想背景不无关联。

很多日本牧师和传教士虽然没有井上教授这般野心，但仍然十分乐观，坚信基督教实现日本化后将焕然一新，尽善尽美。一位推崇此观点的日本牧师写道，"毋庸置疑，我们将向世人展示最完美的宗教。"日本人的野心和自负情结主要取决于待人接物的视角，对此，本书已有详论。此外，近代以来，日本人对未来还常抱有一种盲目的乐观情绪，因为他们忽视了国家发展道路上的现实阻碍，常耽于幻想和空谈。他们凭借过于丰富的想象力描绘了一幅宏图盛景，畅想数十年之后的日本社会，物质文明和精神文明必然极度发达，坐拥全世界最优秀、完备的道德体系和宗教信仰，全方位领跑各国。能有如此乐观心态，说明日本人并非生性呆板，毫无想象力。那些宣称这个民族毫无想象力的学者，显然对这个民族的心理了解得不甚全面。

罗威尔认为，远东民族一切特质的根源都在于想象力方面的显著劣势，而想象力"从某种意义上来说正是万物之源"。据他的观点，日本人之所以缺少创造力和发明才能，是因为这个民族想象力极度匮乏。他列举了几个日语词汇证明这一点，例如，日本人用"上—下"表示"通过"的含义（实际上，日语中根本没有该词，足以说明这位学者对日语一窍不通），"很难办"则用于表示"谢谢"。另外，罗威尔未对幻想和想象加以区分。尽管两者存在相似，但依然有所不同。他认为日本人的思想平淡至极，对此我不敢苟同。很多日本友人给我来信，以富有想象力的措辞驳斥了这种观点。日语中也有许多惹人遐想的表达。我不理解为什么"通过"比"上—下"更富有想象力，也看不出来"很难办"比"谢谢"优越在何处。相反，很多日语词组相当天马行空，例如，"断角"意为"该意"，"断骨"意为"艰难异常"，这难道不比英语更有想象力吗？此外，日本人对"太阳"的称呼更是层出不穷，例如"昼""日轮"

和"天光之神",而日语中对"月亮"的表达则包括"月""月轮"。日本海军为战列舰所起的名字同样很有创意,例如"飞龙""满月""云中月""海滨""黎明""群云""破晓""涟漪""暮雾""龙灯""猎鹰""喜鹊""白枕鹤"和"白鹰"。由此可见,日本民族完全不具备想象力的说法未免失之偏颇。

我们首先应当对幻想和想象加以区分。幻想"作为一种能力,可以使人的脑海中形成宜人、优美、荒诞或古怪的心理意象,或者在超脱理性的建构过程中将这些意象结合起来"。而想象更具哲学意义,它是一种"建设性智力行为,能够将知识或思想组合成一个崭新的思维体系,并具备原创性和合理性"。我们大可承认,这两种极其关键的心智才能在日本人身上并非完全缺失。

我希望通过前文中有关幻想和想象特征的论述引发读者思考,反思漫画和讽刺画之于艺术的意义。举世闻名的日本根附①是一种小巧精致的雕刻作品,主要刻画男女老少的滑稽神态。可想而知,这种艺术创作对想象力有多么高的要求。日本的诗歌作品同样充斥着"大量奇思妙想与瑰丽的想象",这意味着诗人和读者都拥有幻想的能力。我们常说"日本人的思维模式缺少人情味",这导致他们"很难将事物的抽象特征拟人化",这无疑阻碍了文学发展,日本诗歌因而难以企及西方作品的高度。但是,这不代表日本人的想象力无法展翅翱翔。"缺乏想象"的确是对日本古代文学恰如其分的描述,这一点无可争辩。但是,我们不能就此断言日本人的思维模式有何特点,而应当先探究这种思维特征与日本社会秩序、社会传统有无内在关联。

日本民族是否真如上述引文所言,想象力极度匮乏?建设性的想象力是文明的创造者。正如前文所述,不仅艺术和文学高度依赖这种能力,科学、哲学、政治,甚至看似平淡无奇的实用工艺和农

---

① 日本江户时期,人们用来悬挂随身物品的卡子。它固定在和服与腰带之间,上面有一对绳孔用来拴绳子,而绳子的另一端用绪蒂与各种随身物相连,常见的有烟袋、钱夹、笔筒以及印笼,这些物品统称为提物。——译者注

业都离不开它。想象力就是发明、发现和创新的基石。

本书前几章已探讨过日本人模仿、发明、发现和创新的能力，无需在此赘述。然而，我们能否基于上述事实，得出以下结论：日本人缺乏明显建设性的想象力，乃至断言这正是该民族的基本心理特征？

日本人的模仿能力是一个相对极端的案例。尽管人们普遍认为，不具备原创能力的人才会去模仿别人，所以模仿也是想象力不足的证明，但是细想之下，这取决于模仿行为的本质。日本对他国的模仿可能在短期内缺少想象色彩，但长远来看，他们对想象力并不排斥。事实上，模仿的冲动是建立在想象力之上的。若非想象力使人相信，只要吸收了外来文明就能获得幸福或者权力的话，模仿的欲望便不会产生。此外，日本对别国的模仿是有选择性的，考虑到这一点，我们更有理由认可这个民族的想象力。

以教育体系为例，近代日本的教育制度无疑以西方模式为基础，但整个体制仍然具有鲜明的日本特色。日本的校园建筑及教学方法都效仿西方，却无碍其日本化进程。同样，为了符合国情、适应民生，日本建造的西式铁路和轮船亦具有本国特色。在西人眼中，这种日本化的改造固然算不上革新，但如果省略这一过程，这些铁路和轮船在日本的实用性将会大打折扣。

我们该如何运用社会学理论解释上述事实？日本人一方面好高骛远，充满天马行空的幻想和想象；一方面又刻板务实、缺乏想象。上述现象与日本的社会制度有何关联？

日本人好高骛远有其历史根源。事实上，该现象在武士和文人身上尤为明显，这一史实为我们提供了线索。用日本史学家常用的一句话来说"从古到今"，武士阶层与现实世界严重割裂，在生活上依靠领主供养，不必为生计奔劳，全身心投于体能训练和军事征伐。此外，他们亦十分注重自己在文学方面的成就，不惜为之倾注大量心血，所以无论脑力还是体力都消耗甚巨。

此外，若一个阶级脱离了日常生产劳作，那么一系列与之相对应的礼仪规范和等级制度便会应运而生。几百年来，在这种社会大环境下，武士阶层中涌现出大批异常情绪化且神经质的人物。即便不能成为这一阶层的实际领导者，也会充当社会领袖；他们精力充沛、强势武断，同时又充满野心，善于机变。在那些安于现状、不思进取的同胞面前，这些人拥有强大的号召力和统率力。一旦从辛苦、枯燥生产活动中解放出来，日本武士注定无法再为稻粱之谋，难免纸上谈兵。

与大多数其他国家相较，日本人爱好空想与"从古至今"支配日本的社会制度息息相关。不同于其他心理特征，这种对幻想的沉迷是以损害肌肉组织发育为代价的，并为神经系统的发展提供养分。故此，较之于前文提及的日本人其他特征，这种特征更像是整个民族先天的生理属性。然而，武士只占日本总人口的一小部分。根据最近一次统计（1895 年），日本全国只有 205 万名武士，普通百姓的人数则超过 4000 万。此外，另有一点不容忽视，并非所有武士的后代都如此情绪化且神经质。他们当中很多人体魄强健、精神正常。封建时期，勇猛的武士披坚执锐、冲锋陷阵。不仅在论功行赏时高人一等，还被后来者奉为楷模，争相效仿。但时移世易，现在日本社会的风气与彼时迥然不同。好高骛远之人逐渐被社会淘汰，甚至会被当成精神错乱者，横加指摘。因此，尽管这种性格本质上或与大脑和神经结构有关，但现实的主流社会制度在其形成过程中所扮演的角色亦愈加凸显。所以如我们所见，伴随着新制度的萌芽，日本人身上新的性格特征也逐渐涌现。将好高骛远的旧习丢之脑后，转而推崇一种更为理性、健康的思维模式。

日本人板滞务实的性格同样与社会制度密切相关。军事高压的封建主义限制了绝大多数民众的人身、思想和精神自由，挤压他们的生活和思想空间，日本人萎靡不振的精神面貌就是这样被塑造出来的。"年百年中"[①]"日复一日、年复一年"，每天重复着单调乏

[①] ねんびゃくねんじゅう，意为"相同的状态永远持续"。——译者注

第三章 思维与道德

味的劳作，这就是他们唯一的精神寄托。这些人目光短浅、缺乏自尊，从未受过教育，没有任何动力追求更高层次的精神生活，又如何指望他们拥有强大的精神力量？纵使历史上日本偶尔爆发农民起义，也逃不过武士阶层的血腥镇压。即使最初日本民众具备一定的想象力、反抗精神和自主性，这些思想要么在对领主的畏惧中消泯，要么在武士的屠刀下被抹杀。最终，他们都变得迟钝麻木、刻板滞讷，只会抄袭和模仿。这一点与日本的劳工阶层和商人阶层如出一辙。

此外，与所有东方文明一样，日本文明具有高度公共化的社会秩序，表现为对上级权威的消极服从。东方人相信命运，西人崇尚自由——尽管这样的表述并不全面，但也有一定道理。我们可以从集体和个体两个角度进行探讨。个人主义在东方文化中难得一席之地，东方人既不重视个体，也不追求个人的提升和自由，反而以各种方式抑制和打压个体意识的发展。在这种特殊的文化背景下，亦有些个性鲜明、具有强大人格魅力者也只是个例，没有什么代表性。日本社会的公共制度往往极度压抑，阻遏人们提升自我，这一点与之配套的语言、文学和风俗习惯中皆有体现。因此，日本文学的上乘之作绝大多数出自那些冲破发展瓶颈、完成了自我实现的国民之手，前文中关于日式美学特征的章节已有详述。如果社会忽视乃至于蔑视个体的价值，那么它必然无法产生最高形态的文学或艺术，在文学艺术领域的造诣必然受限。而日本对西方的道德观念兼收并蓄，无论是个人主义还是自由精神，其中究竟有多少精髓能真正被保留下来，薪火相传？一方面，日本文学、语言缺乏高度想象，对隐喻、拟人手法的运用有很大的提升空间；另一方面，日本社会常呈现一种万马齐喑的沉闷局面，这与其长期以来高度公共化的社会秩序息息相关。

此外，西方学者普遍认为，日本人缺乏建设性的想象力。对于这个问题，我们的观点是：首先，这种说法夸大其词；再者，建设性的想象与社会制度密不可分，不能抛开一方谈另一方。前文已探讨日本人的智力水平和哲思能力，论证了社会制度——尤其是教育制度与智力水平发展之间的密切关联。反思既往，与日本社会制度所对应的教育制度枯燥浅陋、毫无新意，使得受教育者的智力水平难以得到进一步提升；兼之日本社会受宗教影响，养成了厚古薄今之风，难以与时俱进、容纳新知，不利于想象力的发展。

然而，回顾历史，不难发现所有民族在发展之路上都会经历类似的阶段。在这一时期，文学、科学、哲学和政治都会遇到发展瓶颈。整个国家陷入困境，社会的方方面面都止步不前。整个民族的精神世界也将变成一潭死水。但其民众进行高级思考的能力却并未彻底消失，而是暂时进入了休眠状态。此时，这个国家需要的是一尾来自国外的"大鱼"，搅动这潭死水中蛰伏的生气，将整个民族从故步自封的大梦中惊醒，重新激发出其建设性的想象力，为国家寻求新的社会制度和发展道路。如果一个民族没有建设性的想象力，难以彻底摆脱落后制度的桎梏，革故鼎新、拥抱未来。

诚然，若论想象力的深度和广度，日本确不可与西方国家相提并论。我们需要指出，这种心智能力的运用与整个社会的运行机制密切相关；某些情况下，一个民族的想象力可能会受到极大的压制，以至令某些浅近的研究者产生误解，认为其根本不具备任何想象力。而当新的社会制度建立之后，该民族的想象力便会重拾生机、活力无限。

综上所述，我们可以得出结论：高级心智能力的行为和表现与社会秩序密切相关，特定的心理特征不能归因于冥顽不化的民族性。不同民族在不同历史时期的心理特征都是不同社会秩序的产物。心理特征的改变往往需要外因介入或内因变化作为前提。我们对日本民族心智能力的研究到此结束。这一部分内容也许有些零散，但这是因为我们有意省略了日本人与其他民族的共同点特征，主要探讨他们的独特之处。我们试图证明，这些不同之处并非生理上的遗传，而是由社会秩序和社会传统所决定的。

第八节 道德理想

对日本史稍作研究，便足以发现这个民族的道德判断力在某些方面高度发达。若论忠君思想与忠义之举，哪个国家能出日本之右？当下的日本，以身殉国、仗节死义之人最负盛名，往往被奉为英烈。建武新政①大势将去之时，楠木正成②回馈皇恩，背水一战，发动著名的凑川之战③。战败后，他宁死也不愿目睹叛军得胜，日本人将他的行为视作忠诚的最高境界。日本传教士常在布道中提及此人，赋予他无上哀荣。明治时代之前，日本爱国者被称为"勤王党"，为当时年幼的明治天皇英勇献身，身后享最高荣誉。无论是日本人道德观念中的亲子关系，还是现实中日本父母与子女的相处模式，都着重于强调道德的重要性，这在其他国家难得一见。由此可知，这个民族的确具备道德观念，然而深入研究后，我们又会发现，他们在实践中很难做到知行合一。

从古至今，日本人崇尚诸多道德观念，与其泛泛而谈，不如直接引述日本德育大师的语录。诺克斯博士编译《日本哲学家》（"A Japanese Philosopher"），其中绝大部分内容译自室鸠巢的作品《骏台杂话》（*Muro Kyuso*）。该书谈及赤穗事件④爆发，四十七"义士"英勇为主复仇，待大仇得报后切腹、砍头的事件。正如备受日本推崇

---

① 日本镰仓幕府灭亡后，1333年（南朝元宏3年、北朝正庆2年）6月，后醍醐天皇重新即位，1334年改元"建武"，在行政上采取了一列措施，设置中央最高机关记录所、杂诉决断所，重整天皇亲政的政治机构，史称"建武新政"。——译者注

② 楠木正成（1294？—1336），幼名多闻丸，明治时代起尊称大楠公，为镰仓幕府末期到南北朝时期著名武将。他在推翻镰仓幕府、中兴皇权中起了重要作用。——译者注

③ 建武政权时足利尊氏迎战新田义贞、楠木正成的战役。1335年10月，足利尊氏再次举兵反叛新政。1336年5月，尊氏自九州率军攻京都，后醍醐天皇派新田义贞，楠木正成率兵迎战。尊氏之弟直义与楠木军队在摄津的凑川遭遇，激战。结果楠木军败北，正成自刃。——译者注

④ 1701年，赤穗藩主奉命接待天皇使者，然而受吉良愚弄而失礼，赤穗愤而伤害吉良，违背了法律，被判剖腹，之后他的家臣为其报仇。——译者注

的中国程朱学派哲学家所说,《骏台杂话》捍卫了儒学思想,也对道德、政治和宗教的基本原则进行了讨论。诺克斯博士将该书译成英语,为所有致力于研究日本道德观念、宗教信仰的西方学者提供了不可估量的便利:

> 天道,即尧舜之"道"、孔孟之"道",也是程朱之"道"。如果没有程朱学派,我们无法知晓孔孟之道;没有孔孟,我们无法得知尧舜之道;没有尧和舜,我们便无法领略"天地之道"。不要轻信年老的学者,我所说之言并非无稽之谈。如有偏颇,愿我即遭天谴。①

> 最近,有位哲学家的言论让我震惊,他指出,"道"本无存,所谓的"道"不合乎自然,不过是圣贤捏造的浮华之谈,还美其名曰为"天道"。他们口口相传的"道"虽蕴含在五行之中②,但只有琴瑟和鸣之道合乎自然,其他如忠君侍主、孝顺父母之道均由圣贤编造、教化弄人,并始终依靠圣贤的权威维护。不过这是我迄今为止听过最离经叛道的异端邪说。③

年仅十五岁的九十郎与邻居之子下棋,两人发生口角,一时冲动的九十郎拔刀砍向对方,后者受伤倒地。抢救其间,九十郎被捕入狱,但他丝毫不惧,冷静得超乎常人。几日后伤者去世,他判以切腹自杀之刑。但在行刑前的告别晚宴后,他先给母亲写了一封诀别信,后又郑重地与狱卒等人道别:"很遗憾要和大家永别了,本想彻夜长谈,却要保证明天行刑时头脑清醒。我需早些睡觉,请大家自便。"说完,他径直回到牢房,很快进入了梦乡,众人无不肃然起

---

① George William Knox, "A Japanese Philosopher", *Transactions of The Asiatic Society of Japan*, *Vol. 20*, Yokhama: R. Meiklejohn & Co., 1893, p. 39.
② 君臣也,父子也,夫妇也,昆弟也,朋友之交也,五者天下之达道也。——译者注
③ George William Knox, "A Japanese Philosopher", *Transactions of The Asiatic Society of Japan*, *Vol. 20*, Yokhama: R. Meiklejohn & Co., 1893, p. 36.

敬。翌日，九十郎早早起床沐浴更衣，井然有序地做好准备，最终面不改色地自尽身亡。即使一位训练有素、克己慎独的年老武士也不能如此泰然自若地面对死亡。多年后，当初在场之人提及此事时无不潸然泪下。而我讲述这则故事是要读者永记九十郎，一位无畏生死的年轻人。①

我们不能为了弄清道德准则而停止服从，也不能在服从之前建立道德准则。而是要在服从中，判断道德准则的对错。② 我们要尽忠顺从，学习忠诚孝顺之道。今日自省昨日之过失，明日自省今日之过失……要时时刻刻反思自己的行为举止是否恰当得体，通过实践获得真知。③

除了《伊势物语》④等少数纪实著作，其他文学作品不值一读，因其多为佛教感化故事，读者很快就会厌倦。但人性之恶由来已久、长期存在且无法根除。其他作品更不值得一提，通篇充斥着儿女私情，比如《源氏物语》。青年男女不应该看这类书，以免走向堕落。贵族们却将之视为国粹，除非他们着迷于其写作风格，否则我无法理解这一现象。这种行为就好比只摘春花、不顾秋果。见贤思齐焉，见不贤而内自省也。总之，《源氏物语》与中国的《长恨歌》《西厢记》相比于圣贤书，可谓判若云泥。⑤

对武士而言，钱财固然可贵，也确有人将此看得比正义还重要，但生命之于正义也是轻如鸿毛。古时候，日本民风淳朴，

---

① George William Knox, "A Japanese Philosopher", *Transactions of The Asiatic Society of Japan*, Vol. 20, Yokhama: R. Meiklejohn & Co., 1893, pp. 42 – 43.

② George William Knox, "A Japanese Philosopher", *Transactions of The Asiatic Society of Japan*, Vol. 20, Yokhama: R. Meiklejohn & Co., 1893, p. 45.

③ George William Knox, "A Japanese Philosopher", *Transactions of The Asiatic Society of Japan*, Vol. 20, Yokhama: R. Meiklejohn & Co., 1893, p. 61.

④ 日本现存最古老的和歌短篇故事集，成书于平安时代初期。全书采用虚实结合的手法，以在原业平的30余首作品为基础，将大量他人的作品叠加到主人翁身上，从而重新塑造在原业平的人物形象。——译者注

⑤ George William Knox, "A Japanese Philosopher", *Transactions of The Asiatic Society of Japan*, Vol. 20, Yokhama: R. Meiklejohn & Co., 1893, p. 120.

到了中世纪中期的幕府时代,世风日下、腐败横行。过去的日本武士就像中国的贵族女眷,十指不沾阳春水。他们安贫乐道,绝不会拿着算盘与商贩讨价还价。①

在我年少时,不论物价的日本年轻人一谈到女性就会脸红。在他们口中只有战争和谋略。他们学习孝顺忠君之道,讨论武士职责。与五六十年前相比,如今的年轻人简直发生了翻天覆地的变化,他们口中大多是生意盈亏、淫靡享乐之事。青地茂纲②就曾告诫儿子:"社会上存在一种叫做贸易的活动,要注意,你对此一无所知。做交易总是要让利于对方……商人才会低价买进而沾沾自喜,武士万万不能这样,甚至连提都不要提……武士要注意言辞,避免谈及人性的贪婪、懦弱或欲望等话题。"③

日本旧社会的法律是法治与德治的结合,这让研究日本道德观念的学者颇感兴趣。那时的人们认为忠诚和道德密不可分。德川家康临终前留下了一百条训诫帮助继任者治理国家。这些训诫虽未公之于众,但历代继任者均严格遵守,不敢逾越半步,后人称这些家训为德川家康遗训或者"光荣遗愿"。以下引述道德观念的训诫:

> 人生在世,不可享乐纵欲,不欲之事亦要尽心,严阵以待、随时听令。

> 人不独亲其亲,不独子其子。鳏寡孤独皆有所养,此仁政之本也。

---

① George William Knox, "A Japanese Philosopher", *Transactions of The Asiatic Society of Japan*, *Vol. 20*, Yokhama: R. Meiklejohn & Co., 1893, p. 129.

② 青地茂纲(? —1570),日本战国时代武将,蒲生定秀次子。兄长为蒲生贤秀,弟弟为小仓实隆。隶属于六角氏。1568年投降织田信长。随兄长参与攻略伊势国北田家。后浅井氏及朝仓氏与织田家敌对时守备宇佐山城。1570年于宇佐山城之战时阵亡。家督由子元珍继承。——译者注

③ George William Knox, "A Japanese Philosopher", *Transactions of The Asiatic Society of Japan*, *Vol. 20*, Yokhama: R. Meiklejohn & Co., 1893, p. 130.

第三章 思维与道德

敬其神，清其心，守其职。

少时，与敌势不两立，然"天道"互助，而非冤冤相报。继任者应扶持民众，此为治国安邦之道。

治国安邦之基在于虔信神灵、遵守圣德。若无视宗教、不顾圣德，似缘木求鱼、火中取水，徒劳而已。

众神之国（日本），若背弃所奉神灵，如秦伯嫁女，似黄钟毁弃。

舞伎、娼妓、盗贼下九流之人乃国之腐蠹，古今文人君子无不谤毁。

天皇君临天下、爱民如子，幕府亲民爱民。此慈爱之心携守义、守礼、守智、守信，名曰"仁"。吾遵循"天道"治国，以表公而忘私。①

以上引述或许能够确证日本人道德观念之崇高，但新近作者大桥顺藏②在1857年出版的著作中，却旨在颠覆日本民众对西方思想的认可，书中言论别出心裁、值得揣摩。吉村其人追求真理正义，即使受到嫌疑而入狱受尽蹂躏，也刚正不阿，一直宣称自己无罪，最后于1868年8月怀着自己的信仰壮烈牺牲。耐人寻味的是，本著有些言论亦节选自该书：

西人不知心中之"理"恒久不变。虽入微研究人体构造，却不解躯体是德行的载体。西方哲学钻研表象，研究无法高攀自然哲学之名。"气"之不存，"理"将焉附。西人对"气"的分析使蕴含仁义忠信的"理"化为乌有。古往今来，诸多西人着迷于推敲哲学之微末，却未有投身于"大道"……"理"存

---

① Walter Dickson, *Japan: Being a Sketch of the History, Government and Officers of the Empire*, Edinburgh: William Blackwood and Sons, 1869, pp. 241–280.
② 大桥顺藏（？—1868），名正顺，字周道，号讷庵，幕府时代末期的学者、志士，早年研习儒学，后来逐渐倾向于激进的尊王攘夷思想。——译者注

于心，遵循君为臣纲，父为子纲，夫为妻纲之道。若将神灵之位置于君、父之上，不忠不孝之人亦可侍奉神灵，继而泯灭人心，杀君弑父。西学致如此惨绝人寰结局，令人唏嘘。

上述引言揭示了日本至少有一批先驱怀着极高的道德理想。自古，日本人秉持的道德观念具有社会整体性，旧时的封建社会结构导致国民的道德观念十分独特。在该道德体系中，忠诚为首，服从次之，如子从父、妻从夫。同时，他们高度褒扬军人的品行，视之为榜样，致使整个国家富有凝聚力。在历经大名统治的封建社会后，如今的日本能够更好地融入世界，适应更广阔的生活环境。尤其忠于天皇对日本道德观念从东方道德观念主导的社会过渡到西方道德观念社会大有裨益。

现在让我们考察尚存缺陷的日本道德准则，并研究产生的社会根源。以"诚实"为例，几乎所有的西人认为日本人并不诚实，他们说谎时面不改色。即使谎话被人当场揭穿，也毫无愧疚之意。早期与日本交涉的谈判员汤森·哈里斯和阿礼国爵士就曾频繁提及日本人的这一缺点。在对日本人的诚信观念和实际做法展开研究后，我们惊觉，日本民众不仅知行不一，而且缺乏相关的认知与教育。然而，少条失教并非造成这种现象的主要推手，更深层次的原因在于日本的社会性质。封建时期的日本凭军事而非工商业立国。历史表明，工商业国家比军事国家更重视对诚信的培养，因为民众贪而无信，商业发展必然受挫，国民经济也随之凋敝。

不得不说，西人眼中的旧日本严重缺乏商业道德，在今天，新的道德观念观念正在快速形成。虽然古代日本也有商业贸易，但商人的社会地位极低。这从古代日本武士对商人的态度中可见一斑。

旧日本认为经商必会自降人格，只有贪婪之人才会和钱财打交道，牟利非骗即鄙。所以，那些自甘作贱受到鄙视的商人被贬到社会最底层。商人品行龌龊、生性贪婪、虚伪狡诈，这些偏见无疑导致整个行业的社会地位低下。在武士面前，商人要极尽卑微之态，说话时不可站立，需长跪不起、行叩首之礼。且商人之子不敢冒险与武士之子冲突，因其后者随身携带武器，有权杀死冒犯之人。

然而今非昔比。现在的日本尊商重贸，提倡发展贸易和制造业，还将其视作国家发展的唯一希望。成为工商业社会的日本，昔日的武士不再保留头衔转而从商，商人和农民成为日本社会的主体。随着社会秩序日新月异，日本正在制定和推出关于商业诚实、诚信的新规范。①

第九节　道德理想（续）

在日本古代，个体可以说是微不足道的。西方人往往对此倍感惊讶，原因在于当时的社会秩序很少关注个人内在价值。由古至今，个人难以与家庭、部落相提并论。这一观念逐渐在上层社会深入人心。于是，日本武士拥有了无限自由，或因一箦之衅，或因比刀试剑，便肆意斩杀乞丐、商人或农民等社会底层的平民百姓。

日本社会和宗教哲学更倾向于关注社会地位，个人的自身价值极少纳入考虑范畴。日本文明对个体价值的无视终究贻害无穷，各种凶杀和自杀案件屡有发生，这一点我们有目共睹。

西方和日本之间的另一处道德观念差异在于，日本社会轻视女性的社会地位和两性道德关系，对女性的本质特征和社会价值持贬低态度。历史学家们几乎一致认为，日本受印度佛教影响，不太重

---

① 有趣的是，古代日本蔑视商业贸易，认为经商盈利是不道德的，这与古希腊关于财产利润和利益的观念一致。例如，亚里士多德指出，只有农业、渔业和狩猎的收益才是自然收益。柏拉图在《法律篇》中明令禁止公民收取利息。加图认为，借钱生息不甚光彩，与谋杀无异。同样，《旧约》也禁止向犹太人收取利息。古代东西方社会不约而同地产生了相同思想，根本原因在于当时贸易和货币并非社会秩序的基本组成。狩猎、耕作属于主动从事生产劳动，被视作自然的谋生方式，而贸易依靠他人的劳动而活，遭人鄙夷。因此，在日本古代，农民的社会地位自然高于商人。在时人眼中，农民也比商人更加高尚。——作者注

视女性的社会地位，因为相比佛教时代，原始社会的日本女性享有更多的个人自由，也能得到更多尊重。但是，推测结果之于千年前日本女性的社会地位并不具备多少参考价值，我认为，当时的妇女状况被无意识地理想化了，这样显得日本的女性地位比西方更高。尽管如此，佛教中关于女性的观念和思想存在明显的贬低倾向，认为女性是万恶之源，与男性相比百无是处。女子死后转世投胎为男人，才可能修成正果。这些轻视女性的极端观点在日本拥趸无数，而我印象中的印度却绝非如此，对此不便赘述。正如前文所言，几百年来对女性的固有观念决定了日本女性低人一等的社会地位。身为人妻，她们是女佣仆人，而非配偶伴侣，"三从之义"就充分体现了这一观念。不过，"夫死从子"在实际生活中相对少见。

需要特别指出的是，当下日本异性社交活动罕见，出入男性社交娱乐场所的年轻未婚女子不是歌伎就是舞伎，这种场合人们几乎都是饮酒娱乐，而不会过分粗俗放荡。在日本，女人是男人的玩物这句话不绝于耳，儒学与佛教都视女人为红颜祸水，直接导致女性社会地位卑微低贱。纳妾制度可能从中国传入日本。因为在《礼记》(*Lei-ki*) 中，"天子立一后，三夫人，九嫔，二十七世妇，八十一御妻，共一百二十一人。"由于纳妾制和一夫多妻制获得中国典籍认可，这也成为日本公认习俗。

这种道德观念和实际行为解释起来并不复杂，简而言之就是社会秩序的共通性。家庭是日本的社会基本单位，父亲是一家之主，其他任何成员都微不足道。如果父亲隐退（退位），儿子接替父亲成为新的一家之主，父亲也要服从新任家主，这足以证明上述观点的正确性。当时日本社会对女性的态度并非孤证，而是社会秩序的一部分，是由"社群主义（communalism）"价值观决定的，而不受"个人主义"价值观制约，这一点男女通用。对于男性，日本社会同样更重视他们的社会地位而忽略其个体价值，之于女性亦然。在日本旧社会，女性首先是繁衍后代的工具，其次是家庭的女佣下人。这种观念不但盛行于世，而且强词夺正，如若狭隘缺漏的道德观念

第三章 思维与道德

成为社会主流思想，三妻四妾、夫妻反目、道德失范便在所难免。

这些观念并非仅限于日本。这是因为这种特殊性的社会秩序已延续了很长时间，而改变这种特殊性的力量尚未出现。正如本书后文所指出的，在确保"社群主义"优势和国家政权巩固后，人类进化所面临的重大问题在于如何将个人主义原则融入社会秩序。然而，社群主义在一些国家取得了空前发展，有效地阻止了个人主义这一新原则的渗透。在我看来，曾经与世隔绝的日本，其社群主义过于彻底，无法从根本上成功改变社会秩序，需要从外部引入新的革新力量。

出于对旧日本观念与生活的公正评价，我不得不对上述狭义的道德观念进一步言说。日本对女性贞洁的要求极为苛刻，对这一道德观念的灌输业已达到极致。经我本人的大量调研，旧日本远离繁华中心与通衢大道的内陆城镇和乡村，其道德生活的纯洁性是任何地方都无法比拟的。

我曾多次听闻，若发现年轻人违反贞节法，不论男女都会被立即流放。因此，这类违法行为极为少见。绝大多数的日本内陆城镇直到最近才有合法妓院。近年来，随着歌伎和舞伎的明显增多，人们开始称她们为"暗娼"。而今，歌舞伎越来越多，暗娼在多数乡镇的旅店随处可见。在过去三四十年间，日本公娼和暗娼的人数都在大幅增长。①

得益于墨菲先生②的努力，对公娼、暗娼骇人听闻的合法化奴役最终大白于天下。通过几起案例，人们发现日本的国家法律实际上

---

① 在佚名小册子《日本如何控制卖淫》（"How the Social Evil is Regulated in Japan"）中，作者记录了一些有价值的史料，讲述日本卖淫行业的初期状况以及对不同妓女等级分类："地狱（无证妓女）""将棋（持证妓女）"和"艺伎（歌伎舞伎）"。在翻译了各类相关文件后，作者尝试预估日本有多少女性从事卖淫活动。所得结论的方法却不适合当前，结论也荒唐得离谱。据他预估，在日本，持证的妓女和艺伎各有50万，无证妓女至少有100万人，共计200万的妓女约占日本女性总人数的10%！近期，墨菲牧师（Rev. U. G. Murphy）对妓女数量进行了谨慎调研，数据主要由都、道、府、县提供。最终数据显示，持证妓女50553人、舞伎30386人。墨菲先生的数据偏差不大，为与欧洲相关的数据比较奠定了基础。而无证妓女的数量自然无法统计。——作者注

② 尤利西斯·格兰特·墨菲（Ulysses Grant Murphy，1869—1967），卫理公会新教牧师，曾在日本传教14年。——译者注

无权干涉地方警察的条例！不过1900年9月，迫于墨菲先生公开的事实，在日本媒体以及改良党派领导人如岛田三郎[①]的推动下，警察条例得以修改，并取得了惊人的成果。在此之前，日本每月有40—50名公娼自杀，而在九、十月份，这一数字为零！

在同一时期，东京约有5000名妓女，其中逃离妓院的492人宣布要与日本法律所谓的"可耻生意"一刀两断，这甚至导致一家著名妓院被迫停业！运笔至此时，我们还处在日本这项改革的初期，尚未知晓这场运动的结果如何。不过国家的良知开始在这一问题上觉醒，我们相信它绝不会容忍旧奴役制度的存在。不过，这一制度又是由地方法律和地方法院强制执行的，作为欠债一方——逃跑的女孩一旦被抓住，仍会送回妓院被迫卖身还债！

古代圣贤却对日本男子贞节问题三缄其口，日语没有类似于英语中指涉男女"贞节（chastity）"的单词。曾经，小泉八云在《心》（*Kokoro*，1896）一书中，指责日语没有表贞节，"当然，我们同样可以指出英语也不存在'贞节'的单词，因为像荣誉（honor）、美德（virtue）、纯洁（purity）、贞节（chastity）这类词汇都是从其他语言中转借而来"。他还断言"适用于两性的单词最为常用"。假如他能够给出具体的实例，这一论断将会更具说服力。

按照小泉八云对"贞洁"一词的英文定义，我从未找到相应的日语单词。通过与几位日本人的讨论，他们一致承认日语中与贞洁有关的术语并不完善，日语中用于劝诫女性贞洁的术语并不适用于男性。然而，上述论断并未说明日语缺乏抽象术语的事实。简而言之，在日本，"贞洁"这一术语仅适用于女性，而非男性。这再次证明了日本男女在道德责任观上的差异。

日本道德观念中还存在一种十分有趣的现象——愚孝。这种观

[①] 岛田三郎（1852—1923），日本记者、政治家。出生于江户。曾就读于昌平黉、沼津兵学校。1874年《横滨每日新闻》发刊，出任主笔，1894年任《每日新闻》社长。热心于政治，属大隈派，积极推进自由民权运动。开展废娼运动，支持劳工解放运动，反对日俄战争。1890年当选为众议院议员。——译者注

念甚至允许父母强迫或默许女儿卖淫，在特殊情况下，该行为还能得到高度赞扬。日本如今的卖淫现象正是这种观念造成的。尽管买卖女儿有悖常伦且违背法理，但事实上这种情况时有发生。

虽然孔子从未直接教导人纳妾，但他也未禁止这一行为。日本君王通过自身行为为这一习俗赋予了权威性和正当性。比如，历史上的天皇拥有多位嫔妃，所有皇子均由这些嫔妃所生。由此可见，日本古代对男女的道德要求可谓大有径庭。或许有人会质疑：社会对女性要求忠诚，为何对已婚或未婚男性的要求却如此宽松？同一社会秩序下，为何会存在截然不同的道德观念？答案在于以下事实：首先，每位丈夫都有与生俱来的欲望，想独占妻子的爱。作为社会中的强者，他们绝不容忍妻子的不忠，也会惩罚任何胆敢破坏家庭之人。尽管女性有着相同的欲望，想要独占丈夫的爱，但她们却没有同样强大的力量去伤害情敌或惩罚不忠的丈夫。

此外，放荡的女性对生育功能的影响比男性更加明显，因此会产生不同的道德标准。最后，社会对男性和女性地位的看法也存在差异：男性被视为家中的主人，拥有随心所欲的自由；而女性则被视为附属品，永远不能追求自身的快乐，只能顺从男性的要求。

上文提及的第一层原因在不久后的一起案件中得到证实。1862年牧师约翰·T. 古利克牧师[①]目睹一个男人提着两颗血淋淋的人头走在街上，声称这是他妻子和情人的头颅，被他捉奸在床并当场斩杀。这种行为完全符合当时的道德观念，如此奇闻在旧日本的传奇故事中并不少见。

在1898年颁布的新版《民法典》[②]中，日本试图以法律形式确

---

① 约翰·托马斯·古利克（John Thomas Gulick，1832—1923），美国传教士和博物学家，现代进化思想的先驱之一，是最早描述通过繁殖种群的地理分离形成物种的学者之一。——译者注

② 世界上重要的民法典之一。日本于1890年制定了旧民法典；1898年制定新民法典。其基本内容包括总则、物权、债权。日本民法典属于大陆法系，注重结果而忽视判例法和程序法，在很大程度上继承了罗马法，并且是以1804年《法国民法典》和1896年《德国民法典》为基础所形成的法律。日本民法典对中国也有一定的影响。——译者注

立并引导新的社会道德规范。据《日本邮报》报道，其中关于婚姻的条例格外引人注目：不允许结婚的条件与英格兰法律中的规定一致，例如禁止男子与已故妻子的妹妹成婚；男子法定最低结婚年龄为17岁，女子为15岁，双方通过婚姻注册登记正式缔结婚姻契约。婚姻解除方面，若夫妻双方达成共识，可通过注册登记的形式离婚，无需经过司法程序。但是，双方未经协商或达成一致，则需提起离婚诉讼。从这些规定中不难看出，婚姻关系中的男女权利并不均衡，例如，丈夫有权因妻子通奸诉诸离婚，而妻子无法以丈夫出轨为由提出离婚，除非她遭受虐待或严重侮辱，或者遭到丈夫抛弃，以致无法维持共同生活，这些才是女性提出离婚的合法理由。《日本邮报》的英国评论家指出，"丈夫公然通奸是对其妻的极大羞辱。尽管这种行为性质极其恶劣，可能导致婚姻破裂，但是法律只对女性通奸行为有明确规定，对男性却无只言片语，我们有理由怀疑法院是否会在判决中倾向于保护妇女权益。"在日本，法律从未明文规定男性通奸可作为离婚理由。评论家重申："人们不禁希望，这个国家的立法者可以谴责这一荒谬无耻的道德准则。新法典进一步规定：'因通奸行为被依法判处离婚或受罚者，不得与其通奸对象结婚。'若这一规定同样适用于男性，无疑将是纠正日本社会重大弊病的有效法律条款。遗憾的是，当前看来，此条款仅对女性适用。"另外，"双方同意离婚"的原则在现实中同样对女性不利，将离婚事务变得如同家庭琐事一般。而在一个要求女性绝对服从、百依百顺的社会环境中，男主人要把妻子扫地出门的时候，妻子有多少拒绝的余地呢？"在日本，一旦丈夫变心、拒绝继续同居，多数女性只得被迫接受'双方同意离婚'的安排。"至于纳妾问题，新法典虽未明确规定，但从常理推测，每名男子只能拥有一位合法妻子，妾室所生子女必须登记为非婚生子。然而，法律也未明确说明，"一旦男子与私生子的母亲结婚，这名所谓的'庶子'自诞生之日起自动获得合法身份。"这意味着，这种情况下的母亲必然是未婚的妾室。

最新的统计数据揭示了新法典规定的影响。过去几年中，该数据统计结果由日本内阁以法日双语的形式权威发布，其中1897年的婚姻状况统计数据尤为引人注目，有力证实了上述观点。

年份	结婚	离婚	合法生子	私生子
1890	325141	109088	1079121	66253
1891	325651	112411	1033653	64122
1892	349489	133498	1134665	72369
1893	358398	116775	1105119	73677
1894	361319	114436	1132897	76407
1895	365633	110838	1166254	80168
1897	395207	124075	1335125	89996①

数据显示，日本的离婚率很高，三分之一的婚姻以离婚告终。无论婚前还是婚后，日本两性关系在道德层面始终存在积弊。严格执行一夫一妻制正是治疗此积弊的良药。

新法典中关于家庭生活纯洁性和高尚男女行为准则的规定饱受争议。实际上，新法典在一定程度上默许了日本社会现存的一些陋习，并在赋予其合法性的同时，未曾努力提升或改良道德观念。固然，对于这部尚处于草案阶段的新法典，我们是否应寄予更高期待，仍是一个悬而未决的问题。但新法典从侧面映射出日本家庭道德水准堪忧的一面，这无疑是日本新社会的一大痛点。值得注意的是，新法典的症结并非在于未能体现西方道德标准，而在于它未能深刻认识并适应新日本社会秩序的真实现状。虽然《民法典》承认个人主义和个体权利的原则和价值，但对于作为政治体系基石的社会基本单位——家庭，《民法典》仅沿袭了明治维新前的旧有标准并将其合法化，而忽视了在新的社会秩序中个人主义必须得到各阶层一致认可的需求。

在结束关于日本女性道德观以及产生后果的讨论之前，我们必

---

① 最后一行数据源自牧师墨菲《日本如何控制卖淫》。——作者注

须正视当今日本社会正在经历的重大变革。虽然新《民法典》并非完美无瑕,但我们不能忽视它的积极意义。古宾斯教授①在其编纂的《民法典》英译本序言中精辟阐述道:

> 在现代日本的发展进程中,女性地位得到了显著提升。虽然女性仍旧在艰苦的环境下辛勤劳作,但她们现在已经能够成为一家之主,行使自身权力;她们有权继承、拥有并管理自己的财产;女性可以行使亲权②;未婚或丧偶的女性可独立收养子女;在共同收养问题上,妻子享有一票决定权,任何涉及自己孩子的收养行为,须经夫妻双方同意;她们亦可担任监护人,在家庭事务中享有发言权。

从历史上来看,新法典无疑标志着一个巨大的飞跃,与1898年以前日本法律中女性所处的劣势地位形成鲜明对比。但在某些方面,实践已然走在了理论前面,这在地位显赫、无比尊荣的皇后身上尤为明显。皇后曾屡次陪伴天皇出现在公众视野,这种情形在旧日本可谓闻所未闻。日本明治天皇的银婚庆典(1892年)堪称东方历史上的空前盛事,当天日本更是首次发行了纪念邮票。

紧随其后的是1900年5月皇太子嘉仁亲王那场震撼人心的婚礼盛典,它在日本社会与道德史上刻下了浓墨重彩的一笔。历史学家称,在此前长达2600余年的岁月中,日本皇室从未给皇储公开举办过婚礼。这场婚礼尽显奢华浪漫,新人互诉誓言,情深意切。晚宴之际,新晋的帝国新娘与皇储携手共立。为了庆祝这一盛事,日本发行纪念邮票,全国各地张灯结彩、热闹非凡,举国上下旗帜招展、

---

① 约翰·哈灵顿·古宾斯(John Harington Gubbins,1852—1929),前英国外交部官员、英国驻东京公使馆秘书,曾参与翻译《日本民法典》,代表作有《近代日本的形成:日本从前封建时代到立宪政府的进程与大国地位,包括宗教、复杂的家庭制度、教育等》《从1853年到1871年间日本的发展》。——译者注

② 父母基于其特殊的身份对未成年子女所享有权利义务的总称。——译者注

第三章　思维与道德

万民贺喜，婚礼现场贺礼盈门、观者如云。

然而，这场庆典活动的真正深远意义在于天皇亲自赋予了女性与婚姻前所未有的崇高地位。据说，明仁天皇将是最后一位拥有嫔妃的天皇。至此，女性地位达到了前所未有的高度，得以享受到如此宏大且庄严的婚礼仪式，这在日本乃至整个东方世界皆属史无前例的荣耀。

欲探究日本道德观的本质，不可忽视佛教与儒家思想的深刻烙印。二者虽理念迥异，儒家注重弘扬正道公义，更多着眼于道德实践而非宗教仪式，而佛教则侧重信仰修炼，对道德存而不论。近期，一位日本佛教学者指出："虽然佛教因其卓越的道德体系闻名遐迩，但日本学术界至今未有一篇专门论述佛教道德独特性的文章。"佛教文献多围绕神话传说、玄奥哲理和末世观念展开，伦理戒律交织其中。该学者强调，随着时代的变迁，亟须将佛教伦理从繁复的神话叙事中剥离出来。日本道德伦理的深厚底蕴源自儒家经典的熏陶，许多杰出的道德大家皆出自儒学门墙。然而，一股新的精神思潮正在国内外佛教僧侣间悄然兴起，他们传播的教义愈发贴近世俗道德规范。坊间相传，在某些日本寺院中听到的佛法讲授，竟与西方的布道有着惊人的相似。尽管难以断定佛教传教是否借鉴了基督教的布道模式，但毋庸置疑的是，无论在道德伦理层面抑或是社会影响方面，基督教的确成为值得效仿的对象。

然而，并非只有佛教在模仿基督教。几年前，格林博士（Dr. D. C. Greene）参加了现代神道教"天理教"的布道仪式，他惊讶地发现，几乎所有的布道之辞都引用自《登山宝训》[①]。而布道者却并未介绍教义来源，很可能祀官也未察觉其内在的基督教渊源。格林博士对这个教派进行深入研究，对教内祀官虔诚坚守教义的精神高度赞赏。1895年，我曾拜访位于奈良近郊的天理教总部，并向

[①] 亦译《登山训众》《登山宝训》《山上垂训》，耶稣的训诲性言论集，传为耶稣登山时所讲，由《八福》《盐和光》《论发怒》等20多篇诗文汇编而成，内容涉及伦理、道德和信仰，言辞精辟、内涵深湛，历来被公认为基督教伦理思想的基石。——译者注

一位祀官问及天理教的布道重点，他回应称天理教秉持严谨正确的生活方式。因此，我们可以合理推测，崇尚道德教化的神道教黑宗派在起源和教义方面都受到基督教影响。很明显，在日本，基督教的影响人群远不止宣称的信徒人数。事实证明，它对民众的古老信仰产生了巨大推进作用，促使它们对之前一无所知的道德训导予以重视。值得注意的是，对伦理的重视正是在道德体系分崩离析时出现的。

对于研究日本道德观的社会学学者而言，一个重要的事实是，日本道德思想家逐渐将关注点投向统治阶层的行为典范，他们心目中的理想行为模型便是武士的举止言行。一个人若受到赞美，就被视为具备了武士特质；反之，一旦遭受谴责，则被认为背离了武士精神。乡野村夫必然粗俗不堪，只有遵循忠诚敦睦的道德标准，坚持义、责、仁之人，才具备真正的武士道精神。传说四十七浪人为家主复仇，尽管被誉为"正义武士"，但他们仍无法摆脱罪责的阴影。日本的历史和文学常常颂扬这样的理想人物，但关注点主要集中在上层阶级、皇室成员和武士浪人的传奇轶事上，而对于古代日本平民百姓，道德伦理更多体现在日常生活的习惯和惯例之中，而非严苛的说教。但是，历史学家和道德学家的研究焦点并非聚焦于人性本身，而更多地关注社会秩序的外在表现，他们倾向于深入剖析诸如贵族世家、皇族血脉和武士阶层等少数社会精英的行为准则，这样一来，上述现象便得到了合理解释。

在探讨日本道德理想接近尾声之际，本章将简介明治天皇于1890年11月31日颁布的日本青年教育敕语[①]，这份文献被视作神道教和儒家思想精髓的结晶，同时也是日本公立学校唯一的官方德育教材，深受社会各界尊崇，被奉若箴言经典，其在日本社会中的地位犹如《圣经》之于英美。

[①] 日本明治天皇颁发的关于国民精神和各级学校教育的诏书，内容贯穿克忠克孝、仁爱信义、皇权一系、维护国体、遵宪守法、恭俭律己的封建道德，是以复古派战胜文明开化派的结果，灌输皇室利益高于一切的思想，以维护天皇制国体。——译者注

教育敕语

朕惟。我皇祖皇宗。肇国宏远。树德深厚。我臣民。克忠克孝。亿兆一心。世济厥美。此我国体之精华。而教育渊源。亦实存乎此。尔臣民。孝乎父母。友于兄弟。夫妇相和。朋友相信。恭俭持己。博爱及众。修学习业。以启发智能。成就德器。进广公益。开世务。常重国宪。遵国法。一旦缓急。义勇奉公。可以扶翼天壤无穷之皇运矣。如是。不独朕忠良臣民。又足以显彰尔祖先遗风。

斯道。实我皇祖皇宗之遗训。而子孙臣民所当俱遵守焉。通之古今而不谬。施之中外而不悖。庶几朕与尔臣民。俱拳拳服膺。咸一其德。

第十节　道德习俗

日本人有一个显著特点——从不避讳个人私生活。他们似乎认为没有必要保护隐私。日式房屋的建筑结构几乎没有隐私性可言：一层薄薄的纸糊成的障子或推拉门将房间隔开，只能勉强遮挡视线，却"捂"不住好奇的耳朵。不仅如此，日本中下层阶级民众的房屋正对着街道市井，行人可轻易看到屋中的一举一动。可以说，日本人甚至没有隐私观念。日本私人浴室和卫生设施的设置也毫不避讳，这一习俗早已广为流传，但在西方国家这是决不可外泄的隐私。

之前，我曾路过一个日本乡村，见到了让人瞠目结舌的场景：马路边放着两三个浴盆，每个浴盆里都有一个或几个人挤在一起洗澡，不仅有幼儿孩童，还有成年男女。那趟旅程是去九州拜访一位先生，和他商谈生意。抵达以后，敲门却无人应答。于是，我转到宅舍侧门，竟然看到女主人和孩子们在露天浴缸里洗澡，而一名男仆正在旁边劈柴。

有趣的是，大多日本人对赤身裸体熟视无睹。在西方，这种漠然无视的态度一定会被认为伤风败俗。然而在日本，这一"无礼"行为竟是出于民众自身意愿，并非意外抑或权宜之计。几年后，我与一位传教士同行，前往九州活火山口——阿苏山脚下的著名温泉景点泡温泉。该火山口号称是世界上最大的火山口，位于一个古火山口的中心地带，那里风光旖旎、醉人心脾。虽长路漫漫、人困马乏，我们还是欣喜地发现了一个单独的无人浴间，里面放置一个约30×15英尺的浴盆（浴缸）。了解后得知那天游客寥寥无几，心想终于可以安心享受，不怕被打扰了。在浴室大门两侧分别设置男女衣物存放柜，我们不清楚存放规定，就随手把衣物丢进左手的柜子里，一试水温刚好，就直接去泡澡了。可前脚踏进浴缸，后脚就有七八个男女客人一起走进浴室，发现我们的衣服放错了地方，他们没有丝毫犹豫，几个人一起走进男士更衣区脱了个精光，然后走进浴缸和我们一起泡澡，没有一丝一毫羞怯。虽然女士通常在浴缸左侧泡澡，但当天她们自如地和男士们一同泡澡。我想，英国人也好，美国人也罢，这种视若无睹的情况都让他们难以想象，可在日本却是稀松平常。无论公开洗浴，抑或是男女毫无顾忌地生活在一起，这无疑都和日本的风俗习惯有关。当地夏日炎热，加上日本服饰易脱，使得日本人已习惯于或多或少地暴露自己的身体。也正因这些风俗旧习，西人尊崇的"庄重"在日本颇受局限。至于两性之间的亲密举动是否有助于培养良好生活作风，这是另一个问题，在此不做论述。

在此引用小泉八云对日本的论述再合适不过。他指出在日本，几乎没有任何形式的隐私可言，日本也对西人的"隐私"毫无概念：只有几堵纸墙将生活区域划分开；没有真正意义上的"门"，只有几扇推拉的屏风，因此日常既用不到锁，也用不到闩。只要天气允许，房间的"门"，甚至是四面的"墙"都可以移开，房间内部就赤裸裸地暴露于光天化日之下，展示在公众的视野。在日本，无论是旅舍还是普通住宅，进屋前都不会敲门，当然也没有房门可敲，毕竟障子和推拉门也经不起用力叩击。住在这样一个只有纸墙，阳光倾

第三章 思维与道德

泻穿过的空间里，没有人会害怕或羞于见人。屋中的一切都与公共场合无异。你的个人习惯、喜恶（如果有的话）、怪癖都必然公之于众。美德无处可藏，罪恶无所遁形……至少对数百万的日本普通民众来说，他们从来没有想过能够有不受人关注的生活。日语中没有专门表达"隐私"的词汇，因此要将它的内涵传达给一个不懂英语的日本人绝非易事。日本人缺乏"隐私"方面的行为习惯，日本文化中也没有与"隐私"相应的词汇与概念。

上述事实有力地证明了日本人仍然是聚居群体，也揭示了他们的道德规范。因此，相较于离群索居之人，聚居群体更愿意遵守共同的道德规范。反之，如果在群体中每个人都自我封闭，独享隐私、自由行动，那么就不能形成统一的道德规范，违背道德红线的行为也会屡有发生。可以说，在"社群主义"主导下，人们会自行规范个人行为，不会特别强调个人意志——遵守道德规范是每个人的潜意识行为；而当"个人主义"成为社会主流时，道德规范通常建立在个人主观行为之上。

这一原则的最好佐证便是日本史。近年来不道德行为和犯罪行为日益猖獗，究其原因是旧时的日本，每一桩轻罪也会死刑结案，犯罪人数自然不断减少；如今，盗贼在经历数次牢狱之灾后仍可以出狱，导致犯罪案件屡禁不止。这样的解释固然有一定说服力，但不够全面。现在违法犯罪行为多发，还有一个更重要的原因在于社会秩序本身的变化。新秩序赋予每位公民更大的行动自由，公民可以自主职业、组建家庭。而以前这些都是由门第出身决定。个人自由权越大，面临的诱惑也就越大。

另外，行为规范也在更替变化。某些行为，例如五十年前"血债血偿"也许会得到社会赞许和荣誉，在现代社会只会沦为阶下囚。总之，"个人主义"深度影响着公民行为，虽然日本"个人主义"不及西方占据社会主流，但仍然广为流行，年轻一代深受影响，假借自由之名行不耻之事日益增多。据我所知，不但纲常扫地、败德辱行，更是道德沦丧、世风日下。要说"礼崩乐坏"未免过于武断，但有一点毋庸置疑，那就是社会秩序更替变化导致道德规范化为乌有。西方世界高度重视社会结构和个人自由的思想和实践，像赫伯特·斯宾塞、约翰·斯图亚特·穆勒以及托马斯·亨利·赫胥黎①的著作被知识分子奉为圭臬。②

再者，民众能够自由恣意旅行，跨地域迁徙，冲破种种束缚，这些都与传统道德观念瓦解紧密相关。成千上万学生远赴他乡求学，而家庭却不能提供稳定支持。而且，普通百姓前所未有拥有了大量财富：过去只有少部分家庭掌握大量财富，而如今财富被大部分家庭普遍拥有，并且出现了奢靡消费的趋势。这种情况前所未见。

需要特别指出是，日本封建时代约有270个大名，他们的生活骄奢淫逸，大约150万名武士充当大名的随从，并以此养家糊口，另外还有3000万百姓供养这些豪门贵胄。1863年，日本大米收成3000万石，而农民上缴2200万石。如果现在保持这个税率，农民须向政府缴纳2.8亿日元，而现在他们仅仅支付3800万日元。"农民的生活方式焕然一新，生活水平也稳步提升。以往大众平民都买不起粗棉布，如今身披绫罗绸缎，每餐都是精米细粮，这些在过去是难以想象的。"③

据《日本邮报》报道："三十年前，十分之一的人买得起大米，其余九成只能吃大麦或掺上一点大米。如今几乎六成人认为，如果哪天没有米饭，生活太艰苦了……对大多数人而言，米饭已经不再是奢侈消费，而是生活必需品。"

在经济方面，农民和中产阶级的生活无疑要比过去好得多。赚钱多少与个人品德无关。一个人是否诚实正直主要或完全取决于

---

① 托马斯·亨利·赫胥黎（Thomas Henry Huxley, 1825—1895），英国著名博物学家、生物学家和教育家。——译者注
② 据说，穆勒的著作《代议制政府》（*Representative Government*）日文版足足有500页，第三版现已完编。——作者注
③ 《日本邮报》1896年2月5日。——作者注

第三章　思维与道德

他是否有机会犯错，若是处在极度贫穷或者受到严格管控的环境下，他便是一个有德之人；相反，能够轻而易举就赚取暴利，不仅可以随意迁徙，而且肆意挥霍财富，那么各种违法犯罪行为将无休无止。

为了解当前"纳妾"的数量变化，我进行了大量调查。由于小妾身份不会记入户籍，也不会作为情夫的配偶录入，统计数据不明。如果小妾居住在男方家中，可登记为女佣，她的孩子登记在她的名下。但据了解，这些私生子常常非法登记在男方户籍名下；若小妾住在自己家中，她依旧保留父母的户名和户籍。日本政府对"纳妾"现象漠然视之，不公布有关数据。与自己父母住在一起的小妾，多将所生子女的户籍登记在父母户籍名下，成为她父亲名义上的孩子，否则会认定为私生子。因此，统计的数据无法客观反映小妾和私生子数量的变化，这是日本社会学中最重要的问题。但是，知情者们直言不讳纳妾现象越来越多，成因极其简单：如今商贾、官吏，甚至农民都有能力纳妾，这在过去是无法做到的。在这一问题上，日本传统观念认为只要经济允许，纳妾不违反公序良俗。

1898年，日本的各大报刊和著名作者就纳妾问题展开了激烈讨论。《每日晨报》（*Yorozu Choho*）公布了一份名单，包括493名男人的姓名和职业，以及他们小妾的身份信息。在493名男人的职业包括：现任或曾任内阁大臣9人，参议院议员15人，律师7人，医生3人，其余为商人。493名女性在成为妾室之前的职业包括：歌舞伎183人，女佣69人，妓女17人，良家女91人，养女15人，寡妇7人，优伶7人，其他104人。在这场讨论中，大家普遍认同纳妾现象越来越多，究其根本在于"道德败坏"。一些著名作家认为，在日本旧时代纳妾的主要目的是传宗接代，而且没有歌舞伎成为妾室的现象。

有趣的是，一些支持纳妾制度之人以《旧约全书》为其辩护，他们辩称对基督徒适用的教义同样适用日本人，《旧约全书》未规定一夫一妻制，因而纳妾也并无不可。讨论中还有一点引起了西人的关注：有些学者反复强调东西方都有纳妾的现象，只是东方昭布程序，而西人碍于舆论压力，只能私下进行。① 只有少部分作家为纳妾制度公开辩护，其余即使不信奉基督教，也都强烈反对并谴责纳妾行为。反对方以福泽谕吉为代表，他以极其犀利的语言抨击纳妾制度，指出摒弃纳妾制度是日本开拓现代文明的必由之路。显而易见，崭新的婚姻关系正在日本形成，但是尚未得到日本全社会的认可，还需要进一步完善。因此在当下的日本，三妻四妾丝毫不会影响男人的社会地位和声誉。

在商业诚信方面，现状同样堪忧。与我交流过的人都认为，当代日本人的诚信度普遍大幅下降。在封建时期，偷盗这种轻微违法案件都十分少见，如今屡见不鲜。外商经常抱怨，一旦市场不利于日商，任何承诺和协议都会化作一纸空文。因此有人诟病日本人的商业诚信。

近日出版的《国民新闻》归纳、总结了日本人存在的商业道德问题：一是以次充好，二是拖沓懒散敷衍塞责，三是目光短浅，四是各自为政一盘散沙，五是闭目塞听茫然无知。②

"近日，日本驻天津领事向政府递交报告称，中国严重质疑日本制造商品，中国指责日方商品存在质量以次充好、货物包装低劣等问题，领事对这种商业失信行为深表遗憾。"③

在此，笔者复述一下本人的亲身经历。我曾列举执事候选人失信于民的案件，我笃定他们完全背离了初衷和信念。同志社大学的社长和理事们背弃了教育理念，丧失道德良知和初衷，任由其堕入歧途且茫然不知，他们枉顾资助者意愿而肆意挥霍捐赠基金。我不禁要问，"捐供养、种福田"的习俗对日本民众到底有多大影响？以至于他们想当然地以为，钱一旦捐出去便无法收回，资助人及其继

---

① 《日本邮报》1899 年 2 月 4 日。——作者注
② 《日本邮报》1899 年 1 月 14 日。——作者注
③ 《日本邮报》1898 年 6 月 24 日。——作者注

承人对捐赠款项没有处置权和收益权。日本处置募捐善款的方式历来如此，资助者即使无法确定善款的流向和目的，仍然坚持一如既往地捐赠。美国按照西方通行标准，为同志社大学进行捐赠基金，而日本却按照当地习俗惯例处置善款，近年来如此认知上的偏差导致大量摩擦和矛盾。

1898 年公理会①教徒在年会上指控同志社大学捐赠基金管理不善，并给出有力证据。同志社大学不仅废除了章程中永久效力的六项条款，并且在德育教材中删除了"基督徒"一词，这些行为被公理会称作"fu-ho"，即非法的、不正义的和不道德的。会议还通过决议，要求同志社大学管理方恢复章程删除内容，否则相关负责人必须引咎辞职，由捐助人指定人选接任职务，以便妥善处置捐赠基金。公理会代表们的呼吁表明，崭新的商业道德规范已经在日本破土萌发。

本章结束之前，我们必须深刻反思：在长期信仰基督教的市场经济国家里，仍旧普遍存在违背商业道德的现象。鉴于西方世界曾经屡屡失误，就难以苛责日本当下的错误。若能冷静思考一番，我们就会意识到合法利益与非法利润之间的界限极难辨清。这一界限如此微妙，甚至西人也难以觉察。当交易的另一方不知晓商品的真正价值时，这条界限会极为模糊。因此，即便日本在理念和行为方面存在缺陷不足，对他们的批评也不宜过分苛责。日本在商业道德现状的成因显而易见，与大脑结构或民族性格毫无关联，完全是社会秩序变化的结果。封建社会的社群主义必然让位于市场经济的个人主义，社会秩序快速转型赋予每个人前所未有的自由，自由定义个人价值、自由选择生活方式，无论弱冠少年还是耄耋老者都无法抗拒欲望的迷惑。

至此，对日本道德特征的研究即将收尾，这些特征既体现在他们的理想观念，也体现在他们的实际行动，我们简述一下本章的观

---

① 同志社大学的大部分支持者是公理会教友。——作者注

点和结论。不言而喻,日本道德家的思想重点首先是忠诚,其次是孝悌,这两者是贯穿日本道德标准的核心要义,其他道德规范皆源于此,而且紧密依附于忠孝二字。封建社会的公共秩序建立在道德规范的基础上,并通过道德规范加以维护。忠诚能够增强集体凝聚力,古代是部落,如今是国家。孝顺能够增强家庭团结和睦。日本道德家们极力宣扬的正义和责任,就在于笃守忠信孝悌。

事实上,个人主义的道德观是有缺陷的,理想信念和实际行为皆因此误入歧途。正如詹姆斯·丹尼斯先生(James Dennis)在其著作《基督教的传播与社会进步》(Christian Missions and Social Progress)中所述:这些罪恶都是针对个体的疏忽和过失。事实上,道德家根本不考虑下层民众的权益。在日本社会价值观中,无论贫富贵贱、男女老幼,个人的权利和价值都无关紧要。

在日本的道德规范中,有一些错误源于封建秩序对商业贸易的鄙夷。商业贸易与社会稳定之间没有必然联系,因此,在商品交易过程中不能建立正确的道德评判标准。西方世界认为商业欺诈行为不仅严重威胁社会稳定,同时也侵害个人权利,所以商品交易的诚信理念和失信惩戒极其重要。在此条件下,发展商品贸易举步维艰,推动失信惩戒更是难于登天。

我们还要关注一个问题,就是道德观念为什么具有普遍性和权威性?我认为不仅普通民众,道德家也没有思考这一问题。在日本传统社会,人们从来不问"为什么",而是像所有原始部落一样,无条件接受老师的传授,没有人深入研究道德观念的始末缘由,没有人仔细探讨赏善罚恶的性质作用。偶尔有人质疑师尊的权威,通常得到的答案是"先哲的智慧"。如果继续追问下去,他们会辩称:"先古圣贤,应天受命,承天之佑,天道法然"。但是敢于质疑权威的人并不多见,多数人只会不假思索地全盘接纳师尊的教导,完全不会质疑问题。显然,按照传统道德观念必须笃守忠信孝悌,这就固化了思维方式和习惯,因为质疑权威就是对师长不敬,就是对祖先、父母的不敬。

于是，在威权横行、专制当道的社会秩序下，日本民众只能唯唯诺诺地接受师尊传授的道德规范。

最后，我们回到反复纠结的问题：日本人独有的道德特征是与其生理特性相关，无法改变吗？还是偶然、短暂、易变？前文的例证已经得到答案，日本人的道德观念美德取决于社会秩序。民族道德观念并非与天俱来，或者由大脑结构、基因遗传决定。相反，从道德观念和实际行为中可以发现，民族道德观念由主流社会秩序决定，道德规范通过社会关系延续传承，而不仅仅局限在家庭之中。所以，社会秩序对民族道德观念变化的影响不言而喻。

第四章 宗教信仰

第一节 宗教信仰

1897年冬,普莱德勒(Pfleiderer)教授告诉我:"我对日本人缺乏宗教信仰十分遗憾。"有传教士撰写了题为《渴望宗教》("Wanted, a Religion")的文章,详细记述日本所谓的宗教信仰——佛教、儒教和神道教,最终得出结论:三者均不具备宗教的基本特征。

罗威尔说过:"宗教观念或许可有可无,但宗教仪式是不可或缺的。"笔者认为纯属无稽之谈,这种观点容易产生曲解和误导。

关于日本人不信教的看法并非空穴来风。儒家思想曾经在日本占据主导地位长达三百余年之久。儒家学说一向对信奉神明、鬼神之事持不积极态度。据说,有学生问及孔子关于鬼神的问题,孔子答曰:敬鬼神而远之。① 可见,儒家伦理虽然对鬼神的存在不置可否,但提倡远离鬼神。随着儒学在日本不断发展,占据主导地位近千年的佛教思想古调不谈,为日本学界所弃。在他们看来,佛教充满极端迷信色彩,故常以严词批判。当时,日本文学时常描绘不道德的行为,室鸠巢将此现象归咎于佛教:"长久以来,佛教让日本人出现这样一种观念:为佛至尊,其余皆轻。导致世风日下、人欲横流……如果书中剔除风流情欲和佛教思想,其风景描绘和情感刻画皆为神来之

---

① 樊迟问知,子曰:务民之义,敬鬼神而远之,可谓知矣。学生问的不是鬼神的问题,而是"知",不知这里可以如何翻译。——译者注

第四章 宗教信仰

笔……倘若承袭孔孟之道，切记不可遁入空门。"①

凡是接受儒家经典熏陶的人都会对神鬼世界观抱有疑问，也因如此，西方不可知论才能轻易在日本传播，进一步增强了西人对于日本民族没有宗教信仰的印象。如今，在知识分子当中，无论日本人与否，基督教徒与否，都完全漠视宗教。不过，西方不可知论传入日本的言外之意在于——不可知论在日本是一种新事物。但事实是，这种思想在日本本来就存在，只是在西方的不可知论传入后得到了进一步发展。

一些学者经常发表日本没有宗教信仰的言论，其中不乏客观公允的论调，导致西方对此深信不疑。张伯伦教授就曾多次推断，从礼佛朝觐可以看出日本人"亵渎自己的宗教"。在讨论一般宗教问题时，他认为日本人"信不由衷"，但绝非日本道德失范的缘由。同时，他又补充道："尽管他们（日本人）很少祷告，视神鬼为无物，但家族观念将他们牢牢地联系在一起。"同出一辞，罗威尔对日本的信仰也颇有微词。

就连福泽谕吉这样具有影响力之人都宣称："宗教如茶"，除了服务于某种社会需求之外，别无他用。不久前，由帝国大学校长升任为文部省大臣的加藤弘之也指出："宗教生于恐惧。"如此言论让西方普通读者对于国外观察家的观点（日本人不信教）心悦诚服。据报道，日本著名政治家伊藤博文侯爵②也曾表示："我认为宗教本身对于国家发展完全没有增益，科学远胜于迷信，任何宗教（佛教或基督教）都是迷信。自由主义和不可知论在日本大行其道，对此我没有感到遗憾，因为我认为这些思想无法危及社会秩序。"

若民族思想领袖对宗教的性质、起源尚且持有如此观点，那么

---

① George William Knox, "A Japanese Philosopher", *Transactions of The Asiatic Society of Japan*, *Vol. 20*, Yokhama: R. Meiklejohn & Co., 1893, p. 120.

② 伊藤博文（1841—1909），日本长洲人，出名俊辅。曾在松下村塾学习，后积极参加讨幕运动。致力于为明治政府制定帝国宪法，确立天皇制。历任第一届首相、枢密院议长、立宪政友会总裁等。——译者注

普通知识分子对宗教不屑一顾，或者西方普遍认为日本民族没有宗教信仰，这又有何奇怪？

但在下定结论之前，还需要考虑诸多因素。作者并不认同上述日本名人所持观点。甚至基于他们的观点，研究日本迷信和宗教仪式，也能轻易得出结论：日本民族并非没有宗教信仰。日本可谓是"众神之国"，寺庙神社数不胜数，祭司巫觋比比皆是，善男信女蜂附云集。人们在求神拜佛的时候，表现出来盲目冲动和懵然不知，这些都足以证明日本具有宗教信仰。

再者，一个蔑视宗教，甚至没有发自内心了解宗教本质之人，能够公正地评判一个民族的宗教特征吗？一个民族的宗教信仰会因时而变，因此在研究一个民族是否具有宗教信仰时，必须俯瞰民族宗教史，而不仅仅是某一阶段。现在，许多新兴思想在日本异军突起，现代日本的生活出于激荡之中。宗教依赖于有识之士，新兴思想的洪流必然对旧时代宗教产生强烈冲击。一个思想体系不完备的宗教，始终与多神符号、咒语、圣器纠缠不清，必然遭受现代科学的严重打击。特别是对受过良好教育的少数群体来讲，他们理所当然背离宗教。仅从目前来看，宗教似乎已经失去了过往荣耀。随着时代的进步和发展，预言宗教消亡的声音越来越强烈。宗教信仰和习俗也今非昔比。即便如此，一些迹象仍在体现着宗教本质，这种本质的表现甚至逐渐朝向正确化、科学化的方向发展。日本就是这样的一个例子。正如今天的日本，他们似乎不信仰宗教，但日本民众内心深处仍然怀有虔诚的信仰之心。

如果日本是多愁善感的民族，相较其他民族而言，他们应该更加虔诚，研究史料就能够印证这一点。作为宗教，日本神道教并不完美，仅由祭祀和神谱组成，仅凭此足以证明日本是一个有宗教信仰的民族。古往今来，日本对"迦微"的尊崇无不昭示着内心深厚的宗教情感。诚然，这些让人联想到家国情怀和忠信孝悌，但不仅没有降低宗教的地位，相反强化了宗教意识。

每年，慕名前来参观神道教神社、攀登圣山的朝圣者络绎不绝，引得善思的日本学者凝神关注。奔赴而来的朝圣者竟十万计数。参观出云大社①的游客大约25万，"越到旺季，朝圣者就越多，不低于20万人。"罗威尔在《神秘的日本》一书中，对朝圣者做了一项有趣的统计：规模最大的教会约有1.2万名信徒，普通教会拥有100—500名信徒。据估，每年前往伊势神宫②的游客高达50万人，每年夏天登上富士山的朝圣者数量高达1万人。前往四国岛香川县金刀比罗宫③的朝圣者数量更是惊人。据香川县知事④提供的数据显示：1898年上半年（首次数据统计），朝圣者数量日均2500人，单日最高1.2万人，按该数字计算，1898年一年的参观人数接近90万。四国岛的最高峰石鎚山⑤海拔约6000英尺。据说每年夏日都会有1万名朝圣者登顶。这些朝圣者在旅馆所食较少，更有甚者滴水不进。他们主要吃自己携带的食物，在为期三天的艰苦攀登后才会恢复正常饮食；其间只会短暂休整，直至登顶成功。对他们来说，攀登圣山是一次心灵考验。如果未能登顶，那便是罪过，无法得到神灵的庇护，而那些成功登顶祈祷之人能够如愿以偿、心想事成。

除了攀登圣山、参拜神社外，日本还有不计其数的小型参拜活动，每个地区都有特色路线。四国岛有一条修行路线，名为"Hachi-Ju-hakka sho mairi"，即"四国遍路"⑥，相传由日本佛教真言宗的创

---

① 位于日本出云市岛根县，是日本最古老的神社之一，拥有规模宏大的古殿建筑、日本第一的大鸟居牌坊，以"结姻缘"的神灵而闻名，吸引着络绎不绝的参拜者。——译者注
② 位于日本伊势市三重县，主要由内宫（皇大神宫）和外宫（丰受大神宫）构成。伊势神宫堪称日本人的精神支柱，自建造起没有外国人能够进入，直到1957年后才对外国人开放。——译者注
③ 位于日本四国岛香川县西部，因供奉着被称为"金毗罗"的海上守护神而闻名，自古以来一直香火兴旺。——译者注
④ 日本都道府县行政区的首长即为知事。——译者注
⑤ 位于日本四国岛爱媛县东部，自古以来作为圣山而受到崇拜。其路途上岩石裸露，艰险难攀。但因为山岳崇拜信徒们的不断攀登，现在已成为人人攀登的山峰。——译者注
⑥ 又称四国巡礼，1200年前的佛教高僧空海大师（谥号弘法大师）开创的徒步朝拜之路。具体是指，通过各种方式走遍1200年前的佛教高僧空海大师曾经修行过的、分布在四国的88所寺庙，进行环状巡游的寺院巡礼。——译者注

始人弘法大师①开创。这条路不仅深受四国岛信徒的偏爱，也吸引着来自日本中部和西部的游客，因此参加这一线路朝圣之人数量众多。有趣的是，由于弘法大师在修行途中随身携带一双草鞋，许多信徒纷纷效仿，在遍路巡礼中佩戴一个小小的草鞋挂件。位于松山市郊的石手寺是这条路线经过的88座神社之一，每次去石手寺的我都能看到络绎不绝的信徒，足以证明热衷于参拜的日本民众对宗教的热情。因此，若说这种习俗早在佛教传入日本之前就已存在，也不无道理。若此言属实，便为日本民族的固有宗教本质提供了有力证明。

有人认为遍路巡礼不过是旅游娱乐，罗威尔戏称："遍路巡礼不过是四处旅游的野餐聚会，无需虔诚的心灵和坚定的信仰，神明都会无条件接纳。"读者对这种诙谐的语言风格忍俊不禁，但是否察觉到言外之意？在我看来，这番话语似是对朝圣者的侮辱。显然，罗威尔先生认为真正的宗教信仰应当是庄严肃穆的，欢声笑语与发自内心的宗教信仰和追求格格不入。毋庸置疑，这些信徒显然缺乏西方式的宗教热情，但不可否认日本民众表现出对宗教的渴望。日本人对参拜圣地有十分明确认的认识，他们相信参拜活动对今生来世的福祉无比重要。遍路巡礼的信徒都会随身携带着一本纳经账②，每到一处圣地由祀官盖上印章。多年后，这本纳经账便是漫长孤寂朝圣之旅的见证，也可以向亲朋好友展示。许多人在遍路巡礼中靠乞讨生活，并用纳经账证明自己的经历，借以得到他人的

---

① 法名空海（774—835），密号遍照金刚，谥号弘法大师。日本真言宗的开山祖师，为汉传密宗八祖，作为日本弘扬佛法的先驱者享有崇高的声誉。——译者注

② 在公元8世纪的奈良时代，当时日本的圣武天皇（701—756）虔心信佛，设立"国分寺"，官方拨款供养，以祈国泰民安。国分寺重要工作之一，是鼓励知识分子在朝拜各地寺院时，寻访古经，重新抄写，作为个人的修行和供养，以此弘扬佛教文化、复制面临失传的孤本经书，并把新抄本纳入寺院藏馆中，所以称为"纳经"。抄写人把自己所抄经典交给寺院时，寺僧会以红印泥在白纸上盖上寺院印章还给抄经者，作为一种收纳证明、纪念，同时也有认证对方功德的意味在内。这种印章称为"朱印""御朱印"。后来，游方的信众为方便携带，便开始自备一本簿子给各地寺院盖印，发展出"纳经帐"（也称"纳经帖""朱印帐""朱印本"等）。到了平安时代，即公元8世纪末至12世纪间，朝拜寺院者要求寺院盖印的风气已趋成形。——译者注

第四章 宗教信仰

帮助。

朝圣者也会在每个神社购买符咒，如"御守"①"经牌"等，这些符咒对他们来说极其珍贵。在日本，几乎每家每户都会有（很多）这样的符咒，或钉在前门上，或放在神龛里。我曾见过新符咒覆盖在旧符咒的上面，有的符咒看上去年份十分久远，但字迹仍然清晰可辨。符咒买卖为寺庙提供了不菲收入，有时年收益可达数万日元。这些现象体现朝圣者的无知和迷信，也许令人发笑，但正如前文所述，都是内心实质的外在表现。这足以证明广大日本民众确实拥有真正的宗教情感和追求。因此，哪怕信徒在欢歌笑语中完成遍路巡礼，也不应遭到嘲笑。身处局外的观察者们，尤其是西人，很快发现朝圣者愉快的氛围，却无法轻易看出其中的宗教本质和信徒的思想情感。即使不懂日语、不了解宗教，也能迅速了解其宗教本质，对于后者，只有深入了解日本民族、语言及其宗教信仰，才能窥见其内心世界。

若说宗教活动须庄严肃穆，那么庆贺节日、嬉笑玩乐就成了日本宗教缺失的佐证。但事实远非如此。古人对宗教的欢愉欣喜十分淳朴简单，一如他们对待生活的其他方面。而文明开化的民族意识到生活的严肃性，不断反思其思想和认知，宗教也会参与其中。不过，有些宗教宣扬救赎思想，主张让人的身心获得满足，就必然视个人幸福为终极目标。

对坦诚且仁爱的学者来说，还有另一种情况更加令人动容。日本的每个家庭都有"仏壇（佛龛）""神棚（神龛）"。前者属于佛教，后者属于神道教。个别家庭只供奉"神棚"。"仏壇"和"神棚"放置处，常有"位牌（先祖排）"置于二者之上。"神棚"与神道教的符咒和器皿一样，构造简单，而"仏壇"通常制作精美，有的体积巨大且价格昂贵。这些家庭宗教信物在日本十分普遍，信徒对其悉心爱护。这种现象是日本宗教信仰具有普遍性的有力证明。它们无声代表着神明、先祖，子孙后代的忠信孝悌，虔诚的祷念彰显出

---

① 护身符，平安符。御守最早源自唐代护身符文化。——译者注

对生命的悲怆。我十分肯定，就其表面形式而言，与西方家庭相比，日本家庭对宗教信仰要虔诚得多。有些西方家庭也许的确信奉宗教，但倘若有人偶然造访，客人并不一定能感受到宗教生活的氛围。然而，到任何一处日本人家中做客，你定能发现宗教生活的痕迹。

与其他人不同，我并不认同这一切都只是日常习俗和空泛仪式，没有任何宗教意义和虔诚信念。习俗可能比信仰更加持久，宗教习俗更是如此。因为外在形式常常包含了内在本质，失去了意义和信仰的习俗，即使没有时代抛弃，也必然会式微直至消失。存在就是存在，逐渐消逝的习俗一定会留下痕迹，即使只言片语，但只有深入研究的学者才能觉察到它们，才能发掘其原始性质和目的。"仏坛""神棚"不属于信仰，如果它们被强行拆除，就是对日本家庭的亵渎。虔诚的家庭信仰通常表达了对宗教信仰的深厚情感，是日本民众普遍拥有宗教信仰的重要例证。

教堂在西方世界随处可见，据此可断定宗教对西人拥有至关重要的影响，这个观点也同样适用于日本，以及日本宗教对日本民族的影响。一千多年来，日本宗教建筑外观设计精美，在建造成本方面，规模宏大的日本寺庙与欧洲大教堂相比毫不逊色。巨大的梵钟、高耸的佛像，不计其数的圣贤雕塑，见证日本民族虔诚的宗教信仰的同时耗费了大量财富。有人说，佛教在日本已然穷途末路，佛寺正如西方教堂一样日渐式微。但事实是，地方条件影响寺庙的兴衰，一些寺庙已然衰败，一些开始修复，新的寺庙正在建造。在著名的神社参拜过程中，不会有人注意到神社主道两侧大量的布告牌，上面记录着用于建造或修缮寺庙的布施数额，通常金额巨大，有的布施单笔高达上万日元，遍布全国的寺庙和神社的总数更令人惊叹。据政府统计，1894年日本有71831座佛教寺院，官方登记的神道教神宫、神社190803座。京都的西本愿寺①是日本最大的寺庙，建造

---

① 位于京都市下京区堀川通花屋町下本愿寺门前町，起源于觉信尼创建的东山大谷祖庙，天正十九年（1591）迁至现址。——译者注

历时十年，耗资数百万美元。考虑到日本经济疲弱，尚且能够建造和维护如此规模的寺庙，其捐赠和布施数量足以证明他们对宗教的极大热情。所以说，很难相信日本宗教是建立在表面形式和空泛仪式之上的。

第二节　宗教现象

很多学者和评论家或漫不经心，或吹毛求疵，未能领会日本人的言外之意，便草草断定日本民族特质。众所周知，日本人的感性背后极为坚忍，社会学家未曾深入探究这一点。日本人连日常情绪都要收敛，宗教信仰更是从不外露。正所谓根植于心，而不外露于形。日本人向外人讲述丧亲之痛时，总是强作欢颜。这种"日式假笑"使得严肃认真的西人对日本民族性格产生了诸多误解，最常见于宗教。

尽管日本宗教生活中轻快、欣悦、"欢笑"的一面十分突出，但倘若与日本人往来密切并细心观察，便会在不经意间发现许多与之相反的迹象。每个国家都有其悲情的一面，日本也不例外，从当地的宗教现象中便可窥见一二。前往著名神社参拜的信众中，有些只注重形式，另一些却十分虔诚。一位母亲带着蹒跚学步的孩童来到愈疗之神——宾度罗尊者①的佛像前，教孩子抚摸神的眼睛与面庞，再摸摸自己的，以求健康平安。一名信众站在神社外，全神贯注，反复诵读自幼熟记于心的祷文，凭着一腔虔诚，数次获得神明照拂。一位麻风病人祈求慈悲的千手观音为他治病疗伤。还有二十多名受压迫者祈盼菩萨垂怜。少女含泪绕行佛塔百匝，为自己与心爱之人祈福。商人供奉米、酒祭拜海神。诚心祈求的景象比比皆是，许多痊愈之人坚信神明定是听到了自己的祈祷，前来还愿。此番景象并

---

① 释迦牟尼的弟子，名列十六罗汉之首。婆罗门出身。不进入涅槃境界，留在世间救助众生。在日本，因有抚摸其塑像祈求病愈的信仰习俗而闻名。——译者注

非虚构，由我亲眼所见。若不用心观察，极易忽略日本宗教生活中严肃庄重的一面。

除此之外，日本民众常通过静坐冥想等与神灵建立联系。在日本神道教（Shinto）中，这被称为"神降（Kami-oroshi）"，即神明降临，相当于进入某种"出神"状态，民众普遍视此为神灵附体。

与之不同的是，佛教徒打坐禅修，讲求净念修心、证得圆满。若达此境界，灵魂便可超脱世俗，往生极乐，成佛涅槃。但实际上，禅修必得经历长久而深刻的冥想，因此只有时间充裕，摆脱世俗纷扰的僧徒有此机缘。禅宗以见性成佛为目标，主张修习禅定，故此得名。静修净心、得证极乐。

西方商人务实，难以虔心修行，证得空性。东方这一宗教现象与欧洲中世纪以来盛行的神秘体验本质上并无二致，从基督教神秘主义上可窥探一二。事实上，西方认为神秘主义者最为虔诚。神秘的基督教在日本也获得了一席之地。

鉴于日本千百万普通民众某种程度上都是虔诚的信徒，而有识之士却没有宗教信仰，读者也许会认为日本人的宗教信仰十分肤浅，一旦破除迷信，便会摒弃所有的宗教思想观念。这种说法确有一定道理。但据我研究，在德川幕府统治时期，只有武士阶层称得上没有宗教信仰。不过，他们看似排斥佛教，但从未举办其他宗教仪式，实则内心依旧笃信佛教。随着文明发展以及道德水平提高，诚恳正直的武士们不愿接受古老的宗教思想。但是，他们反抗的是宗教仪式，而非宗教本身。他们不再深陷迷信漩涡，摆脱了贫苦生活，拥有了更加丰富的精神世界并且大有作为。前文多次提及的日本哲学家室鸠巢奉行德育，他看似排斥佛教，实则内心十分虔诚，只是尚不自知。那些排斥佛教之人常说佛教是"臭宗教"。在他们眼里，宗教信仰无异于自甘堕落，封建迷信。倘若有人说室鸠巢有宗教信仰，他定会觉得受到冒犯，但以下引述足以说明他内心虔诚。

诸位细想，命运何来？天注定。世人常说，冥冥之中自有定数。除却祈求上苍,别无他法。然则天何喜何恶?上天疾恶扬善,喜实恶虚……天生万物,唯人为贵。切勿怀疑上苍。数千年来,日月星辰运转如常,人们观天象而制历法,万物流变,这便是宇宙的自然法则……每年都会有人前往名山古刹祈福,并将祈愿木牌挂在著名武士的家门口以作装饰。尽管如此,他们依然会惨遭杀害或受到惩罚,家破人亡之事也时有发生。即便遭受耻辱,他们中仍有许多人不认命,反倒寄希望于祈愿求符,实在荒谬。孔子云:"获罪于天,无所祷也。"唉!那些本为师者、武士和拥有较高地位之人,却都偏离了正道。

孽,人类苦难之源;德,人类幸福之源。此乃亘古不变之真理。圣人教诲以及君子德行皆受道德准则约束,至于结果如何,皆由上天决定。然而,世人不因希求福祉而恪守规诫,也不因心生恐惧而克制忍耐。孔孟之道并非为善有福,为恶得殃。但"道"是人类生存的法则。有言曰,"道法自然,惩恶扬善。"这种说法主要针对无知的民众。而且与佛教中的"方便(hoben)"之法不同,"道"是颠扑不破的真理。

上苍永世不灭,但一时之间不被理解,恰如人之诺言。粗浅之人认为苍天无道,善恶无报,于是质疑善有善报,不惧恶有恶报。殊不知,违背天道,必遭恶果。道之本源出于天,其实体备于己……哲学家知晓真理,正如饮酒之人知酒香,戒酒之人知果甜。叫他如何忘却?如何误入歧途?躺下、起身、活动、休息,万事顺意。安乐、困窘、死亡、欢乐、悲伤,一切皆好。他始终恪守"天道",这就是立正心、走正道、知天道。

一日,五六名学生课后询问室鸠巢对诸神的看法,他们认为,日本学者对"神道"一词的解释荒谬至极。室鸠巢引经据典,说道:

> 我无法接受所谓的"神道"……也不敢自诩理解神意,但我的看法大致如下:《中庸》有云:"鬼神之为德",朱子将"德"

解释为"人内心的感知与感悟"。《春秋左传》亦云:"神,聪明正直而壹者也。"世人皆知神公正无私,却不知神无所不知,智慧无穷。人有耳目,可听音辨物,若无目无耳,便会一无所知……思考需用心,但不论才思多么敏捷,都需要光阴顿悟。但神无需耳目,亦不必思考,只要有所感知,便可做出回应……这不就是天地有神?故而《中庸》有云:"视之而弗见;听之而弗闻;体物而不可遗。"……"洋洋乎,如在其上,如在其左右。"此乃神之启示,不可磨灭的真理。现在应付诸实践,审视自身,内求真理,提升学识,如此便可有所成、有所悟。

在前文中,罗纳德·诺斯克①将汉字"神",即日语词"Kami"译为单数"God",并对一神论展开长篇论述,但实际上,这在原文中并无依据。诺斯克也在脚注中指明,原文中的"神"未必是单数,也可译为复数。

深入思考此类文章的内涵后,我愈加清楚地认识到这些文章的作者基本都是虔诚的信徒。有识之士认为,当前许多宗教言论、仪式和信仰不合情理,故而对此十分反感,但并未从根本上否定宗教。他们实则褪去了宗教形式的外壳,保留了宗教的精神内核。

当代受过良好教育的日本人对宗教的态度并非表面那般简单,也非西方人认为的那般无宗教信仰。明治时代前后,即便是道德败坏之人也会孝顺父母、忠于国家,这得益于宗教所带来的积极价值观念。不难看出,日本许多现代作家虽然表面排斥宗教,声称一切宗教不外乎是迷信,但内心十分虔诚。他们对宗教信仰有着非常理智的认知,但所了解到的宗教又过于荒诞迷信,无法满足精神需求。

---

① 罗纳德·阿布思诺特·诺克斯(Ronald Arbuthnott Knox,1888—1957),曼彻斯特主教之子,毕业于牛津大学。1917年加入天主教会,1919年起担任天主教神父,编译了"诺克斯版"《圣经》。1925年开始推理小说创作,先后发表了《陆桥谋杀案》《三个水龙头》《闸边足迹》《死亡依旧》《双重反问》等作品,是推理小说史上先知式的人物。——译者注

第四章 宗教信仰

而这种对所谓"宗教"的抗拒实则反映了日本人对宗教信仰的谨慎认真。

因此,纵观日本两千年的宗教史,新时期日本人普遍不信教的现象便不难解释。究其因果,并非日本人缺少宗教禀赋。若在适当的条件下加以重新审视,便会发现日本人并不缺少虔诚的信仰,只是表面上对宗教缺少敬畏之心,而这常被误以为缺少宗教信仰。以下事例有助于我们理解批评家的观点,为这种现象提供解释。西方人习惯认为宗教仪式庄严肃穆,因为人应该心存敬畏。但日本基督徒做礼拜时从未表现出敬畏之心:儿童嬉闹、母亲喂奶、众人低语时有发生。此外,我认识一位执事,经常坐在教堂前排,每到月初的安息日,他就将大部分做礼拜的时间用来统计所收捐款,并分发给教会成员。他自认为不会打扰任何人,也不会影响仪式的庄严神圣,其他会众竟也从未受到干扰。礼拜期间,日本人进出自由,这一点也与西方形成鲜明对比。在西方人看来,这正是缺少敬畏之心。可问题在于,如此行为的根源在于日本人天生缺乏敬意?还是日本宗教的历史和现状所致?在我看来,原因囿于后者。在此引用几部权威著作,简要回顾一下日本三大宗教的特点和发展脉络。

佛法传入日本之前,日本人将神话、祖先崇拜和自然崇拜等并称为"神道",字面义为"众神之路"。神道教虽为一门宗教,却有名无实。在此我们有必要对神道教的三个发展阶段进行划分。第一个阶段,大致可追溯到公元 550 年,当时日本尚未形成独立的宗教体系,民众敬奉的诸神实际上是皇室先祖以及其他先贤,该做法与效忠、尊崇在位天皇同根同源。此外,亦有人会向风神、火神、瘟神、稻荷神,以及锅神、门神和灶神祈祷;也有人犯错后祈求神灵宽恕……但是,道德观念尚不明确,人们对虚无缥缈之物的理解也不成体系。在他们看来,天堂和地狱皆不存在,人们死后都要去往阴间。神有善恶之分;人神之间的界限并不明确。

第二个阶段始于佛教传入日本,神道教吸收佛教学说,主张神主佛从，在发展过程中，神道教的独特性逐渐泯灭。只有皇室宫廷、伊势神宫①、出云大社②这样的神社尚保持着神道教的原始特色；随着朝代更迭，其教义是否改变也未可知。日本神社多由社僧打理，他们沿用寺庙建筑、举办法会。在新旧教义融合的基础上，形成了"两部神道"③。故此，日本中、下层民众对神佛融合的态度较为包容，在寺庙或神社祈愿参拜皆可。

第三个阶段大约始于1700年。在此需从史学角度加以说明。"神佛融合很快带上了宗教和政治色彩，甚至演变成一场爱国主义运动……天照大神的后代——天皇受命于天，而幕府将军却取代天皇成为实际掌权者，引起民众不满。佛教和儒家学说因是外来思想遭到蔑视。著名学者贺茂真渊④、本居宣长⑤以及平田笃胤⑥都致力于复古神道，并提出两条准则：追随内心、效忠天皇。1868年明治维新时，复古神道占据主导地位。"当时，神道教被奉为国教，但数月后便跌落神坛。⑦

公元552年，佛教从中国经由朝鲜传入日本。在此之前，具有千年历史的佛教已分裂成许多宗派，各宗派教义与释迦牟尼最初的

---

① 位于日本三重县伊势市的神社，主要由内宫（皇大神宫）和外宫（丰受大神宫）构成，堪称日本人的精神支柱，自建造起没有外国人能够进入，直到1957年后才对外国人开放。——译者注
② 位于岛根县出云市，占地27000平方米，是日本最古老的神社之一，也是日本被冠有"大社"之名的神社之一。供奉的神是被称为"国中第一之灵神"的大国主大神。——译者注
③ 又称两部习合神道、大师流神道，是真言宗所倡导的神佛合一的神道说。——译者注
④ 贺茂真渊（1697—1769），远江人，国学者、歌人。出身于神官之家，37岁进京随荷田春满学习国学，41岁往江户，后成为国学大家。一生致力于以《万叶集》为中心的日本古典研究，主张和歌应以"万叶调"为根本，确立了和歌发展的主流。著有《万叶考》《歌意考》《国意考》。——译者注
⑤ 本居宣长（1730—1801），日本江户时期的国学四大名人之一，又号芝兰、舜庵。是日本复古国学的集大成者，早年在京都学习儒学、医学。回乡后边行医为业，边研究国学。长期钻研《源氏物语》《古事记》等日本古典作品。——译者注
⑥ 平田笃胤（1776—1843），日本思想家、理论家。复古神道领袖。他强调天皇的神性，这种思想对19世纪下半叶尊王倒幕派产生了巨大影响。平田原来研究新儒学，后来研究神道学，努力发展神学体系，为社会和政治活动提供理论基础。——译者注
⑦ Basil Hall Chamberlain, *Things Japanese: Being Notes on Various Subjects Connected with Japan for the Use of Travellers and Other*, London: Kegan Paul, 1891, p.358.

第四章 宗教信仰

教义大相径庭。两百年后，神道教的地位虽难以撼动，但佛教已然融入日本民众的宗教生活。"几个世纪以来，日本佛教徒主管教育事宜，引入艺术和医学，发展当地民俗，创造戏剧诗歌，政治和社会文化的各个方面皆深受影响。总而言之，佛教为日本的发展指明了方向。但日本人如今已全然忘记这一事实。若向受过教育的日本人询问佛教事宜，对方十有八九会笑而不语。他们对此基本一无所知，甚至还沾沾自喜。""另外，日本人从未费心翻译佛经，这一事实令人费解。他们似乎在数百年前就开始搜寻经文，但日本僧人使用的仍是汉译佛经，普通信众根本没有日文版本可读。1871 年至 1874 年，佛教在日本遭到排斥与摧毁，神道教随即占据优势地位。"虽然儒家思想在 17 世纪早期对日本民众产生了重要影响，但仅限于知识分子和统治阶层，多数民众仍信奉"两部神道"。

就教义而言，只有少数人坚信可以借由思想启蒙、自我完善寻求解脱，以达涅槃，而对普通大众而言，这一教义过于深奥。"僧人运用'方便'之法推广佛教。同他国一致，日本也逐渐形成朝圣、祈福、烧香拜佛的风俗，人们不仅参拜佛陀及其弟子，还参拜阿弥陀佛等相对抽象的存在，佛本身为不可知论者，而民众却将这些抽象的佛视为真正的神。"[①] 日本在不同程度上混淆了神道教诸神与佛教诸佛，这在某些情况下是不可避免的。

另外，日本人普遍认为儒学集孔子学说之精华。"孔子以孝悌、忠君为思想基石，提倡道德约束，服务国家治理，最后总结出一套不言自明的道德真理，枯燥乏味的礼仪也带有鲜明的政治色彩。""公元元年后，儒学伴随华夏文明传入日本。不过，中世纪时，佛教在日本如日中天，儒学的影响微乎其微。17 世纪初，著名武士、统治者和儒学推崇者德川家康首次在日本刊印儒经，自此儒学得以发展。之后的 250 年间，日本知识分子深受儒学影响。日本民众始终

[①] Basil Hall Chamberlain, *Things Japanese: Being Notes on Various Subjects Connected with Japan for the Use of Travellers and Other*, London: Kegan Paul, 1891, p.70.

认为应以忠孝为先，并将其视为社会稳定的重要因素之一，因此，孔子提倡的孝悌、忠君思想十分契合日本旧时代的封建思想。"①

1549年，传教士圣方济各·沙勿略②来到鹿儿岛，满怀热情地将基督教传入日本。"贵族、佛教徒、学者、普罗大众等各阶层人士皆欣然皈依基督教……当时有138名欧洲传教士在日本传教，在1596年基督徒遭到迫害之前，基督教发展迅速，每年都有万人冒险皈依基督教。""17世纪初，日本已有约一百万名基督徒，这是传教士们在相对和平的环境下努力了半个世纪的成果。而在接下来的半个世纪中，基督徒受到迫害，教会辉煌不再，200多名教徒殉难，普通信众也失去了可依靠的宗教组织……一系列法令让此情形持续长达两个多世纪。"经过了漫长而可怕的宗教迫害，人们一度认为基督教会在日本绝迹，但成千上万的基督徒宁死不屈。1867年长崎附近仍有4000多名基督徒再次受到严酷镇压，后来，日本迫于外国压力承认国民宗教信仰自由。

明治维新后，新教传入日本，并取得了长足发展，一度有席卷日本之势，甚至要比16世纪的罗马天主教势头更为猛烈。但到了1888年，日本人的排外情绪兴起，一定程度上制约了基督教的发展。

以上事实足以回顾日本人的宗教简史。倘若我们忘记日本长期实行闭关锁国政策，忽略其他国家的宗教信仰也曾历经跌宕起伏，我们可能会如大多数人那般认为日本人的宗教信仰自古肤浅、变化无常。然而，宗教信仰多变的背后必有更深层次的原因。

最后，我试从个人角度对上述日本宗教史作出评论。日本宗教

---

① Basil Hall Chamberlain, *Things Japanese: Being Notes on Various Subjects Connected with Japan for the Use of Travellers and Other*, London: Kegan Paul, 1891, p.93.

② 圣方济各·沙勿略（Francis Xavier, 1506—1552），葡萄牙派至亚洲的天主教传教士。在巴黎大学读哲学时，经依纳爵·罗耀拉劝说，成为耶稣会第一批会士之一。1537年，升神父。1540年，奉葡萄牙国王若奥三世派遣，以罗马教宗保罗三世的使者名义航海东来，于1542年抵印度果阿，后转至新加坡、马六甲等地。1549年，乘中国商船至日本山口和丰后水道沿岸等地传教。1551年从日本搭乘葡萄牙商船抵中国台山上川岛，因明朝海禁尚严，无法入内地，死于该岛。——译者注

思想和形式所发生的巨大变化是否如他人所想，是民族性的表现？假如这种本性是固有的且不可改变，那么如何解释上述深刻的变化？如果日本人的宗教性与生俱来，为何会有人摒弃原有宗教，转而信奉佛教、儒教甚至基督教等外来宗教？基于以上事实，我得出结论：日本民族的宗教性并非与生俱来，而是取决于社会发展。这足以证明任何时代的宗教现象都与思想进步、执政理念以及文明发展条件紧密相关，与大脑结构抑或民族性无关。

第三节 宗教观念

日本民众对神的认知较为混乱。所信奉的日本神明包括人类始祖以及先于人类出现的创世神。日本神社又供奉着"八百万"神明；但在祭祀仪式上，他们所念"祝词"不仅涉及住在天上的"八百万"众神，还有居于人间的"八百万"众神，以及栖于地下的"八百万"神明。如此推算，日本至少有2400万神明，其中囊括日月星辰等自然之力以及一切精神力量。而在普及的过程中，兼收并蓄的佛教不仅吸纳了神道教中的神灵，还引入了很多新神。日本所奉神明众多，除佛陀及其弟子——五百"阿罗汉"外，还包括一些理想品格的化身之神，如大慈大悲观世音菩萨，无量光佛阿弥陀佛，庇佑孩童、孕妇，扶危济困的地藏王菩萨，掌管阴曹地府的阎罗王，不动尊菩萨，等等。民众佛教亦敬奉每一位修成正果的"圣僧"，无论在世与否。因此理论上，日本的神灵不胜枚举，在民间享受烟火供奉也名类繁多。然而其中良莠混杂，甚至有一些主淫乱、邪祟的神祇为娼优盗匪所奉以祈福运财缘。

日本万神殿所供诸神全无等级之分，不存在古希腊、罗马神话中的朱庇特和克罗诺斯①这样至高无上的众神之神。

---

① 古希腊神话中的第二代神王，原为第一代神王神后乌拉诺斯和盖亚的儿子，泰坦十二神中最年轻的一个。——译者注

日本民众普遍认为，神明现世以前，天地自然运行已有规律，众神利用业已存在的元素创造世界。日本同样由神缔造，但此种说法至今未成定论。不过，神道教和佛教都未曾提及"万物之行、自有成法"的观点。如此说来，日本人的宗教观与原始社会的宗教观并无二致。英文单词"God（上帝）"在日语中没有对应词汇，与其意义最接近的是"女帝""天""天帝"等；但它们又出自汉语，很晚才传入日本，而且这些词汇代表的只是知识分子和儒家学派的思想观念，并非布衣黔首的精神诉求。尽管这些术语中隐含着一神论的倾向，但从未拓展。"天"到底是人类个体的象征抑或命运的指代，众说纷纭。

日本人何以对一神论如此感兴趣？其中缘由不难理解——它让日本人第一次认识到了世界的统一性，大到宇宙万物，小至生活点滴。一神论帮助他们破解了古代哲学无法开释的自然奥秘和人性密码。从此，历史不再是单调推进的时间轴，而是变成了一种有意义、有秩序、有目的性的存在。此外，一神论还推动了科学的发展，为其提供了完备的理论背景与解释说明：试想，如果只信奉一神并将其视为万物之源，由此推之，科学真理的普遍性和绝对性亦属合理；反之，若世人皆为泛神论拥趸，不同地区的信徒便会如一盘散沙奉行不同教义戒规，各有局限、相互抵牾，这会给科学真理的普及带来重重阻力。一神论由此寻得了通达人心的捷径。当下，从未受过教育的日本人信奉简单、纯粹的多神论。但在某种程度上，他们也是一元论（认为世界只有一个本原的哲学学说）的拥护者。佛教和儒教奉行一元论，但二者都未意识到一元观念对民众思想的重要意义。

日本人对神的认知不够充分，对人的认识在所难免存在缺陷。的确，这种一知半解很大程度上源于对自身的认识不够全面。我以为，这是较为原始的群体社会秩序所造成的必然结果。

除上所述，日本人对"罪"的概念也不甚了然。众所周知，他们鲜少有负罪心理。与我交谈过的许多日本人浑然不察，我也很难

第四章　宗教信仰

和他们言明此事，此举既不礼貌，又可能因语言不通而造成误会。日语中没有与"罪"相应的词汇。在日本，倘若你无故说某人"有罪"，他必会觉得受到了冒犯，因为日本人对"罪"的认知只限于法律层面。引入了诸多佛教术语的日语中虽有一些舶来词可指代"犯罪"，但此"罪"指的是违背佛法，而非世俗意义上的触犯国家律法。

神道教中鲜少提及"罪"的概念，间或寥涉几笔，也仅指身体不洁。无论我们如何看待向神明献祭动物以获得救赎这一举动，相比于其他佛教仪式，此举更容易深化人们的负罪感。

对此，有人批评道：献祭之举不啻人们背负罪恶感的一种外在表现，并非罪恶感产生的原因，但我认为，外在的献祭行为与内在的罪恶感，二者互为因果。初时只有少数人会有这种感受，但随着献祭之礼得以推广，民众逐渐产生负罪心理。

日本的净化仪式古已有之。提及此，人们自会联想到日本神社入口处摆放的"石盘"。朝圣者和参拜者们会用其中盛放的"圣水"净手漱口，再用神社人员提供的毛巾擦拭双手。在西方人看来，这种仪式很不卫生，极易传播病菌，还增加了人们罹患常见皮肤病的风险。新时期，日本宗教改革（无论是针对佛教、神道教还是基督教）的当务之急，便是革除这种净化仪式，并借此举矫正民众的错误观念——这些肤浅的仪式并不会消抵内心的罪恶和污秽。若执意保留这一形式并将其作为一种象征，至少应在实践方式上有所革新。

日本民众使用圣水盥手漱口，此举出于道德观念的约束？抑或罪恶感的驱使？若结合神道教的基本特征，答案还有待商榷。格里夫①在《日本宗教》（*Religions of Japan*）中对该习俗的阐释颇具启发性，但仍有讨论空间，他写道："神道教最为显著的特征之一便是强调清洁。神道教认为，尘垢与污渍会为人招致灾祸、种下罪因。保持身体的清洁，本身就是一种圣举。故此，信徒们憎恶一切会污其

---

① 威廉·艾略特·格里夫（William Elliot Griffis, 1843—1928），美国东方学家、教会牧师和作家。——译者注

衣、染其身的腌臜之物。"此番论述值得深究。但由此衍生出的洁身、净体的仪式，事实上却加剧了污染物的扩散与疾病的传播，可谓适得其反。

我曾听许多西人说起，日本民众十分注重个人卫生，其细致与严谨程度堪比净化仪式，这种说法有些言过其实。日本人在日常生活中确实更加注重个人卫生，但也无须夸大其词。日本普通家庭的住房中，厚逾英尺的"榻榻米"看似清爽整洁，实际上往往跳蚤丛生，饱受虫害。有人说，相比于其他国家的民众，日本人的体味最轻，不会令人反感。一位作家甚至表示，日本人呼出的气体中带有一股淡淡的薰衣草香。这与我的经历相去甚远。据我所知，日本女性会在长发上涂抹刺鼻的精油，保持发型、增加光泽；日本民众还喜穿厚重的棉衣，内里时常一丝不挂，如此做法在密闭环境中难免产生异味。无论是刚刚上罢圣经课的书房，还是接待了贵客名流的客厅，总会散发出一股令人难以忍受的刺鼻气味，即便外面天寒地冻，也不得不打开窗户通风换气。此外，日本民众洗澡频繁，这一现象着实有趣，他们对清洁的重视程度已然成为一种深刻的文化特征；若非如此，他们身上的气味可能会更加刺鼻；体味既重，随身衣物若不勤加换洗，难免细菌丛生，有损健康。若想保证良好的个人卫生，多洗澡、勤换衣二者缺一不可。但对日本普通民众而言，每周换洗衣物实在奢侈。

日本人洗澡的频率虽高，但清洁效果却一言难尽，并不似许多西方人想的那般卫生。日本人的公共澡堂通常为一个大水池，对所有公众开放。水清时可用来洗脸，但澡堂每天只在清晨供应一次干净的热水。在熊本，女学生都要求在晨间洗澡，为的是用上干净的热水。到了晚上，浴池里的水变得又脏又臭，令人难以忍受。日本的酒店会为住客提供私人浴室，下午4点起供应热水，直至午夜，服务员需等到客人沐浴后方可使用。我只去过一次公共澡堂。当时乍看之下对澡堂的环境甚为满意，热水源源不断地续入池中，整个浴池清澈见底。但下至池中，我才惊愕地发现池边有各种漂浮物以及沉积水底的污垢，这都是先前浴客的"遗迹"。原来，浴池从来没有被彻底地清洗过，换水时也不会将池水一次性排空。重蓄的水量也只能够使那些漂浮物溢出。不过客观说来，明治维新后，日本公共澡堂的卫生条件已有所改进。我听闻一些大城市的公共澡堂已经建起了独立浴室，为浴客们供应的洗澡水也随换随新，不再重复使用。

以上事实或令读者不适，但却是日本人生活习惯的真实写照。由此可见，日本人对"洁身净体的执念"并无揣测得那么夸张。如今时移世易，我们没有依据推断这种净化仪式源自旧时，但它又与日本当下的社风民俗格格不入。甚至有人认为：日本民众使用"圣水"的习俗源于外邦。

虽然神道教对"来世"并无明确定义，但从信徒们祭祖的习俗中不难窥知，它认为人死后灵魂不灭，只是不知以何种形态继续存在。孔子教学时鲜少提及"来世"的概念，很多学者据此认为儒学并不算一门宗教。佛教传入日本时，为信徒带来了一整套周备详尽的末世论思想，日本民众受此浸染，普遍认为人有来世。根据佛教教义，来世与现世大同小异，天地间共有十方世界，人的灵魂可通过轮回进入任何一界。来世祸福相生、吉凶未卜，另有种种奇幻的规则将各方世界分级而列。灵魂在探索救赎之道的过程中，会依次进入级别更高的世界，极乐世界是其最终的归宿。轮回中，灵魂滞留在各方世界经受历练的时间长短，取决于其前一世的是非功过。

至此，我们需探讨在日本流传甚广的两个术语："因果"和"命"。"因果"是佛教用语，"命"是儒学术语。尽管二者的词源和意义千差万别，但其所指大同小异。"Ingwa"即因果报应。根据佛教教义，"因"与"果"不同世，前一世的"因"，为后一世的"果"。今生遭受的磨难皆为前世恶行劣迹的报应，无法避免。每个人都要在今生偿还前世的"果"，同时又种下来世的"因"，由此循环往复、相生相随。换言之，现世的际遇取决于前世的经历，又决定着来世的祸福，这便是佛学中的"轮回"。人生的种种苦难、灾厄都能用"因果报应"解释，轮回乃大道，人力固难更。佛教徒常通过"诵咒作法"摆脱宿命的束缚。所念咒语发音奇特、语义晦涩，礼佛之人或许不解其意，却虔心相信这些咒语拥有打破今生来世"因果"的神力。"南无阿弥陀佛""南无妙法莲华经""南无大师遍照金刚"等在日本民间已脍炙人口。无论参佛还是朝圣，信众们都会将这些咒语挂在嘴边，反复念诵，并坚信此举定会对自己有所裨益。富有哲理性的佛教不仅默许民众诵咒消灾，甚至还对其加以鼓励。受此驱策，为了"扬佛光而启民智"，僧侣们创造出了更多的"方便"之法、修行之道。

  上述的末世论和轮回观皆出自外邦，并非日本人的思想产出，这再次反映了日本人的宗教理念受佛教影响之深。毋庸置疑，日本的民族性主要受社会主流思想左右，而非与生俱来。

  上文提到的"命"，字面义为"命令"或"法令"，在英文表达中，隐含着施令者和决策人的存在，但儒家学派所说的"命"却模棱两可。该词常与"天"连用，即"天命"，在儒学思想体系中蕴含着某种人格。但在实际运用中，该词指"天"所宰的人类命运，即"命中注定"或"宿命"。中日两国民众都不曾从哲学角度深究这些概念的内涵。"命"与"天"实则毫无关联，故应将其译为"命运"，这种释义适用于绝大多数语境。与佛教不同，除了道德学说，儒学未曾提出任何摆脱"命运"的方式。"不语怪力乱神"的儒学强调内心的正直与行为的规范，这一点非常具有进步意义。

  日本人有句口头禅——"迫不得已（Shikataga nai）"，常令西人难以理解。日本人少有主见，常常对现状听之任之，面对日常家庭琐事亦是如此，这令西方人十分诧异。关键时刻，当我们需要迎难而上、勇担责任时，习惯向命运低头的日本人总会以"迫不得已"为托词，掩饰自己的消极软弱和无所作为。

  除了日本人，中印两国民众的身上亦体现出强烈的宿命意识。遭逢饥荒之际，印度教徒（Hindus）习惯听天由命，在自家棚屋里忍饥挨饿。而西方人为了求生，不惜暴力手段逆天而行。但值得注意的是，日本民族的宿命意识与日俱减，以往那种顺天由命的心态在历史的车轮下逐渐淡去，日本民众变得越来越有主见和行动力。教育事业的发展和智力水平的提高，逐渐驱散了人们对命运的恐惧感和无力感。若只从旧时日本社会的发展历程着眼，极易得出如下结论：效忠统治者、顺应天命是日本民族特质；但自明治维新以来，日新月异的日本社会已经向世人表明，这种观点大错特错，同时也印证了某一民族的宗教特征主要受社会主流宗教思想的影响，与该民族所固有的宗教观无甚关联。

第四节　宗教习俗

日本人的宗教情感真正体现在忠诚和孝顺。鉴于前文已有详细解释，此处不再赘述。但需强调一点，日本人的忠孝有强烈的宗教色彩，主导该民族生活的方方面面。忠孝不仅是旧时日本勇敢、尽责、顺从等所有美德的根源，也体现了民族宗教的本质。出于此意志，日本人建造了19万座神社。过去对大名之忠，正如当代对天皇之忠，为宗教生活之关键。而孝道也至关重要，数百年以来，日本人修建墓园，始终保持着设神龛和追念故祖的传统。许多人询问基督教事宜时，最为关注的就是如何对待尚在人世或已故的父母，如何打理祖先的坟墓以及如何追忆先祖。忠孝是原始神道教的基本要素，而儒教和基督教等外来宗教又强化了这一概念。

尽管日本人宗教情感浓厚，但所行却多有悖逆之处。事实的确如此，这些悖逆之行源于缺乏宗教信仰，而这种现象各国皆有。此外，在西人看来，日本人常以忠孝之名，行古怪且不合逻辑之事。而那些不忠不孝之举，反而无人指责。

还有一种更深层次的宗教情感与忠孝脉脉相通，即感恩之情。小泉八云先生在其作品《心》（*Kokoro*）的"祭祖"一章中，对神道教的本质做了中肯评论。"神道教最重视的道德情感莫过于感念过去。""日本人认为逝者与生者同样重要。逝去的灵魂也是人们日常生活的一部分，享有喜怒哀乐……人们普遍认为，逝者从为其提供的供品或授予的荣誉中找寻快乐。"尽管这些观点有一定道理，但我并不认为日本人对逝者的感念"已经演变为某种道德情操"，也不赞同"西方人对过去无感恩之情"的说法。在这些问题上，小泉八云或许能够自圆其说，但我的见闻却与之有所出入。尽管西方人不若日本人一般缅怀逝者，但其感恩之心一样真实强烈。毫无疑问，无论是思及过去还是面对权势，日本人都不吝感激之辞。这种感情不仅体现在布道和公开演讲中，从无数民族英雄的庙宇中也可窥见一二。

但对于在世恩人，日本人常常背信弃义，这一点实在出人意料。几年前，我曾听到几个年轻人谈话，他们接受美国绅士的慷慨相助，得以出国游学。然而，这些年轻人觉得自己并非接受他人恩惠，反而是施恩于人，让行善者能够有机会帮助像他们这样的青年才俊——若这些年轻人日后大有作为，资助者便可名垂后世。多年来，我也曾助力一些有志之士，但感恩怀德者少，忘恩负义者众。印象中还有几十位受传教士资助完成学业的学生，但知恩图报者亦寥寥。学年结束之际，学生们邀请老师参加晚宴。晚宴上学生们的发言情真意切，深切表达了不舍离别之意。教师对这一年的工作成果颇为满意，感于师生情深，如获挚友。然而，九月开学后，那些学生不仅不愿再受教于恩师，而且似乎不想与其有任何瓜葛。走在路上，许多人甚至认不出他。类似情况不计其数。要知道西方教师总是免费提供指导，并尽可能满足受众要求。后来，那位教师终于明白，在学生看来，精心准备的晚宴和精彩的告别演说足以表达对老师的感激。但有一点需要补充：当时整个城市都笼罩在排外情绪之中，对西方教师的反感实属意料之内，但这不足以成为日本人忘恩负义的托词。

日本人自认心怀感恩，并以此为傲。然而，他们的感恩对象仅限于逝者和天皇，在日常生活中很少显露。

在压制某些宗教现象方面，日本可谓成就非凡。五十年前，日本宗教往往"以宗教之名，行龌龊之实"。推尚生殖崇拜的神社曾在

第四章 宗教信仰

日本多地出现，香火甚旺，淫乱之事时有发生，节日期间尤甚，而这似乎成为某种重要的崇拜仪式。直到明治初期，政府才下令禁止，但仍有部分地区借宗教名义，行不道德之事。京都千年以来都是日本首都，亦是佛教中心，在离京都不远的宇治城有一座闻名遐迩的神社，乃民众放歌纵酒之胜地。在桥姬①和住吉大神②的庇护下，来访者纵情遂欲。明治维新以来，这种集会被明令禁止，但据神社看守所言，消失于人们视野的生殖崇拜之物很可能藏于神像基座盒内。几年前，我同一位友人到此参观，得知此地仍有大批信众；欲离婚者向桥姬祈祷，求婚姻美满者向住吉大神祈祷；问及朝拜者的人数，前者两倍于后者，可见许多婚姻并不幸福。埃德蒙·巴克利（Edmund Buckley）教授曾专门研究日本生殖崇拜，论文中列举13处曾有此传统之地。值得注意的是，在这些神社不远处，还有一座县神社，供奉着治愈性病之神。

　　尽管生殖崇拜及淫秽风俗已冰散瓦解，但某些地区以宗教为由的不道德行径依旧猖獗。伊势神宫乃神道教之圣地，每年有50万朝圣者慕名而来。然而，伊势神宫附近开有许多规模庞大、生意兴隆的妓院，专为朝圣者而设。还有一处圣地更受欢迎，便是金刀比罗宫③，每年约有90万人来此朝圣；附近无论是高档旅舍还是普通旅馆，客人皆可召妓，其中部分服务生便是妓女；客人到达之际，便被询问是否有此需求。这些神社并非由私人打理，供奉给神社的香火钱要交由政府，政府再定期向祭司发放薪水。而日本政府竭力压制生殖崇拜，另一方面又允许此等淫秽之事发生于神祇脚下，实在矛盾；政府能够根除生殖崇拜，便有能力阻止所有与宗教有关的公

---

　　① 一种出现在桥边的女妖（被神格化的妖怪）、神祇，属于日本水妖和水神。由于痴爱他人，又不能和心爱的人在一起，便从桥上跳到水中自杀，如果晚上有男子过桥，她就会出现，将其引到水中溺死，若有女子过桥，就会强行拉其入水。——译者注
　　② 住吉三神原本是大阪地区中津守连（住之江津）所祭祀的墨江三神，后才从地方守护神转化为国家守护神和维持航海安全的海神。——译者注
　　③ 位于日本香川县西部海拔521米的象头山山腰上。这里因供奉着被称为"金毗罗"的海上守护神而闻名，可以治疗疾病、消灾避祸、带来好运，自古以来香火兴旺。——译者注

· 181 ·

开卖淫活动，只是无心如此罢了。

除此之外，还有一点颇耐人寻味。古老的宗教或许强大、美好或许追求真实，但对于淫秽的崇拜仪式以及信徒的伤风败俗之举，皆未有反对态度。无论日本生殖崇拜中含有多少生活哲学，都不得不承认，数百年来这种崇拜始终是不道德行为的根源。然而，日本宗教界却从未持续消除这些伪宗教。在此方面，日本并非特例，印度至今还保留着一些有伤风化的崇拜仪式。而生殖崇拜得以根除并非由于道德观念的转变，而是出于政治野心。此举并非顺应公众意见，而是完全由政府主导，当然也有一些高尚之士赞同支持政府的做法。这一决策最终圆满落实，很大程度上归功于日本民众长期以来对政府的绝对服从。

此外，碍于政府压力，大部分日本民众的宗教信仰发生了翻天覆地的变化。普通游客来到日本，绝对不会发现生殖崇拜曾是日本宗教的显著特征。只有好奇心极强之人才会寻得些许蛛丝马迹。日本民族的宗教观念发生如此快速且彻底的转变，几乎都起于外因。由此，旧时的习俗并非众人所言——深植于该民族的外在特质和精神内核。我们能否得出这样的结论，民族性更受主导思想和现实行为的交替影响，而非与生俱来的自然禀赋？

明治维新后，日本推行宗教信仰自由。最初禁止基督教的法令于1872年废除后，宗教信仰自由得到默许，后来这一原则写入1888年宪法。自此，个人之宗教信仰自由完全受到法律保障。然而，这一说法须小心求证。从日本教育部最新颁布的一些法令来看，仍有大批民众不识"宗教信仰自由"之本义及其重要性。教育部以维护世俗教育为名，禁止非官方和私人布道，甚至在私立学校也是如此。若论日本人为彻底实现宗教自由所做的斗争，绝非三言两语能够讲清。因此，我们只关注其中一点。

教育部禁止所有学校讲授教义，却又颁布了《教育敕语》。1898年夏，我偶然得知，教育部要员木下先生建议所有学校对天皇的画像和诏书行敬拜仪式，他认为有必要对道德法律予以约束，培养民众的敬畏之心。木下先生深信，学校增设此类约束，对学生的德育大有裨益。最终，教育部采纳落实了这一建议。

对私立学校宗教教育的态度足以表明，日本政府实际上在限制民众的宗教信仰自由。几乎只有神化天皇的宗教形式才能得到政府的支持，并在天皇诏书中找到相应的道德约束，其他所有宗教形式都不能出现在学校。

显然，当前政府的态度自相矛盾，先是一口答应这一重要事项，之后又矢口否认。然而，纵观日本的宗教变迁，我们愈发清楚地认识到：即便是宗教信仰宽容问题，也与社会主流观念和秩序息息相关。而日本，一个本无宗教宽容的国度，仅通过一次社会变革，就实现了个体的宗教自由。

由此可知，日本的宗教生活并非由固有的民族性所定，而是与历史发展休戚相关。外来宗教传入以前，日本已有宗教，但事实证明，日本人善于兼收并蓄。印度宗教教义精深而形式浅易，广受民众欢迎，后中国的宗教伦理观念又广为传播。罗马天主教在16世纪传入日本时同样深受追捧。尽管罗马天主教与佛教有许多相通之处，但关于神灵、个人罪孽以及救赎之道等方面存在明显分歧。各式各样的宗教思想恰恰体现出日本人善于学习吸收不同的思想观念，并为己所用。

我认为，日本人对不同教义和仪式的看法与英美人并不完全一致，但这些分歧确是由于不同的社会、宗教发展以及当时的社会环境所致，而非固有的民族性或大脑结构所定。

第五节　日本佛教观

为全面了解日本的人才、历史与社会秩序，我们还需深入分析对日本民众产生影响的世界观。他们如何看待一切现象背后的终极实相？人类与终极实相之间的关系如何？日本民众的世界观与其社会秩序之间有何联系？为揭晓这些问题的谜底，本章将聚焦于研究日本佛教观的内在本质。

佛教是主导人类思想的三大世界观之一，但其终极实相和宇宙观在西方鲜为人知。因此，为使西人理解佛理，此处有必要将日本佛教观与希腊思想进行对比。正如前文所述，日本佛教中的终极实相是一个完全抽象的概念。日本佛教主张宇宙中的一切现象都与实相无关，因为万物皆是幻相，并非现实存在，凡是认为自身与世界是真实存在之人都身处幻境。苦难的根源正是幻相，看透幻相、破除幻相，是为解脱，正如人无论多么害怕狮子，都不会惧怕狮子毛皮。看透幻相，方能将渺小，有限的自我转化为无限、无情、无念、不动的绝对存在——涅槃。

古希腊思想和许多现代思想都将终极存在视为一种彻底的知性主义，只强调人格中"知"的一面。在希腊人眼中，神是思想者，既不创造物质，也不创造力量，更不主宰二者。物质和力量永恒且真实，有其自身的运行规律。因此，希腊人的观点本质上是二元的，在他们看来，罪恶不过是无知，救赎则是获得知识。

希腊人指出，宇宙受到理性制约，但理性的作用十分有限，道德伦理同样受到忽视。希腊思想和佛教一样难以理解发展变化。不过，希腊思想并不似佛教，将变化视作幻相，而是主张人为的改变与自然相悖。因此，希腊人和印度人都缺乏有关历史的哲学思考。

日本佛教认为，佛是抽象的虚无；希腊人认为，神是静止的智者。对神的认知决定了对人类和人性的认知。二者密不可分，所以，我们在此讨论何为因、何为果并无意义，它们是同一思想运动的两个方面，这一点毋庸置疑。

日本的佛教徒为逃离自己口中缺乏理性与道德的世界，寻求证得空性，进入涅槃境界得以解脱。希腊人只需通过思考，获得真理，便能寻得救赎。佛教徒让人勘破幻相，求得自渡。希腊人依靠智育和哲学实现自我救赎。然而，佛门僧徒和希腊诸神却对迷途之人缺少指引。

在日本佛教中，只有极少数人在历经数世的苦修与重生之后才能得到解脱。在希腊思想中，唯有领悟真理的哲学家才能得到救赎。日本的佛教思想未能认识现实，抑或理解现实，希腊思想则主张利用智慧洞悉现实。然而，两千多年以来的研究将哲学推向了两难的境地：一方面趋向绝对主观唯心主义，另一方面趋向感性主义和绝对唯物主义。

部分民族和文明对终极存在的最高认识是纯粹理性，另一部分认为终极存在是抽象的空无，这两种认识必然陷入虚无，产生非理性的结果，因为他们没有将思想和生命的关键纳入考量。这样的民族与文明很难发展至最高水平，他们必然要让位于那些在思想规模和完整性上更胜一筹的民族和文明，后者崇尚意志、人性与神性，并为其自身，乃至全体人类寻求更加充分的发展。

但我必须就此停下对文明差异的思索。西人坚信，人类具有无限价值，前文对个中缘由已有详述。西方思想认为，人真实地存在于世界上，为攻克智慧难题努力奋斗，因此，人的相关命题意义重大，影响深远。西方思想如是，那么佛教的宇宙观在日本的传播已有多广？幻相思想深入人心，但是佛教的宇宙观是否能被日本民众普遍领会，我们对此仍存疑问。日本的诸多佛家宗派和意欲领悟真谛之人都会学习一本佛经，该经文篇幅极短，因此，我将其全部引录下来。

般若波罗蜜多心经[①]

观自在菩萨，行深般若波罗蜜多时，照见五蕴皆空，度一切苦厄。舍利子，色不异空，空不异色，色即是空，空即是色，受想行识，亦复如是。舍利子，是诸法空相，不生不灭，不垢不净，不增不减。是故空中无色，无受想行识，无眼耳鼻舌身意，无色声香味触法，无眼界，乃至无意识界。无无明，亦无无明尽，乃至无老死，亦无老死尽。无苦集灭道，无智亦无得。以无所得故，菩提萨埵，依般若波罗蜜多故，心无罣碍，无罣碍故，无有恐怖，远离颠倒梦想，究竟涅槃。三世诸佛，依

[①] 简称《般若心经》或《心经》，唐玄奘译，知仁笔受，共一卷。讲述自性本空的佛教义理，认为般若能度一切苦，得究竟涅槃，证得菩提果。该思想被认为是全部般若学说的核心，故称《心经》。——译者注

般若波罗蜜多故，得阿耨多罗三藐三菩提。故知般若波罗蜜多，是大神咒，是大明咒，是无上咒，是无等等咒，能除一切苦，真实不虚。故说般若波罗蜜多咒，即说咒曰："揭帝揭帝，波罗揭帝，波罗僧揭帝，菩提僧莎诃。"①

以上为《般若波罗蜜多心经》。这部佛经短小精悍、广为流传，加以研究，人们便会相信，宇宙和终极现实的概念正如上文所述。不过，显宗或有所不同，它是一种大众信仰。对普罗大众来说，理性与伦理问题无关紧要，他们也无意推动思想的发展和社会秩序的进步。而那些思想崇高、不懈求索之人，其精力与热望本可用于造福大众，却受到影响，走向避世、内省的道路。日本佛教的宇宙论和思考方式否定一切已知现实，必然会得出这样的结论：主观感知的世界中既不存在理性，也不存在伦理。普罗大众未曾深入思考，并且未经启蒙，他们共同信仰的宇宙终极理性与伦理，在宗教学和哲学上都无法找到根据，因此只能称作幻相。

第六节　集体与个人

至此，本书主要从个人主义角度对日本的宗教和宗教信仰进行探究。然而，单纯从个人角度研究无法得出充分的结论，因为日本宗教以其强有力的规范对集体生活同样产生了巨大影响。事实上，诸多日本原始宗教的主要特征就是集体性。宗教学研究表明，关注个人的宗教在人类历史上出现时间极晚。

因此，本章将从集体角度出发，对日本宗教史进行梳理，继而探讨日本当前的信仰矛盾与应对方法。

日本的宗教信仰在本质上高度集体化，古往今来皆是如此。个人主义固然有一席之地，但正如我们一贯所见，这一思想对日本民

---

① 方广锠编纂：《般若心经译注集成》，上海古籍出版社2011年版，第6页。——译者注

族的形成作用有限。从"社群—个人"的角度出发，研究日本宗教和社会的发展，不仅能够明确日本三大教派的宗教性质，而且能够知悉三者的内在关联，以及这些联系的本质和成因。借助"社群—个人"主义社会原理，日本宗教史的脉络与重要现象便得以明晰。

　　古代日本社会发展的首要任务和必然需求在于紧密的社群生活，而日本的原始宗教，神道教恰好契合了时代需要。神道教不仅奉行神灵崇拜，还包含天皇崇拜和祖先崇拜，旨在通过宗教来规范日本的社会秩序，并最大程度地合理化日本社会对最高统治者的神化行为。神道教在本质上高度集体化，使得个人受到忽视。另外，神道教未能提出具体的道德戒律、系统的末世论和救赎论，且缺乏综合的自然观或者神明论。但即便存在上述不足，神道教的宗教性依旧确凿不移。真正的问题在于，神道教是否对个人的社会行为，对日本社会秩序的存在和集权制度施加了超越世俗、法律和集体的影响。在这些方面，神道教的作用毋庸置疑。

　　神道教宣称，已经向日本政府寻得权利，不再归为宗教，仅作为一种保留日本祭祖习俗的社会团体。有人因此评价神道教未能发挥信仰的真正功能，但这一说法令人不解。因为只要组织尚存，神道教便能够传教，就会遵从古代日本社会的退位倾向，逐渐弱化自身的宗教影响，只求守护历代祖坟。

　　神道教规范的约束力源自其宇宙观。尽管神道教没有天人合一之说，但它认为，日本和日本民族都是由诸神创造的。基于这一说法，日本是神圣的国度，日本民族是神圣的民族。天皇被视为众神的直系后裔，代表神的意志，拥有统治民众的神权神威。因此，每逢与西人接触，日本人自然会将西人视为异类，认为外邦之人的存在并非天意，在某种程度上是对日本这片圣土的污浊。这样的世界观旨在培养日本民族对世袭统治者的顺从、忠诚和对其他民族的敌视。同时，这一世界观还构成了日本社会秩序的道德基础和知识框架，催生了父系封建文明。时至今日，日本学者仍然认为，天皇的神圣血统是日本皇权、宗教、伦理的唯一基础。

神道教的世界观主张人是神的直系后代，这一说法暗含人具有神性和无限价值的思想。然而，神道教从未将这一真理发扬光大，也未能发现这一世界观的重要含义。这些不足导致神道教无法将神之人格与人类价值的道德启示引入社会，而这一启示原本可以逐步催生出个人主义社会秩序。

神道教的世界观自古至今未曾改变，未能吸收世界先进知识，特别是接受现代科学宇宙观。如今，人类学、民族学、宇宙进化论以及人类进化论，都对原始神道教的世界观造成了冲击。然而不难看出，神道教的世界观仍有可取之处。神道教需要拓展其世界观，将宇宙和所有民族纳入视野；看到神明庇护的，并非只有日本这一个国家，所有民族都具有神圣起源；并且认识到天皇与民众一样是天的子民，天皇实际是神意所属的代表，在人间统治苍生、施行权威。只有经过这番改变，孕育了旧日本的世界观才能成为新兴个人主义社会秩序的基础，充分保障思想自由与行为自由，认识到唯有发展世界观才能分辨真理与谬误，明确真理才是永恒福祉的唯一基础。

自明治时代纵观过去千百年，都是神道教一直在为日本社会，乃至于西方传入的新秩序制定规范。正是因为日本民众对天皇的神圣血脉与神权深信不疑，如今方能团结一致，欣然接受新的社会秩序。只要天皇所愿，民众即使有所不便，也绝无异议。

研究表明，日本佛教忽视自我，未能提出社会理想。前章已对日本佛教的世界观展开了充分讨论，可知佛教初入日本时，传播受阻，直到将神道教的各路神明纳入自身谱系，情形才有所改观。这意味着，佛教唯有吸收神道教对集体社会的规范，才能为广大日本民众所接受。佛教不能满足这一条件，因为它未能提出理想的社会秩序，也无意为任何类型的社会秩序提供宗教规范。在此意义上，佛教与神道教并不冲突。神道教坚持自己的主张，而佛教能够随意融入、包容任何一种社会秩序。此外，佛教教义中有转世与轮回的思想，自我可以在不同的世界和国度不断重生。借助这一说法，佛

第四章 宗教信仰

教将其前身印度教的神明等同于神道教的神祇,宣称印度神灵是日本神明的前世。如此,在吸收了神道教的神明体系、社会理想和规范后,佛教不仅为日本民众所接纳,而且广受欢迎。事实上,在日本,神道教和佛教曾共同组成一门新的宗教,即两部神道[①]。

日本佛教之所以备受欢迎,除去与神道教的调和外,还在于为日本的国民生活带来了不可或缺的元素。在佛教的影响下,个体首次得到关注,内省与禅修得以引入,重视个人技艺发展。华丽的仪式、精美的建筑、精密的宗教体系,以及书信和文学作品,都在体能、精神或审美层面充分发挥了个人活动与发展的潜能。日本民众的生活尚且不算发达,因此对这些引人入胜的事物和机遇倍感欣喜。上流社会尤其感到生活愈加丰富而充实。如此来说,日本佛教能够蓬勃发展,促进当地繁荣,原因在于它促进了个人发展。但此繁荣未能更进一步,因为日本佛教未能在社会秩序中发展出个人主义。

日本佛教的这一特性引发了另一个不可避免的问题:佛教为日本社会做出让步,看似吸收了神道教的神明体系和教义,但无法内化神道教规范,也无法将神道教的神明奉为正统神祇。因此,在日本佛教体系内,并无神道教纲领的一席之地。

从此,两教的兴衰付诸机缘。日本佛教有信众供养、香火不断,神道教却日渐衰微、影响受限。随后,经过几百年的内战,天皇的权力与威信岌岌可危,日本社会动乱不堪。此时的日本亟待整顿:首先,哪怕借助权臣之力,也要重建社会秩序;其次,为这一社会秩序寻找宗教规范。日本"三杰"——织田信长、丰臣秀吉和德川家康,三位将军完成了第一项使命。"织田信长首先诞生了集国家权力于一人的思想;丰臣秀吉被誉为'日本的拿破仑',他将集权的理念付诸实践",但未及巩固功业便已去世;德川家康以其无与伦比的外交和管理才能使集权从概念层面彻底变为现实,并为日本的新秩序添砖加瓦。即便在他的继任者资质平庸的情况下,日本的社会秩

[①] 又称两部习合神道、大师流神道,是日本真言宗倡导的神佛合一的神道说。——译者注

序依然维持了250年。

若德川家康未能通过铁腕手段建立起以宗教约束为实质的社会体系,日本社会能否长期稳定,我们还不得而知。日本儒学在千年之中默默发展,部分日本学者曾对该学派加以关注,但儒学与日本历代的教育和几百年来愈演愈烈的政治纷争并无特别关联。直到近代,德川家康凭借其敏锐的洞察力,找到了自认为的理想社会规范,因为儒家思想中忠君、孝亲的思想既合乎天意,又符合古制,德川家康遂下令印刷儒学经典。这一举措史无前例,据载,"知识界皆拜服儒学"。这批书目又在印刷时加入了变音符号,方便日本学生理解,成为"当时日本学生的主要教育工具",之后再由中国的饱学之士加以讲授。文艺复兴的浪潮席卷欧洲思想界时,日本知识界正啜饮着儒学之溪的智慧。日本民众已经疲于应对超然物外、虚无缥缈的佛理,要求对道德生活和社会秩序进行规范。面对这一要求,佛教只能给予涅槃这样在精神和道德上难以落实的思想,而儒学为日本民众提供了一套行之有效、便于理解的生活准则。无论是理想主义者还是理性主义者都为儒家规训所吸引,尚古、求知和孝道等理念皆备受推崇。同时,儒家的社会理想和规训不依靠迷信和恐惧,且与神道教的世界观和规范有共通之处。因此,儒家思想席卷了这片土地,成为日本封建社会的思想基础和官方哲学,社会空前繁荣,日本再度复兴。[1]

然而,值得注意的是,神道教与日本儒学在社会理想上也存在分歧,神道教的主张与德川幕府时期兴起的儒家伦理纲常不同。严格来讲,神道教呈现出民族主义的特点,而日本封建儒学表现出集体性。尽管日本儒学主张尽忠君主,但事实是这种忠诚被赋予了地方大名。日本儒家伦理强调集体,本可转向国家层面,与神道教融为一体。但由于种种原因,这一转变并未形成,反而催生出一种高度地方性、集团性的社群主义,忠君之情实际被淡化。日本封建儒

---

[1] 孔子被神化和崇拜为这门新学问的核心并不令人意外。为研究孔子的作品,日本专门建立了许多学校;为表示对孔子的尊敬,还修建了一批孔庙,庙内只供奉孔子一人的塑像,并且每隔一段时间就会在庙里举行庄严的仪式。——作者注

第四章 宗教信仰

家思想的这一缺陷，最终导致了自身的倾覆。如前文所见，神道教早已被日本佛教边缘化，几乎被人遗忘。因此，日本的儒学热潮未立即为神道教带来复兴，但的确为这一旧集体宗教的核心元素注入了生机。可见，日本宗教史并未经历一系列的变革，也不是突然的跃进，而是渐进有序。日本宗教在不同阶段接受了不同的外来思想，同时自身也是不断发展的。

神道教与日本儒学另一个不容忽视的分歧关乎二者的世界观。神道教是公认的宗教，信仰神、崇拜神、依靠神的庇佑。而日本儒学，即日本所称的武士道，公然主张不可知论。武士道不似佛教，自诩了解宇宙；亦不似神道教，承认神的存在或者信仰神力。武士道认为，"只要本心追随真理，就能得到神的护佑，无需祈祷。"武士道重视实际的道德修养，而不是追索这些品质的哲理深意，若有人追问，便将一切归因于"天"。正如我们所见，武士道思想中的许多暗示会引导求知之人相信"天"具有人格性。假使上述含义得到发扬，武士道便会成为一门真正的宗教。

耐人寻味的是，日本儒学所宣扬的社会理想和规训却导致了自身的衰落。原因有二。其一，日本儒学营造的长期和平环境是深度学术研究的必要条件。但当日本学界的注意力转向古代史后，却发现幕府掌权既不符合一贯传统，也不符合皇室的神圣血统论。帝国主义爱国者兴起，意欲推翻幕府、光复皇权。这些民众相信自身是在行使正义，他们受到神道教规的民族主义鼓舞，发现封建儒学制约下的封建制度支离破碎。其二，学术研究不仅激发了日本爱国人士对篡权者的反抗，还引发了对佛教和儒学等一切外来思想的排斥，这些民众不仅嘲讽外来思想太过现代，还批判外来思想与日本帝国主义背道而驰。神道崇拜因此迎来了复兴。1868年，幕府统治覆灭，儒学随之衰落，神道教一度被尊为日本国教。但除去集体规约，神道教的教义多有不足，不久后，便地位不再。

人们将武士道的没落归咎于以上两点，但如果能超越功利主义和不可知论的道德体系，不局限于维系日本少数人的社会优势地位，武士道几乎不会走向倾覆。作为封建礼教，武士道原本可以适应日本社会的变化，依靠保守势力幸存，但最终却被外来思想轻易动摇。作为伦理体系，武士道对日本的积极作用不可忽视，但它对武士阶级统治和氏族政治的认同，使得武士道在应对内外交困的日本国情时，作用有限。同时，在个人主义兴起时期，日本爆发了种种矛盾，但武士道不可知的功利主义未能赋予日本足够的道德力量处理这些问题。整个日本只有传统的朱子学说及其孔庙留存至今，余者或成废墟，或为他用，而曾经身饰金漆、奉若神明的孔夫子像或被卖与古董商，或作为金块出售。对孔子的崇拜使得武士道具备宗教性质，但武士道尊崇孔子而非神灵，始终视造物主"天"为不可知，从而脱离了宗教之路。

随后，日本进入现代，即19世纪70年代。早在60年代，日本人已有隔世之感。250年前，日本闭关锁国，此间各国一日千里，在各方面突飞猛进。日本黯然神伤之余，发觉自身与西方在社会秩序上存在巨大差异。日本儒家封建秩序本已衰颓，上述落差更是加速了当时社会规范的崩解。日本举国上下都渴望了解西方，只要神道教的民族主义理想不受干预，日本国民便能够自由选择新的社会秩序。日本与英美皆有政治商业往来，深受盎格鲁—撒克逊民族社会的影响，因此，日本的社会观念也与之相关。不少人认为，日本新型社会秩序的建立轻而易举，民众不用斗争即可获利，这都应该归功于日本人的民族特性。事实并非如此。日本人对引入西方秩序如此泰然，真正原因在于振兴儒学后继乏人，而日本民众对任何新秩序都跃跃欲试。

此外，日本的新秩序与神道教在民族主义这一重要理想上不谋而合，并且促进了日本民族主义的复苏。西人在条约谈判时，只与日本实际掌权者对接，不设中间人；西方秩序的社会理想同样以民族紧密团结为条件。所以，在此意义上，西方理想与社会秩序对日本新型爱国主义的建设、对神道教规范的强化具有极大的促进作用。

在新旧思想的影响下，日本走到了历史的岔口。如今，日本需要一种宗教，既可以慰藉有识之士、拓宽其世界观，又能够支撑知识分子主张的社会规范。这一信仰既不似神道教彻底集体化，亦不似佛教只关注个体解脱，而是在严格管理社会生活的同时，加强对个人的约束。它既不能效仿日本佛教，忽视个人价值，将遗世独立视作救赎之道；亦不能效法武士道，仅将个体视为社群之毫末，而要将人视为一个不朽的、拥有至高价值的完整个体，一半融入社会秩序，一半超越世俗桎梏。这一宗教不仅需要提供社会规范，还需要社会理想，因为一个完美的社会秩序，能够容纳极为复杂的社会组织架构，也能保障人格的高度发展与自由。

  起初想来，满足上述条件者几不可得。一种宗教如何能既以社会为导向，以宗教规范实现社会的高度发展和充分组织，又以个人及其救赎为主要目标，保障个体的自由发展？这难道不是互相矛盾的两种目标？根据前文可知，这两种思路并非背道而驰。时代的巨大潜在需求和宗教发展的潜在动力无意中形成了此种宗教。正如社会风俗的"蛋糕"最初是社会进化的刚需，后又成为社会发展的巨大障碍，集体宗教的约束之于宗教发展和个人发展亦是如此。正是宗教规范使得宗教信仰成为影响人类发展的重要因素，或是助益，或是阻碍。

第五章　人格与宗教

第一节　民族发展规律

　　细究日本民族的诸多特性后,本书将深入剖析主导民众集体生活的普遍规律,从而进一步梳理日本历史的发展脉络。

　　首先,我们需着眼于这样一个事实:人类历史发展的进程就是小群体逐渐演变为大群体的过程。换言之,人类进步是通过群体不断扩张得以实现的。我们难以将原始时期居住相对分散的人类称为真正的存在,因为他们不具备社会属性,即便有,也可以忽略不计。他们几乎不会做出利他行为,利他心理也是微乎其微。他们以自我为中心(不能称之为自私),因而大部分时间都习惯独处。他们对族人的生死漠不关心,平日里也鲜少往来。对人类来说,要想取得进步,首先要形成某种群体生活。而社会发展的首要问题在于克服自身散漫无拘、孤立自给的习性,进入集体生活。这不仅是人类进化早期所面临的问题,也是一直困扰人类的难题。当个体习惯于亲人的陪伴,能够同心协力生活,并且彼此关心(即视自我利益与家族利益为一体,且更重视家族荣辱)时,其眼界便不再限于自身方寸之地,转而追求与邻族合作,扩展蓝图。经过多年冲突,这一步得以实现,家族部落也建立起来,届时再引导该部落继续扩张,形成国家。古往今来,日益壮大的社群如何发展成了亘古不变的难题。白芝浩先生将这一过程称为"驯化",十分贴切。如此,即使是在无意识的情况下，个人的思想和欲望也会不断受到现实因素的影响，从而卷入集体的洪流，与同胞一道，成为有机整体的一部分。因此在很大程度上，驯化是一种具有社会化或集体化属性的发展过程。在此过程中，社会关系的规模不断扩大，社交需求、社会素养和理想也随之形成。

如今，在弱肉强食的生存法则下，这一社会化过程，即驯化已充分实现。不计其数的人在社会进化的第一步就被淘汰！他们适应能力弱，未曾在家族联合的过程中尽早了解生存的奥秘。再叹，亦有多少家族因未能或不愿与亲缘联合，共同抗敌或储备食物而走向衰亡！三叹，更有不可胜数的部落因不识联盟之威而终结！上述情况都要确保小的群体利益服从于大的群体利益。所以，牺牲自我，捍卫群体利益向来是生存之道。

而这一驯化过程得以实施的基础在于形成全面且严格的习俗和观念。长期统一的语言和习俗观念是群体一致性的保障；事实上，这也是群体转变为社群的方式。较大的社群取代较小的群体后，当地的语言、习俗和观念也随之瓦解，需要不断修正以形成新的联系纽带。在新社群稳定之前，这个统一体必定十分脆弱，很容易再次分裂。由此可知，大型复合社群联合统一取代小团体的过程艰难而缓慢。

无论在何处，小团体消亡融合成大团体后往往都不会再进一步扩张，不仅因为再无更多的空间同化不同的部落，扩大社群，还因为"弱肉强食"这一法则也不再行得通，强制个体达成一致的过程极具约束力，以至于群体内部的各种分化形式全部被有效切断。相对孤立或分散的群体在进化过程中必然会变得更加多样；不同的生活方式、思想和组织在逐渐汇集到一个大社群的过程中，拥有充分的变化要素，在选择和广泛接受这些要素的过程中，整个群体实现了进化。然而，一旦较小群体的差异性要素被复合社群完全吸收，社群内部又将严格实施"弱肉强食"法则，而每个与复合社群相异的个体都将被贴上"背叛者"的标签，整个社群的进化过程也将停止。

因此，如何突破习俗牵缚以保障群体和个人的多样性，是人类持续发展所面临的一大难题。而个人主义是解决之道之一。无论是凭借经验抑或想象，能够自由思考和行动的个体不必担心被冠以叛徒之名，至少获得了不畏人言的勇气。此外，只有大众足够包容，社会才会受到个体的影响。

个体须有生存及证明自己的权利，才能证明上述论断成立与否。但是，个人主义正是以往社群发展中所极力压制的对象，又何谈其兴起和普及呢？如果人类最初及此后持续的发展取决于群体原则的确立和维持，那么我们就可以肯定人类的进一步发展必然不会与群体原则相悖。因此，若要发展个人主义，个人主义所代表的多样性一定不能与社群主义相冲突，更不能否定社群主义。只有当个人主义涵盖群体原则，才会成为促进社群发展的力量源泉，否则只会阻碍社群发展。但这不是一个无法满足的条件吗？当然，未发展到这一阶段之前，情况似乎如此。人类进化过程中集体原则下的个人主义极为罕见，我们将其称之为"社群—个人主义"，它比人类以往的任何发展都困难得多。何为"社群—个人主义"？如何迈进这一步？如何维持并延续至今？这些问题我们将在后续章节中加以讨论。本章我们主要探讨"社群—个人主义"的双重意义。首先，从逻辑上理解这一概念已相当困难，社群—个人主义显然是自相矛盾的。其次，需要指出，没有社群—个人主义，人类就无法实现充分且持续的发展。一个国家基于群体原则可能会取得巨大的发展，甚至达到较高的文明程度。民族主义本身的发展以及基于个人主义兴起的科学艺术所促进的文明发展，都期盼着以社群—个人主义为主导的时代到来，尽管社群—个人主义最初不受认可。

群体原则下个人主义的发展就是集中式发展，它是民族团结意识在每个成员身上的集中体现。如果一时的个人利益能融入永恒的国家利益及个人生活，那么就如同主观意识对客观存在之影响，精神对肉体之影响，随着社群的扩大，集体理想会在每个人心中扎根。事实上，社群原则下都实现了集中式、个体化的发展，但这一过程基本是无意识的,直到国家发展后期,集中式、个体化的发展才具有自我意识,也就是"社群—个人主义"的形成。①

尽管上述观点只代表部分事实,但对于社会学家和人类进化领域的学者来说至关重要。也就是说,在社群扩张的整个过程中,尽管个人完全无意识,但同样获得了极大发展。除了近期研究人类和社会进化的思想家、学者,鲜少有人关注这一事实。群体生活及其重要性如此明显,以至于个体的重要性常被忽视,但也并非完全消失在视野当中。人们认为,从社会演变伊始,个体就被赋予了思维、观念和智慧,且完全不受其他人的影响。因此,社群的发展被认为是一个逐渐驯服并征服具有野性、以自我为中心的原始人类的过程,是一个消除个人天性的过程。就个人而言,这主要是一个被不断否定的过程,一种摧毁个人欲望、规划、热情的过程。而利己是人之本性,只有在严酷的自然法则下,人才能压制与生俱来的私欲,学会团结,得以生存,而不适者均已消亡。因此,从实现家族统一到国家统一,一切形式的群体生活都被认为是对个人的持续制约——群体生活确实是个人生存的必要条件,不过也是种限制。

但我并不认同这种片面的观点。在我看来,社群和个人发展相辅相成;群体生活中的每一份收获都于个体有益,反之亦然。两者互不排斥,相互补充,彼此依存;一方的发展映射另一方的进步。这一问题极为重要,我们须进一步探讨。首先是进化初期的人类。这一时期人类相对分散,他们对赖以生存的坚果、水果和树根知之甚少,对在何处能够找到食物只是略知一二,经常害怕会突然出现一个比自己更强壮的男人,夺走自己的妻子和食物,只能发出一些

---

① 我所说的"集中"是指个人集中化,即个人对自己与同胞的关系有深切的认识,在经济、文化和精神上与越来越多的同胞相互依赖,关系日益密切。我们须清醒认识并欣然接受这些日益扩大的联系,因为这些联系会激发人的热情。真正的社会统一和国家集权涉及政治和个人。对该过程和关系的意识愈加清晰,这种统一就越真实。在这一过程中,个人对群体的重要性愈发凸显,对群体的依赖性也更为强烈。随着工业不断发展,个人愈发关注经济能力,但如果个人在思想或性格方面得到适当发展,他自身也会形成一个小群体,汇集了民族统一体的所有主要利益、知识和特性。——作者注

相对较为清晰的音调用于交流。心智尚未开化，缺乏"自我"概念，与类人猿相差无几。若在森林里偶然相遇，也难以识别其"人"的身份。

其次，我们要研究族群形成后的人类生活。这一阶段，人类的生活和思想日渐丰富，词汇量也有所扩充，共情能力得到了发展，开始与他人分享自己的生活和喜怒哀乐；他人的思想和经验逐渐内化，于个人而言这是巨大的优势。总之，现阶段的人类获得了前所未有的进步。受限的群体生活并未阻碍人类的进步，反而带来了诸多益处。人类逐渐产生了爱恨情仇、有了是非善恶之辨。不仅在思想、语言、生产和财富方面受益良多，而且对情感、性格、道德、宗教等问题有了进一步的认识，甚至自我认知与利己观都有所发展。群体生活的发展程度，决定了其中成员能否在物质条件或精神状态上获得提升。人类的心理发生源于群体生活，而人际交往是心理发生的主要外因。

无论选取人类生活发展的哪一阶段，我们都可以得出相同的结论：充实、鲜活、个性的个体生活无论是在深度、高度还是广度上都直接取决于社群生活的本质及其发展。社群不断壮大，因为它会不断吸纳新的家族、部落或国家开疆拓土，发展新产业，对人本身、自然、神性、责任皆有新的思考。产业不断更新，真理的边界越来越广，语言亦不断革新。而这一切成就皆由社群成员共享。在这个日益复杂的社群，个体逐渐与数百万同类融为一体，而一系列的汇聚、融合又充实了个体生命。如今，个体的眼界不再局限于自身一隅，而是看向更为广阔的天地。人类意识到自己与他人命运的关联，并为不断拓宽的生命感到欣喜。他的语言愈加丰富，这有助于塑造思想甚至改变思维模式。获取知识也不再受限于自身经验，而是能跨越时空，向近在咫尺甚至相隔万里之人学习。于无形之中，人类发现自己并非沧海一粟。他渐渐融入一种普适的生活，脱离自恃之态。他冷静思考，审视过往，从当下与长远出发权衡利弊。实际上，社群的每一次飞跃都归功于个体的进步。集体对个体加以限制，个体受益于集体。只有个体得到发

第五章 人格与宗教

展，才有可能实现社群的统一。另外，只有社群原则发挥的极深极广，达到顶峰时，才会出现完满人格，二者相辅相成。同时，阴暗自私的一面也仅在社群原则高度发展中才会出现。

但以上所说并不意味着社群主义与个人主义的概念一经形成便被置于同等地位，情况似乎恰恰相反。社群原则往往占据较高点，个人主义即使未遭排斥，也饱受蔑视。其中缘由显而易见。自古以来，自进化伊始，肆意妄为、自私自利的个体便成为群体斗争、消灭的对象。这种个人主义过于凸显自身，与社群生活有着与生俱来的矛盾。一旦个人与社群存在矛盾，人们就会根据经验，视个人主义为社群主义的对立面，认为二者难以共存。如此，社群主义广为认可，而个人主义无可避免地成为众矢之的。在他们看来，社会秩序以及生存本身都岌岌可危。倘若个人主义的利己观被群体成员广泛接受，那么社会必然难以长治久安。任何时代出现如此弊病，很大程度上都源于此种利己主义者的存在。

但倘若空前统一，那么该民族的进一步发展又有赖于个人主义的发展，不过，若视个人主义为自私自利，那么群体的发展便会停滞，甚至倒退。世界上几乎所有民族都经历过这一阶段，发展到一定程度后便停滞不前甚至倒退。前进之法便是发展新个人主义，调和社群主义与利己主义之间相异甚至对立之处，即形成社群—个人主义。对于未有此种经验的人或社群，这一想法难以想象，但却是现实所需。社群—个人主义是推动人类民族发展的重要力量。社群生活若想得到充分发展，不仅需要从思想上认可个人主义，还要在理论和实际中宣扬个人主义，使个人主义与社群主义处于并列地位。唯此国家体系才能无隙可乘，民族才会有用之不竭的生命力。

不过，我所说的个体与群体同步发展，群体所得直接促进个体发展，并不意味着群体利益会立即平均分配给各个成员。事实远非如此。少数个体似乎能够调动大量的集体财富，并非公平分配。工业化水平越高，这种现象越明显。社会工业化水平较低时期，大家所求一致，生活水平相差无几，社会分化尚未形成。渐渐地，思想革新，并在现实生活和通用语言中有所体现，其成果由所有群体成员平等享有。不过，社会越是高度发展，分化就越严重，分配也越发困难。高度分化的社群结构本身就会阻碍资源的公平分配。学识渊博、身居高位的精英群体独享财富，而劳苦大众却被固化的社会阶层排除在外。尽管严格来说，群体原则的每一次进步都会让个体受益良多，但并不是每一个体都会从中获取同等利益。在社群主义发展初期，所有群体成员会在精神和道德层面形成统一。在中期阶段，整体素质提升，个体出现分化。而在高级阶段，所有成员的个人价值将得到充分体现。

由此可知，如何将集体所得更为公平地分配给个体成员，关键在于社群能否持续发展。这事关每一个人能否有至善至美的人格，一往无前的理想，到达个体发展的最高阶段。倘若细究群体成就的实质，便会发现，最大的成就并非土地或财富，也非显赫的社会地位，更不是生命中转瞬即逝的欢愉或自得，而是对人性的探索。人不仅仅是居于物质世界和快乐王国的动物，人之为人是因为拥有无限思想、无穷欲望、跨越时空的理性存在。人类生于自然、依赖自然，却又高于自然，并且应当理解自然、驾驭自然。人类的思想穿越时空，包纳一切。在盛衰兴废的世界中，人类实为一种永恒无限的存在。

人类在进化的鼎盛时期，逐渐加深了对自身的认知，并由此展开更高级的生活。这是人类发展史上的转折点。群体通过联合获得的每一次进步，都会促进个性的发展，培养出杰出的个体，从而加速这一伟大发现，但并不足矣。

我们应发现并相信这一事实，即无限的生命是每个群体成员的潜在财富，长期积存的集体财富不仅为特权阶级所用，也应为民众所用。人皆被赋予生命的永恒和无限的价值，不因出身、贫富所异。每个人都需要发掘自我，那么社群发展的难题便在于如何普及这一原则，鼓励个体追寻自我，无论是出于私欲还是公益。人们应满怀信心地将这一概念传递给生活在社会底层、身份卑微、无知的人。即便卑微如蝼蚁，无知若孩童，也应笃信其理，了解自己的权利和价值，从而挺起胸膛，找到为人的尊严。经过"幡然醒悟"，才能找到属于自己的财富。

因此，一个民族在实现高度统一、形成部落联盟后，必须通过以下几个步骤才能实现更为充分的民族化。首先，发掘人类的重要特质——人格；其次，要明白群体内的所有成员皆可以且能够完善人格。如若群体成员的个人意识愈加充分，自我认识和调节能力逐渐成熟，渐渐认同社群—个人主义下的人格论，那么相应地，群体的凝聚力也会提升，足以应对复杂多样的内部环境。

第二节　日本人"无人格"？

研究日本问题的哲学家都十分关注日本人的人格问题。远至英国第一任驻日公使阿礼国的文存，近至我最近的阅读，都谈及这一话题。作者珀西瓦尔·罗威尔在其专著《远东之魂》中声称，整个日本文明的国家制度、语言结构、自然观、宗教艺术以及心理特性，本质上都是冷漠的。一位久居日本、赫赫有名的学者曾就泛神论的影响开办讲座。这位学者认为，日语中人称代词的缺失以及宗教和日常生活中的诸多现象，都可以归因于泛神论阻碍了自我人格的发展。

深入研究这些著作及其基本假设后，我愈加发现这些术语在使用中存在明显分歧和矛盾。日本人"无人格"论的拥趸虽试图解释这些现象，但始终未能理解其本质。他们既没有理解社会发展的本质或过程，也未曾发现社会秩序与个性之间的相互联系。虽然"无人格"论的观点多少有些道理，但若要用该理论解释日本民族的人格问题，还需要更权威的哲学家——例如黑格尔。此话题不仅关乎对日本的正确认识，还涉及对个人、社会、宗教及三者之间关系的认知，需谨慎对待。在本章，我们会探讨一些普遍的误解和有争议的论点，进而转向深层次的探讨。在此，我要感谢《远东之魂》的作者，珀西瓦尔·罗威尔先生，虽然其意见与我相左，但这部精彩的作品让我颇受启发。以下是罗威尔先生著作中的几段内容：

发展事物的能力并非日本民族的特长。事实上，自发变革以及自然实验——这些锐意进取的特质似乎已消磨殆尽。日本人天还没亮便睡眼惺忪地起了床，还不到中午就恍然觉得一天已经过去了。他们年纪轻轻，却精神早衰，此后一直暮气沉沉。几个世纪前是什么模样，如今仍是什么模样。若非过去20年来欧洲文化的影响，每个日本人跟祖辈几乎无异，民族性格也并无本质变化。曾让日本民族脱颖而出的品质，如今却使他们逐渐走向消亡，而阻碍最甚者莫过于"无人格"的特质。自北半球往西，人的个性愈发凸显。依次递进，冷暖分明，以至于人们几欲将其归因于宇宙法则而非人为因素……太阳东升西落，越靠近西方，人们的自我意识越强烈，反之，越接近东方，人的自我意识就越薄弱。从美国，欧洲，黎凡特①，再到印度，最后到日本，人格特性依次减弱。若西人站在天平的一端，日本人则站在另一端。如果西人的灵魂本质是"自我"，那么远东之魂的本质便是"无我"。

若真如引文所言，那么个人力量、侵略、无礼以及自私便成了人格的基本要素，与之相反的品质则属于无人格的范畴。

事实上，日本人与西人一样，日常话语中饱含累赘之辞，只不过日语将礼貌置于个性之上。自我受到压制，取而代之的是对他人一贯的尊敬。由此可知，彬彬有礼之下，实为自我的缺失……二者之间的关系从先验论的角度便可明了。"无人格"，即通过弱化对自身的关注，催生对他人的兴趣。自省之人惯于独居，而缺乏内省之人往往聚集成群。据估计，越是缺失自我的民族，越容易形成社群以取代个体……随着交际需求

---

① 原文"the Levant"源于拉丁语"Levare（升起）"，指日出之地，是历史上一个不精确的地理名称，相当于现代所说的东地中海地区，指中东托鲁斯山脉以南、地中海东岸、阿拉伯沙漠以北和上美索不达米亚以西的大片地区。——译者注

的产生，礼貌作为一种社交工具开始盛行。

让我们来看一些定义：

> 个性（Individuality），人格（personality）和自我意识（the sense of self）只是同一事物的三个方面。从内在、利他或利己主义等不同视角出发，我们对"灵魂"也会有不同的解读……所谓个性，就是构成个体身份的思考和想象，我们能够因此感受到自身的存在……意识是心理活动的必要属性，是我们认识心灵的唯一手段，没有意识，便不会有求知思维。从心理学角度讲，意识不到自我就是不存在自我。自我是一个复杂的实体，一个自成一体的小宇宙，以自我意识为存在前提，而人格则是自我对他人意识产生的作用。

对上述定义研究得越深入，我便愈加感到困惑。依我之见，这些概念虽照耀在科学的光辉之下，实则模棱两可且自相矛盾。上文对个性的定义是"构成个体身份的思考和想象"。这种表述看似简单明了，实则漏洞百出。意识不仅被看作"心理活动的重要特征"（大量证据表明无意识的心理活动是意外情况），还被认为是思维之源。我们不仅通过意识认识思维，而且意识本身也构成了思维，"意识是思维存在的前提""意识不到自我就是不存在自我"，如此说来，岂非沉入梦乡或进入忘我之境时，意识便不复存在？苏醒时又重新恢复？如果我们每天的意识都是连贯完整的，那么是什么将它们连接起来？难道组成意识的"思想集合"不会在睡觉的间隔分解为许多完全独立的片段吗？还是说，每个碎片本身并非是一个整体？日复一日、周复一周的"自我连续体"难道不是自欺欺人吗？倘若意识构成了存在，这些情况也必然成立。进入无意识状态时，构成个性的"思想集合"也随之消失，到了第二天，旧的思想集合不可能被新意识还原。只有新的意识才能产生一套新的思想。这套定义显然存在问题。我们暂且继续往下看。

"'我'因拥有自我意识而存在",此处的"自我意识"不就等同于前文中的"意识"吗?思维的存在也应与"我"这一概念相对应。那么,意识与自我意识这两个概念之间是否并无任何区别?最后,人格被定义为"自我对他人意识产生的作用"。坦白讲,我对此颇感困惑,但无论如何,有一点是明确的,即选文认为,人格并非"我"的一种品质或特征,而只是"我"对他人意识产生的某种影响。由此,人格是他人身上的品质吗?人格缺失是否意味着缺少对他人的影响?如此理解岂不是又会产生新的困惑?若按前文所述,一个人完全沉浸在利他行为中,浑然忘我,那么此人便符合"无人格"的特征。但是根据定义,他又不可能缺少人格,因为他正在对可怜的受助者的意识产生最直接、最强烈的影响。在利他行为中,他的人格反而鲜明,但同样根据定义,这种人格又不属于他自身,因为人格在某种程度上属于受影响者,而非施助者。一个人的人格并不属于他自己,而属于另一个人,这是何等的荒唐!

然而,根据之前定义,还有一点更加迷惑:如果有位好心人一心只想帮忙,并未考虑自己,那他岂不是因"忘我"而失去了存在?但若不复存在,他又该如何继续施助甚至顾念那个可怜的受助者呢?到头来,高度的利他主义竟然意味着自我毁灭!思维对自身的感知是其存在的前提!到此无需多说,这些术语显然自相矛盾,其定义也没有得到任何审慎的心理学家或哲学家的认可。我认为,作者意在说明,衡量人格的标准在于对同伴留下的印象。因为作者的论点主旨是,西人无论在身体和精神上都远胜于日本人,他断言,这种差距是日本人人格发展的缺陷所致,并将这种缺陷称为"无人格"。但此种说法的拥趸难以对"人格"给出妥切的定义,更不用说诠释何为"无人格"了。他们滥用术语,以为不需解释,却适得其反。他们通常声称"无人格"是一种发展缺陷,但当描述其本质时,又称其为自我压抑。前文说道"礼貌置于个性之上。自我受到压制,取而代之的是对他人一贯的尊敬"便体现出这一矛盾。"无人格之人通过弱化对自身的关注,

第五章　人格与宗教

催生对他人的兴趣。"在这些表述中"自我被压抑"这一说法值得关注。从历史发展的视角来看，"无人格"之后是否是有"人格"？根据这类文章，答案似乎的确如此。但若真如此，那么日本应当比西方更先进而不是落后，而这恰恰与该学派的主张截然相反。

现在我们来看几个日本民族无人格论的鼓吹者所谓的实例，大致分为两类：一类是凭空捏造的，而另一类虽为客观事实，但若用"无人格"论一以贯之，显然生搬硬套。

罗威尔先生对日本两个儿童节（Sekku）的解读十分有趣，一是旧历三月三的女儿节，二是旧历五月五的男孩节。他认为，这两个节日实际上是一般意义上的生日，尽管他知晓孩子们的年龄并不根据这些节日计算。他称这两个节日为"伟大的集体性生日"，因为根据其推论，无论孩子的实际生日为何，所有女孩都要在第三个月的第三天庆祝生日，所有男孩都要在第五个月的第五天庆生。就男孩节和女儿节的意义而言，我曾向很多日本人求证，没有一个人听说过罗威尔先生的解读，所有受访者都坚称个人生日与公共节日无关，孩子的年龄绝不会根据这些节日来计算，二者之间毫无关联。

日本比较宗教学会曾在报告中详细介绍此类节日，资料齐全，但从未提及罗威尔先生所说的集体生日。①

罗威尔先生似乎通过解读日本人计算年龄的方法，创造了另一"事实"来支持自身的论断。谈及婴儿的降生，他指出："通常来讲，婴孩出生伊始，可视为已满一岁，直到次年年初再长一岁。举国欢庆新年时，便又长一岁。人人都是如此。元旦是集体的生日，客观存在的全国纪念日。"

这种观点标新立异，引人眼球，但只要对日本人计算年龄的方式有所了解，谁都不会认同这种观点。事实非常简单：日本人习惯于按虚岁计算年龄，比如说，出生于12月31日的孩子，到来年的1月1日即满两岁，而非一岁。

---

① 《六合杂志》1898年3月。——作者注

然而，在日本不仅年龄如此计算，其他方面也是如此。如果问一个日本人离某个临近的节日还有多久，他会说还有 10 天，而依西人来看则还有 9 天。换句话说，日本人习惯于算上全部天数，包括第一天和最后一天，而西方人常常省略第一天。如何计算时间是一个有趣的心理学问题，它与"人格"或"无人格"无关联。

　　此外，日本人还有一种计算孩子年龄的方式，与西人的方法完全一致——只需询问孩子的"周岁"年龄。称元旦为一个伟大的"集体生日"是因为全社会所有成员都进入了新的一年，但若以此说明日本民族缺少人格，与其说标新立异，不如说毫无说服力。

　　日本艺术主要关注自然和动物，对人的关注甚微，这一事实引发了广泛讨论。有人认为，这足以说明日本艺术家和民众缺乏个性，因为他们缺乏自我意识，总是将目光投向外界，刻画客观存在的自然。如果日本民族积极进取，自我意识充分，那么他们的艺术就应以人为主体。

　　在我看来，此逻辑不具说服力。无论是描绘自然还是人物，艺术都具有客观性，因此艺术目光必然总是投向外界，即便在刻画人物本身时亦是如此。本书在审美特征一章已阐述了该民族偏爱自然之美，而弱化人物的原因。

　　若论述无误，那么日本艺术对自然的关注便不能成为"无人格"论的实例。如果说"无人格"本质上是利他的，包含自我压抑的成分和对他人的关注，那么除非艺术家是在描摹他自己，否则即使是描写人类形态的艺术也很难脱离"无人格"的束缚。试问，若对"无人格"的客观自然表现出极大兴趣，就能证明日本人缺失"人格"，那么凭借西人对自然本身、自然科学及物理学的非凡兴趣，不正说明西方民族才具有高度"无人格化"的特征吗？

　　难道博物学家和科学家本质上"无人格化"，而哲学家和心理学家有"人格"，此种论断合理吗？如果将描绘人类情感的艺术视为主观，并以此证明人格发展成熟，那么日本是否缺乏此类艺术？但武士们的画像和雕塑、仁王（大力金刚神）的激情面容、佛陀的平静

第五章　人格与宗教

面孔和其他宗教意象又该作何解释？

积极情绪与负面情绪难道不都是人类情感的生动体现？但即使如此，艺术家仍然将目光向外投射，以外界为关注点。而根据"无人格"论者的逻辑，上述艺术家是否极具"无人格"的特质？醉心于山水田园、自然万物的欧洲艺术家缺少个性，而毕生致力于女性裸体绘画的艺术家却富有个性？前后矛盾的术语，加之对"人格"曲解，的确会让人陷入最矛盾的境地。

"无人格"论的拥趸对日本人的家庭观以及相关习俗也极为重视。他们认为，日式的包办婚姻恰恰佐证了日本人"人格"的缺失。类似前文，一切论证都取决于如何定义"人格"。如果"人格"是指一个人作为独立个体的自我意识，那么恕我愚钝，实在看不出这两者之间存在什么关联。如果这意味着婚姻双方的确缺少人格，愿意放弃自己的欲望和选择，那么以下事实又不足以支撑这一论断。"无人格"论者巧妙地从日本家庭习俗中选取了某些实例佐证自己的论断，但是他们完全忽略了与之相关的其他重要事实。例如，日本三分之一的婚姻以离婚告终。这说明了什么？每段婚姻中有三分之一的人对包办婚姻极度不满，以至于违逆父母之命，坚持自己的选择和决定。根据"无人格"论的逻辑，这些反抗者具有强烈的"人格"，即自我意识；这种自我意识也会对婚姻的另一方产生巨大影响；而这种影响（绝大多数情况下对女性），即离婚对女性意识的影响，也是人格的一部分！

因此，上文列举的婚姻习俗无法充当论据，因为没有考虑到多数情况，即一方拒不接受父母安排。许多女子便是如此。就在几天前，一个在旅馆当服务生的女孩向我求助，希望能够在西方家庭找一份工作。经询问，她坦言父母希望自己尽快嫁人，但她无法忍受这种安排，于是便离家出走了。

日本离家出走者之众常常让游历于此的西人倍感讶异。虽然女孩离家出走的情况没有男孩那么频繁，但也时有发生。我们是否有理由相信，这些人有着过强的"人格"？若果真如此，那么此例恰恰反驳了"无人格"的论调。

　　罗威尔先生用三页篇幅细致生动地描绘了西人"坠入爱河"的情景，随即又将注意力转向日本的包办婚姻。他写道："在遥远的日本，幸福的热恋从未发生。日本人从不会为欲望所惑，也不相信爱情，更难以吐露真心……妻子只是配偶，并非真爱。可若无真心，又何谈爱情？"尽管上述论证有一定的真实性，但无法支撑日本人"无人格"的论点。

　　日本人不会坠入爱河实则无稽之谈。任何人若对日本生活或文学略知一二，都不会有如此断言。在日本，生而同衾，死而同穴的爱偶比比皆是。殉情者亦不在少数，甚至衍生出了专有名词——"joshi（殉情）"。

　　所谓的缺乏爱意不过是"无人格"论者捏造的情景，并无意义。但我并不是说恋爱在日本青年的生活和成长中有着与西方等同的地位。就日本父母对儿女婚姻的规划而言，恋爱常常被完全忽视。爱情在日本人眼中不是缔结婚姻的重要基础，因此不受欢迎，甚至遭到侧目。

　　男子坠入爱河被视为心志软弱。如此，动情之表述自然不如西方常见。此外，日本人不似西人，视爱情为青年男女领悟生活的必要历程。相反，在日本人眼中，男女倾心有伤风化，乃低等动物之欲，为卫道士和宗教所轻视。西方年轻男女订婚时的甜蜜很少能在此后漫长的婚姻生活中持续下去。西人已经发现如何利用这段时期来丰富年轻人的阅历，而日本人对此仍知之甚少。

　　然而，日本人对"恋爱"的态度还带来了其他更为可悲的后果。这种无视男女自由，具有缺陷的姻亲制度无疑导致了日本的高离婚率。可以说，离婚是社会弥补包办婚姻制度固有缺陷的一种手段。因为该风俗视男女为冰冷的机器，而非血肉之躯。

　　婚姻双方不和诉诸离婚，于是压抑已久的人格得到释放。因此，离婚是人格受挫后采取的手段。此外还有纳妾、一夫多妻和一妻多夫等悲剧，这往往是"坠入爱河"的后果。最终若绝望至极，便会诉诸谋杀和自杀的手段，甚至上文提到的双双殉情，这在东西方皆有发生。

总之，日本的婚姻是一种无望之爱，这种情况远比西方常见。1894 年，日本有 407 人因情自杀，94 人因爱杀人。仅此一年就有超 500 人因腐朽的婚姻制度而死去。在这些数字面前，日本人缺乏个性，不知爱为何物的论断已然站不住脚。若要以家庭生活和情欲来断定日本人的人格特征，"无人格"的论断更是难以确立。

第三节　日本人并非"无人格"

当前，一个相当严峻的任务摆在我们面前，那就是如何对日本人的个性进行明确论述。我们需要弄清楚术语"人格"与"无人格"的本质或者应有含义。我们也须分析日本文明，找到构成它的基本要素，从而明晰诸多学者认为日本人"无人格"的缘由。若能进一步找出这些观点的不足并加以批判，便会取得积极成果。我们自然要从这几个术语的定义开始展开讨论。

标准词典将"个性"定义为"区别于其他物体的个体状态或特性"。"个体"则是"任何不能继续划分且不丧失自身特征的单个人、动物或事物"。而"人格"是指"独立存在、有意识、智慧和自主能力的个人所具有的必要属性"。"个人"指"任何有生命、智力和意志的独立个体。"关于这些术语的定义，下列补充似乎较为中肯。

"个性"仅指存在于不同物体、人或者事物之间的特征。它着重强调差异而非造成差异的属性，更非导致事物同一性的意识，哪怕这种意识让"我们每个人感到自在"。

"人格"仅指人的属性。与动物相比，人不仅有生命，而且拥有高度发达和自发的智力、情感和意志，这其中也包含了与他人的道德关系等。

意识和自我意识经常是潜在且不易被察觉的，意识并非产生于人类的各种行为，自我意识更是如此。当一个人完全沉浸在思考或者某种活动中时，他的思想、行动是完全无意识的，可以说，意识暂时被埋没了。而自我意识又意味着人在反思自我精神状态并且意识到自我个性，这是内省的结果。

若想正确理解"人格"的概念，关键在于理解"灵魂"和"精神"的含义。依我之见，每个人都可以被视作为独立的"灵魂"，被赋予了特定的能力、品质或属性，我们又可称之为智商、情商和意志。而意识能力的多少又与社会发展、年龄、生活环境以及受教育程度息息相关。拥有这些能力、品质或属性的灵魂就是人，具备上述全部能力、品质或属性则意味着人格健全，反之意味着人格不健全。

"个人"的独特之处在于，他既拥有完全独立的特质，又具备实现完美共性的可能和现实依据。在真正意义上，"个人"是普遍的、无限的存在。通过内在，人成为有思想、情感和意志的存在。通过智力和与之匹配的知识，他可以同整个客观宇宙融为一体；通过情感，他能够与各种有感知的事物共情；通过主观能动性，他逐渐成为自身所处环境的创造者。就各种意义而言，人是在创造中成就自己，在创造中发觉自身未被察觉的潜力，也这一过程中，创造能够表达自己的世界。随着人类进步，人的本性也在日益显露，人格也相应成长。然而，这不在于天赋，而在于后天发展。人类的个性与共性同时发展。人格成长不佳之人的个性和共性较为不明显。于是，我们便可以对先天人格和后天人格进行区分。前者可称之为内在人格或固有人格，后者指人格的各种外在表现形式，也叫外在人格或者习得人格。固有人格是人区别于动物的内在特征，是人类进化的完美佐证，也是人类进化不可或缺的因素。人格意识的程度不同，内在人格的表现程度也必然不同，它实际上与民族和个体的发展紧密相关。

在讨论日本人的人格问题时，我们必须牢记：个体生命所固有的内在禀赋、其外在表现，以及对此产生的意识存在区别。这三件事虽密切相关，但又截然不同。

第五章 人格与宗教

"无人格"这一术语常为学者所误用和滥用，其本义在于否定人格。例如，根据字典释义，一块石头严格来说是"无人格的"，但这种解释显然不适用于人类。那么又该作何解释？罗威尔先生指出："如果对西人来说，'我'是灵魂的本质，那么日本人的灵魂可以说是'无人格的'。"此为何意？显然，他不是指日本人缺乏情感或意志，也不是说日本人的思维、意志、情感或内省等能力低下。罗威尔认为日本人对自我个性或自我独立的认知十分微弱，几近可以忽略，这不仅是日本文明之咎，更是个人之失。在日本，个人的最高意识不是自我意识，而是家庭或民族意识。

实际上，罗威尔先生在其著作的最后一章《想象力》中提到了这一点。他指出随着民族意识的发展，个性和共性逐步分化，区别愈加明显，个体会意识到自我的个性和独立性。在他看来，这种个性是个体思维的分化，是衡量更高文明的尺度，也是促成更高文明的条件。而自我个性的缺失即可称为"无人格"，其内涵不在于自我独立，而在于整体统一。

如果关于日本人"无人格"的论述是正确的，那么以下两点又该如何解释？首先，既然以上论述清晰具体，为何日本人从不使用类似表达呢？在日本，"人格"与"个性"为同义词，那么"无人格"就等同于"无个性"，但在西方学者看来，"无人格"意味着共性。

第二，即便这些术语能为人理解，且能传达应有之义，这些词从根本上来说是错误的。坦白来讲，这些学者使用这些术语前未曾多加思索，显然还没有理解"无人格"的真正内涵，便视日本人为"无人格"，因而犯下这一基本错误。而更大的错误在于他们将日本人的"无人格"归因于固有的民族性。倘若他们所言无误，那么"无人格"应该是生物进化的必然结果。

相比之下，有人主张，第一，上述学者的论述与事实不符；第二，将日本人视为"无人格"并不妥当；第三，这与固有的民族性、大脑结构抑或思维方式无关，而与社会发展息息相关；第四，若过往学者描述的特征的确存在，那也并非是由发展不充分导致的，而是由充分的人格发展形成的，我们可以将这种人格称为"超人格"。简而言之，所谓的日本人"无人格"是日本社会秩序所导致的结果，而这种社会秩序持续至今。"无人格"成为日本这个国家和民众生活的烙印，对日本语言、哲学、宗教，甚至是民众的内心思想产生深远影响。这种社会秩序无疑也对人的生理（例如大脑）和心理产生作用。然而，这些生理和心理发展不是形成该社会秩序的原因，而是社会秩序下的产物。此外，它们也无法阻碍几千年来社会秩序的演进，因而谈不上是什么高级发展。

在继续阐明这一立场之前，有必要引入两个新的术语：社群主义和个人主义贯穿全书，代表两类社会秩序。社群主义是一种在家庭、部落或国家中形成的社会秩序，在该社会秩序下，群体观念受到重视，成为社会运行的基本准则，而个人几乎被忽视。个人主义则与社群主义截然相反，它是指认可、重视个人价值的社会秩序，其中个人行为不受限制、思想自由，人的主观能动性得以充分体现，这在旧秩序中绝无仅有，因为旧秩序认为个人主义是危险且不道德的。而个人主义并非社群统一下社会秩序的最小单位，在个人主义之下，集体统一的思想均被抛弃，而个人被视为唯一。但是，个人主义横行的社会难以产生秩序。个人主义只是社群主义发展到一定阶段的产物，在这一阶段，社群团结的优势得以保留，个人价值的观念和实践得以补充，个人的思想和行为自由亦得到重视。社会内部结构虽发生改变，但集体统一的思想却未遭到摒弃和损害。针对日本人的人格问题，有三点值得关注：日本人"无人格"的真相是什么？如何断定日本人"无人格"？日本社会秩序决定论能否充分解释这些事实？

首先，我们从日本人的礼节方面来加以说明。下述内容的真实性毋庸置疑。众所周知，日本人非常有礼貌，这体现在日常生活的细枝末节，比如握手、进门、在特定场合的呼吸方式、发型、客厅的尊卑座位、为来客奉茶点、朋友间互换礼物等都颇为讲究——社交生活的方方面面都要严格遵守礼节。此外，称呼语的使用也深受

第五章 人格与宗教

影响，这一观念阻碍了日语人称代词的发展，并从根本上影响了日语结构。

日本人为何具备这一特点？一些学者通常将其归结于日本人"无人格"。"无人格"不仅是一种表象，也是日本人讲礼貌的原因。"自我受到压制，取而代之的是对他人一贯的尊敬。""无人格"的内涵正是减少对自身的关注，转而关注他人。这反映了礼貌根植于日本人的无人格天性。"这个国家发展到了成熟阶段，却保持着年轻心态。""就民族特征而言，本质上并无不同……在这些特征中……最重要的或许是无人格这一重要特质。""愈往西方，民众的人格愈加鲜明，人们常常将其归因于外因而非人本身。日本人的思想本质上可以说是无人格的。"上述引句皆表明"无人格"为日本民族和思维结构所固有，而非社会秩序下的产物。

罗威尔在《想象力》一章中试图对日本人"无人格"进行诠释，并将此归结于明显缺乏"想象力（形成原创想法的能力）"所致。正是因为缺少这种能力，日本人无法刺激人格成长，自然无法形成分化的思维方式，促进个性发展。

如果礼貌源于民族思想中的"无人格"天性，那么日本礼仪的兴衰则无从谈起，我们也无法解释近年在日本常见的无礼现象。日本人自身认为旧式礼仪是封建制度不可分割的一部分，但往往徒有其表，并不能表达其真实想法，故而对此深感遗憾。没有人能称得上是绝对的粗鲁，因为即便是毫无善心之人，也知礼节，因此"无人格"并不能完美诠释日本的旧式礼仪。

我认为礼貌兴衰与社会秩序的性质有关。长期的封建主义伴随着森严的社会等级以及生杀予夺的权利，礼仪必然不成体系。若公序良俗未能得到普遍遵守，生活就会步履维艰，社会稳定也更无从谈起。礼制是封建社会秩序的润滑剂。日本封建礼仪的兴衰与封建制度的兴衰休戚与共，与"无人格"的民族思想无关。"无人格"无法解释一些社会异常现象，比如，日本中上层阶级极其敏感，无法忍受丝毫的轻视或侮辱。无论是在正式场合还是非正式的家庭与社交聚会上，日本人都要严格遵守社会等级，如若稍有不慎用错敬辞，即使不被视作有意侮辱，也会被解读为轻视他人。

如果像过往西方学者所认为的那样，过度的礼貌代表"无人格"，那么病态的敏感除了能证明人格鲜明，还能证明什么？让人费解的是，一个人怎么可能同时兼具极度的礼貌和病态的敏感？从日本人兼具敏感和礼貌的事实中，我们可以推断出日本人具有相当高度的人格。在此我不做强调，因为通常而言，人的社会地位越低，越微不足道，就越敏感。极度敏感与礼貌是封建主义高度发达的产物，而不是人格发展或高或低的结果。

此外，"无人格"也被用于解释日本人的利他行为。有学者认为，利他主义实质上等同于"无人格"，即关注他人而非关注自身，并将这种关注归因于个人缺乏分化思维。虽为独立个体，但仍保留着原始的普世主义思想。但现如今，"利他主义"概念的使用与西方对这一术语的阐释大相径庭。

若"利他主义"用法无误，那么利他主义是日本固有的民族性吗？请读者回顾前文关于日本人的同理心和人文情怀的讨论，我们可以看到，这种论调缺乏充分依据。日本旧社会秩序的残酷难以想象。利他主义仅表现在礼节方面，实质上并未减轻底层民众的苦难。理论上，若这种所谓的利他主义是由固有的思维结构所致，那么这应成为日本人的普遍特征，对待西人亦应是如此，但事实上，在日本，鲜有西人受到民众欢迎，相反，他们遭到怀疑、憎恨、排斥，几乎没有立足之地。因为日本民众的团结基于利益而非善意。整体而言，日本人对西人的态度较为恶劣，中上阶层尤甚。

如果我们注意到日本民众自私专断、争强好胜的一面，便会发现"无人格"论的拥趸在狭隘的定义范围内，全然不能解释他们所忽略的事实。如若按照他们所说，利他主义和"无人格"是未开化的民族或个人的特征，那么所谓的自私专断则是人格高度发展的产物，代表着强烈的个性。但是，自私或好斗并非"人格"发展健全的要素。否则，缺乏良好家庭教育、无视他人权利或意愿的孩童会

第五章 人格与宗教

比成人更具人格,因为在长期自律和虔诚的生活中,大人变得不顾私利,重视他人的福祉,而孩子只顾考虑自己。如果说利他主义与"无人格"发展并行不悖,那么以仁爱著称的西人便"无人格",而劫匪、凶犯和不顾他人福祉之人都具有鲜明的"人格"。而且在此逻辑下,具有强烈利他主义的施惠者之所以有同情心,会施善,是因为他们人格未发展健全。有一个故事,讲的是一位智者遇到一个醉醺醺的粗汉,醉汉跌跌撞撞地走向前说:"我从不会为傻瓜让路。"而智者机敏地回答道:"我会。"若据之前的论断,这位粗汉人格鲜明,而智者相对"不近人情"。如果纯粹的自私和侵略性是衡量人格的标准,那么很多食肉动物岂非被赋予了很高的"人格"?

事实上,东西方之间的这种复杂并合理的差异并不能简单用人格和非人格来阐述。二者不仅没有包括全部事实,甚至无法解释清楚彼此认同的部分事实。而这种差异只能用社群主义和个人主义进行表述。正如前文所说,公有制是国家的必经阶段。各个家庭和部落需同心协力,以便在与邻近家庭、部落和国家的生存斗争中觅得一方天地。在这一阶段,集体利益必须先于个人。这确实有利于利他主义的发展,但层次较低,是以消灭个人利益为代价的被动集体利他主义。这与通过宗教教化和道德奉献所孕育出的利他主义截然不同。后者是意志的产物,是性格的产物,这种利他主义主要产生于个人主义盛行的社会秩序中。就西方利他倾向来说,其特点就在于多元的利他主义。但另一方面,西方极端利己主义业已壮大,看似极佳,实则质差。

因此,我们再次发现自私好斗和对个性的高度感知并不是健全人格的必要标志,也并不与"无人格"对立。事实可能恰好相反。如果一个人能够意识到自然和人性的高度契合,意识到个人与国家、民族的高度统一,并秉持善良仁爱,则他的人格相对健全。但社会秩序会影响人格的表现形式,且变化速度惊人。在过去的30年间,日本的社会秩序发生巨变,所谓的无人格特征也有了翻天覆地的变化。这些变化以及完全颠覆性的理念和习俗表明,日本早期文明并非"无人格",而是具有社群属性。因此,人格与社会发展相关,与民族性、多样的思维方式无关。

日语缺乏人称代词而且敬语过剩,但若以此为由来论证日本人"无人格",看似无可辩驳,实则无中生有。难道缺乏人称代词就足以说明使用日语的人,包括该语言的创造者,必然缺乏人格意识吗?如果大量的动词都是无人称动词,也能说明这个问题吗?通过进一步思考,我们会发现这一论点与论证并不具备说服力。目前,在我看来,这一论点完全错误,而且有充分理由认为,日语中几乎每一句话都包含人称指代。诚然,日语的表达方式与西方语言不同。日语较常使用称号、表示"敬语"的助词、动词和名词。"贵履"绝不会用以指代说话者的鞋子,每个日本人都知道这指的是"您的鞋子",也不会如西人般因"贵"这个词分神。日本人通常会忽略敬语中隐含的人称指代。越熟悉日语,就越能清楚地意识到,西人认为日本人"无人格",是因为他们对其一无所知,日本人并非"无人格"。日语中的敬语和人格的确密不可分,但不能混为一谈。日本人与西人一样,对人与自我意识有清晰的认知和区分。

因此,缺乏人称代词非但不能证明日本人"无人格",即缺少自我意识,反而可以证明日本人有人格。儿童心理学指出:儿童心理发展早期,强调"我的(meum)"和"你的(tuum)"。孩童在情感、观念和语言上都是一个彻底的个人主义者,总将第一人称代词挂在嘴边。在接受文化教育后,他们才意识到过于强调自我是对他人的无礼,进而学会扭转过度的个人主义倾向。在西方,有教养之人刻意避免使用第一人称代词,不正是因为具备较高的自我意识吗?一个没有自我意识的人能够意识到过度采用个人主义的说话方式是不礼貌的吗?从这个角度来看,我们甚至可以说,日语中缺少人称代词,所以日本人的自我意识已经远远超越了其他民族。当然,这样表述也不妥当。但至少可以反驳日本人"无人格"的论断。

仅凭缺少人称代词便将日本人视为无人格,这一论断需要进一步加以斟酌。事实上,日语中不仅包含许多代词,还有一些强烈表达自我意识的词汇。据说日语中有多达三百个词汇可用作人称代词，如"boku"用于指代"我"，"kimi"表示"你"；这些词都是学生们常用的表达。而官员们经常用"konata"和"anata"称呼自己和对方。"omaye"同时包含居高临下和谦卑之义，比如："吾屈尊允许御前（omaye）面见""承蒙看重，御前（omaye）得以面见"。而最常见的"watakushi（私）"除作代词外，还表"私人"之意，所有阶层皆可使用。

除了可以用作人称代词的三百词汇，日语中还有诸多方式可以指代人称，且用法巧妙。以赞美之辞为例，既能代指被夸之人，也含有自谦之意，当然自谦之辞要使用第一人称。按照日本礼仪，"gokanai（ご家内）"只能指"您的妻子"或"您的家人"，而"gusai（愚妻）"只能指"我的妻子"，此外还有"gufu（愚父）""tonji（豚子）""somatsu na mono（鄙人）""tsumaranu mono（薄礼）"等谦词。上述词汇只能用于第一人称，而一切关于赞赏和礼貌的措辞只能代指称呼对象，例如，"愚""猪"等已经失去了字面意义，现在用以代称"我的"。因此，类似"我愚蠢的妻子""我猪一般的孩子"这样的译文是不正确的，因为其中的某些词被翻译了两次。在这种情况下，最日式的表达是只保留所有格，忽略自贬之意。因此，日语间接表达人际关系的方法不可胜数、极为微妙。而在欧洲，只能用几个生硬的代词表达，故此，我们说日本人在人格发展方面远远领先于欧洲人，难道不合理吗？我不会以此为论点，但与因缺少代词而推断日本人缺乏人格相比，这一论点更为合理。

此外，日语中有一些用来表达自我的单词，比如"onore（己）""ware（吾）"，而"ji（己）""ga（我）"和"shi（私）"源自汉字，为汉语派生字。这些词可以组成合成词，形成日语单词，并得以广泛使用，正如许多英语单词源自拉丁语、希腊语和诺曼语。"ji-bun（自我）""jiman（自我满足）""ji-fu（自负）""jinin（自我责任）""ji-bo ji-ki（自暴自弃）""ji-go ji-toku（自业自得，常作贬义）""ga-yoku（私欲）""ga-shin（私心）""ga we oru（自制）""muga（无私)""shi-shin shi-yoku（私心、私欲)""shi-ai shi-shin（自爱、私心)"，这些词汇与其他许多涉及自我概念的合成词很难用"无人格"和"利他主义"来解释。所以，如若某一论断连它认可的事实都无法解释，那么它自身所忽视的事实便更无从谈起了。

为了正确解释这一现象，我们须了解其他语言中的人称代词是如何产生的。古时候，西人是因为发现了自我而创造的人称代词吗？远非如此。我们坚信每个人称代词都是退化的名词。作为语言的最新产物之一，代词类似于代数符号或者劳动行业的机器。人称代词、指示代词和关系代词等都是奇妙的语言发明，能够推动说话者持续的思考。这一发明和其他省力装置一样，都与自我意识无关。在日语中，关系代词的缺失比人称代词更为严重。难道据此就可以推论日本民众毫无关系意识吗？诚然，人称代词不可能在没有或先于自我意识的情况下产生，但问题在于自我意识是否可以在没有或先于人称代词（特定语言手段）的情况下产生？在这一问题上，日语和日本文明提供了重要启示。

事实上，盎格鲁—撒克逊人和日本人的祖先很久以前就已经分道扬镳，在各自的语言发展、演变过程中，不仅所有的共性指代不复存在，甚至相似的表达方式也荡然无遗。而所谓的印欧民族偶然间发现了一种句法结构，在该结构中，代词发挥着重要作用，人称代词可用于指代人称，而日本人偶然发现了另一种方式，即不需要人称代词就可以完整指代人称，由此造成日、英两种语言迥然不同的句法结构。

现在，长期盛行的封建社会秩序对日语的影响不亚于对日本文明其他方面的影响。因此，许多准人称代词都带有明显的封建色彩。在与西方文明的碰撞中，在与离不开人称代词的西人交流过程中，大部分旧有的准人称代词逐渐退出历史舞台，而得以继续使用的部分迅速发展为成熟的人称代词。然而，这不是因为日本人自我意识觉醒，而是语言在朝着表达简洁、完整的方向发展。封建社会秩序造成日语中缺少人称或其他代词这一说法过于轻率，但可以肯定的

第五章 人格与宗教

是，封建社会秩序等级森严，礼仪分明，个人敏感程度提高，这些都推动了人称指代的使用。即便我们无法解释日本句法中无代词的兴起因由，但只要能够看到语言进化中的问题，认识到日语代词的缺失不能归因于缺乏自我意识，更不能归因于日本人"无人格"便已足矣。

"无人格"论调忽视了一个有趣的事实，那就是日本人无法将民族性与人格分开。在日本，天皇是日本民族的象征。日本人普遍视为是皇室的子民，天皇拥有绝对权力。只有天皇任命之人才能拥有权力。民众的权利皆由天皇授予，依赖天皇意志而存在。理论上讲，天皇可以轻易废除1889年宪法，废除国民享有的所有权利。哪怕天皇引用路易十四的名言"朕即国家（L'état, c'est moi）"，民众也不会为之震惊。帝国大学前校长加藤弘之最近在《道德法律之进步》（"Evolution of Morality and Law"）一文中指出："在日本，爱国主义意味着效忠皇室。对日本人来说，天皇即日本。天皇可以毫不夸张地说，'朕即国家。'日本人认为，他们的幸福与皇统紧密相连，对所有不承认这一事实的道德体系或法律制度嗤之以鼻。"

日本学习院大学的历史教授兼帝国军事学院讲师山口先生在《远东》中写道："日本主权与皇室相伴相生。皇室倾、帝国覆。""君主拥有国家统治权……天皇掌握实权，与其他只拥有部分权力的统治者截然不同。"日本民众普遍持有这一信仰，而且这也清楚表明，在日本，国家统一和主权并非独立于人格而存在。

最后，本章结束之前，有一点需要我们注意。如果说"无人格"是日本民族特性，那么日本人是否会产生强烈的人格？

罗威尔先生曾生动地讲述了一次经历。他说："某些日本人身上存在着一种微妙的东西，能使所交之人印象深刻。这是一种力量，难以名状，我们只能笼统地称之为人格……而另一批人对我们毫无影响，仅是过客……这种差异是因人格不同或者追求人格所致。"首先，值得注意的是，此处所说的"人格"是指真正意义上的人格，并非特指自我意识或自我意识对他人意识的影响。它指的是人格的本质——思想、情感和意志。这些品质显著，则人格强大，反之亦然。而单纯的自我意识是人格的次要因素，在人格不显之人身上可能会病态发展。

其次，日本人和西人的人格鲜明程度存在差异。日本史上，许多杰出之士被视作英雄，其中当属西乡隆盛①最为突出，他激励着成千上万后起之秀。新岛襄亦是如此。他目标明确、信念坚定、志存高远、无所畏惧，令人印象深刻。当下，鲜少有西人用日语与日本人自由交谈，但是在引例中，我们能够感受到这种有着"强烈人格"的日本人。如今在我看来，若"无人格"是一种由心理因素引发的民族特征，那么就无法解释日本为什么能够出现众多具有强大人格之人。若没有强大的人格，日本诸多英雄和英雄崇拜便不会产生。日本的封建制度无疑促进了这一精神发展。但是，若没有强大的人格，封建秩序便难以存续千年，更难以造就英雄。整个封建秩序是建立在寡头政治之上的，它强调人而非原则，国家律法反映的也不是民众意志，而是少数人的意志。因此毋庸置疑，日本旧社会秩序并未赋予民众自由抑或培养鲜明人格，但它确实培养了统治者强大的人格。那些自幼承袭统治地位之人，即幕府、大名和武士之子，在封建社会秩序下被迫发展为杰出人才。可以说，封建制度有利于发展少数人的人格，但压抑了诸多民众的人格。

总之，日本思想和文明"无人格"论的拥簇不仅忽略了文明中的诸多重要元素，而且将其诠释建立在错误的观念之上。若想深究人格，我们仍需进一步研究。

第四节 日本佛教无人格？

主张日本民族"无人格"的学者呼吁人们关注日本宗教中的

---

① 西乡隆盛（1828—1877），日本江户时代末期的萨摩藩武士、军人和政治家，从事倒幕运动，维新成功后鼓吹并支持对外侵略扩张。——译者注

"自我克制"现象。但他们不明白"自我克制"论与"无人格"观是矛盾的。只有当一个民族历经了"个人"存在阶段并发展到更高层次,才能实现"自我克制",而原始民族尚未发展出自我意识,不具备"自我克制"特征。如果日本民族的"无人格性"等同于原始民族无自我意识的"无人格性",日本人就无法表现出"自我克制";反过来说,若日本民族的"无人格性"隐含在"自我克制"中,它也不同于原始民族缺少自我意识的"无人格性"。总之,西方学者混淆了上述两种概念,并未意识到二者互相排斥,无法共存。

此外,日本人的内心和民族性格还体现于日式礼节与利他主义,假如自我克制是这些品质的显著特征,自我克制也会凸显在日本民族浓厚的宗教文化中。不过,日本民族的宗教信仰并未体现出"无人格性"。倡导"无人格"论的学者将密宗的发展归因于日本普通民众,这与事实不符;断言日本民族"无人格"更是无稽之谈,因为大部分日本民众信奉多神论,他们无法理解佛教的形而上学,也无法想象玄妙莫测的佛性。如果领悟自然统一、梵我一如是原始思维的特点,那么原始民族的觉悟应该极高,这样的觉悟也会体现在他们发展的各个阶段。基于这一理论,族群越原始,生命越圣洁,他们的思维更加超凡入圣!但实际情况如何?原始思维不知自我为何物,更不必说自我克制。纯粹客观的日本原始宗教中无疑隐含着人神合一的思想,但古人未能掌握此深意,而这也是绝大多数日本人的心理状态。

但这绝非日本民族的心理全貌。历史悠久的日本必定会培养出深刻自省之辈。佛教很早发展了日本人的自省意识,同期又引入以禅修内省为核心的人生哲学。要求生有慧根、心存执念之人都能如佛陀一般大彻大悟,明了本心、克服凡我,继而超脱为如来尊者、悟道佛陀。佛法缜密,强调自知,进而克制自我,研究佛论的学者都通晓此理。主张日本民族"无人格"的学者同样认识到了这一点。此处最好引用洛威尔先生对密宗的精彩描述。"佛曰,生即是苦……以我执为根,生出诸烦恼。我执非我,皆为幻相。自性自身,皆为虚妄……万相归无，即见本性……至性无形……证入涅槃。""罪从欲生，还从欲灭。佛曰，绝七情六欲，方可证自性。知肉身非我，返观内照，可见饮食欲、名欲与贪欲同为身外之物……欲念背后，实为自性，自性平等，众生即佛。参透此永恒真谛，已入涅槃……一念悟时，自身等佛。"

这一佛论若是确凿不移，根据佛陀与"无人格"论者所言，天人合一的觉悟显然是自我意识高度发展的结果。这种觉悟并非纯真、混沌的思维状态，而是几经衍化、原始人类无法理解的复杂思维。这种自我克制的方法"完全依靠自我意识的发展"，认识自我，摈弃自我，最终达到佛我合一的境界。因此，如果日本的佛教力求克制自我，那么这一行为无疑证明日本民族具有高度发达的自我意识。

佛教宣扬芸芸众生，唯有自渡，是神是人，爱莫能助。佛教指出救赎不在身外，须自求证悟，无法由外界施与。为求解脱而诉诸1900年前的耶稣，更是遥不可及。但本章的重点不在于基督教的是非，而是在于佛教的教义——"自力（自行开悟之力）"，这一概念实际是佛教自觉本质的又一佐证。自力的目的是涅槃，也是自我克制。但自我克制的实现，首先取决于清晰的自我意识，其次依赖于长期的自我修行。因此，佛教越是深奥，就越能激发自我意识。

既然佛教在本质上能够激发自我意识，有人自会发问：佛教思想熏陶下的善男信女是否都人格鲜明。因为，自我意识是人格的主要成分，佛教必定与世人所言不同，是一派高度人格化的宗教。但佛教看淡自我，将自我寂灭视作唯一的救赎手段，倾向消除人格、消极避世、淡出红尘，最终与世隔绝。然而，人格发展的首要前提是生活丰富充实，社交往来不断。人格成就于人际交往，而非与木石相伴。显宗众神泛泛，密宗悲观自省，那么佛教或许在某种意义上可以称为"无人格"，但佛教的确能够催生自我意识。所以，仅从有无人格的角度无法准确阐述佛教。

于是，我们会思考如下事实：高阶佛法确实发展了自我意识，但并未赋予自我任何价值。因此，无论流传多久，佛教从未、也永

第五章 人格与宗教

远无法使得社会秩序朝着个人主义方向发展。同时，受佛教影响，尽管在自省与自我意识等方面有着高度发展，但整个日本民族到近代仍然保持着集体天性。

试想，如果说佛我一体，那么自性与佛性一样具有至高价值，佛教似乎对这浅易的道理未曾论及，更凸显其不足。佛教对虫鱼鸟兽的悲悯源于轮回说，而不是众生与佛的统一性。佛教对日本社会秩序的整体影响不利于日本民族人格的发展。因此，佛教对日本民众产生所谓的无人格影响，既非佛教忽视人的个体存在，也非强调有限个体与无限佛性之间的统一，而是佛教未能发掘个人的无限价值，无法引入个人主义，从而改变日本社会秩序。

将佛教与日本民族所谓的"无人格"特征称作"无人格性"未免失之偏颇，因此，我不愿用此说法。依我之见，"无人格"特征无法用任何术语真正概括：在日本社会秩序中，"无人格"体现为集体性；在神道教或佛教等日本主流宗教思想中，"无人格"体现为朴实无华的客观性；在密宗中，"无人格"表现为极度内省的自我意识，引发自我寂灭的愿望与行为。"无人格"特征的表现形式多样，无法以一言蔽之。只要日本人明白人类命运与共、天人本为一体，以此产生真正的利他主义，抑制私欲、以善待人、乐于助人，那么日本民族的这一特性便不是"无人格"，而是一种高度发展的人格，是真正的人格。

佛教的内省思想始于印度，彼时，印度社会已超越了部落阶段无差别的群居生活。种姓制度普遍存在、根深蒂固，种姓与等级差别深深扎根于民众的生活及思想。人的价值不由自身决定，而是由所在阶级或种姓决定。因此，印度民众的实际生活没有激发出任何有关人类自身价值的思考，深化为思辨哲学，却极大阻碍了关于人类价值思想的发展。

同样，观察自我的内省之法也不利于民众认识自我价值。这种自省之法颇为抽象，主张无我论，认为世界上一切事物都不是单一的独立体，一切自我的变化和表现都不算作真正的自我，若单一的独立体可以代表真我的话，又怎么会捉摸不定？感觉无法代表真我，因为感觉时隐时现；欲念亦无法代表真我，因为欲念时有时无。这一论证同样适用于一切客体。著名的《弥兰陀王问经》(*Questions of King Melinda*) 对真正的战车做过详细论述：车轮、辐条、车座、车轭与车轴不是战车，由此拆分，部件不可代表战车本体。但若战车不存在于任一部件中，这些部件就不是构成战车的核心要素。自我如是，自我不存在于诸多品格、性质和能力中，所以这些都不是构成自我的核心要素，真正的自我独立于这些要素而存在。

显然，这种内省忽视了自我的潜在价值，只是抽象的思维提炼。将剥离价值的自我视为佛性的一部分，不仅无法为个体带来解脱，也无法赋予个体任何价值，因为佛性的概念同样得自于忽视一切品性与能力的抽象思考过程。在我看来，婆罗门教与佛教的绝对佛性和黑格尔的绝对虚无没有差别。[1]

两种思想都高度抽象。而佛教的佛性、婆罗门教的梵我和黑格尔的虚无相似，三者全然空无。在这三个概念中，作为究极真理的空无是有限制的，因此，人不能享受生活，也无法认识到自身与无限空无的统一性。但有限之人本可以认识到自我与神圣的无限是为一体，从而收获无尽的财富与价值。因此，后一种观点高度人格化，前一思想则与人格无关。从严格意义上说，无人格是指无法"作为智慧、主动的个体有意识地独立存在"，所以佛教理念依然不能用无人格一词简单概括。

佛教的众生即佛思想或许可以称作"无人格"，这不是因为佛教忽视个体的存在，也不是因为它强调众生一体，或者说，一切个体与无限佛性的同一。而是在佛教中，人的一切品质与特性，诸如意

---

[1] 请读者勿从我对黑格尔的"虚无"所做的描述中加以臆断。黑格尔看得很透彻：他的"虚无"只是最大程度的抽象，因此颇为空洞。正如在婆罗门教和佛教中，虚无只是其思想的起点而非终点一样，只有当黑格尔经历了正题、反题和合题这一系列的辩证过程，让"虚无"具备了完整的存在与特性之后，他才将虚无视为具体而真实的绝对存在。因此，黑格尔的"绝对存在"与佛陀的"佛性"之间有着天壤之别。黑格尔试图以理性的形式理解并阐释基督教中上帝概念的实质。至于这一做法是否成功，此处不便讨论。——作者注

识、思想、情感、意志，乃至人的存在本身皆为虚无。这一观念确实是"无人格"的，但远不止于此。我不用"无人格"描述佛教，不是因为这个词分量过重，恰恰是因为它轻如鸿毛，不足以言明佛教的实质。

然而，这并非问题的全部。佛教内省思想的必然结果是佛教教义中的幻相。凡所有相，皆是虚妄。战车的实质不在外表，自我同理，我们的一切所见、所想也不例外。不明真相者为幻相所惑，无法解脱；迷途之人被苦厄所困，画地为牢。知幻即悟，悟幻可离，世间万有，皆为幻境。勘破此幻，即为过眼云烟。佛家的自渡论以及通过自省、禁欲、遁世而求得的解脱本身，都是幻相思想的必然产物，至于形成过程，此处不做讨论。佛教修行的终极目标必然是摆脱自我，脱离一切幻相、苦难与失意。

于是，我们明白，个人价值理念的缺位使得佛教在经过数个世纪的传播后，仍然未能在日本社会形成个人主义，也未能在任何民族中发展出人格概念或是培育出真实的人格。这不仅是历史现实，也是唯一的历史走向。

目前为止，本文只关注了密宗。因此，有必要再次指出，只有极少部分神职人员以外的日本民众能够认识到前文所说的自性和绝对佛性，并且想到二者的联系。这些思想都是密宗的一部分，是秘而不宣的真谛，也是证悟的关键所在，但对普罗大众来说过于晦涩。我得知，绝大多数日本民众，甚至一些僧侣都无法领略这些奥义，导致上述思想的传播范围极为有限。不过，这些思想仍然为佛教宗师、最博学的法师和最具造诣的佛学家所持有。这一事实也就解释了为何佛教从未也永远不会成为一种促使社会朝着个人主义方向重组的力量。

显宗包含着许多与密宗不同的元素。为深入探究本章所说的"无人格"特征，我们需要阐明显宗在一般情况下能否促成"无人格性"，如果能够促成，"无人格性"又该如何理解。在此，我们需要重新关注"因果"律以及它对性格的影响。因果律称，今生之事，即使再微不足道，都是前世之果，由不可更改的法则决定。披着哲学与科学外衣的"因果"是所有古老民族对命运的模糊概念，也是东方民族思想的核心元素。因果律认为，人出生在哪一种姓或者阶级是由轮回法则控制的，这与自身或父母无关，所以人也不必为此负责。幸与不幸皆由同样公正、不可动摇的法则决定。在这种思想体系下，个体实际上已不再肩负道德责任。在日本，因果律比密宗的自我观流传更广，同样不利于个人发展。

当因果律的思想已经渗透到生活的方方面面，也就意味着个人的选择和意志，以及此二者对外部生活和内在性格的决定作用实际都被忽略了。从社会学的角度来看，因果律的起源不难理解。在早期的部落公有秩序中，个人原有的自由随着印度民族的繁衍和发展日益受限，社会阶层日益分化，最终导致个人再无选择权。事实上，个人选择与意志已经不再参与任何重大决策。而一旦失去自由，道德责任便不复存在。当权者掌控民众的命运。于是，我们再次看到，社会秩序对一个民族的内在思想和信仰而言多么重要。

甚至，个人一旦坚信自己无信仰、无选择、无行为自由，那么在绝大多数情况下，他们将失去一切自由。"他心如何思量，他为人就是怎样""依彼所信，予彼所得"这一类个人自由信条无法强加给不信自由之人。从真正意义上说，相信自由，所以自由。正如詹姆斯·威尔（James Well）教授所言，意志自由论无法强行灌入任何理智之人的喉咙，因为强加自由的行为本身就会剥夺人的真正自由。真正的自由是拥有拒绝自由论的自由，可是，人一旦拒绝了自由论，他的自由便只是潜能。因为他笃信束缚，所以受到束缚。如今，多数日本民众始终将人生浮沉归因于宿命，这导致宿命论未能激发出意志，日本心理学也很少对意志力加以关注。日本心理学对人格几乎一无所知，因为它忽略了人格的核心要素——意志自由，也未曾鼓励个人行使其自由的道德选择，但这一选择恰恰是人与生俱来的最高权力之一。若个人不承担道德责任，道德感召便无处施展。而这一方式本来可以催生出人格的底色，意志因素。

因此，密宗发展出了高度的自我意识，却又忽视个人自由，所以未能将显宗从宿命论中解放出来，而是使其愈演愈烈，阻碍了社会进步。可见，密宗和显宗佛学对人类和社会的发展产生了一定影响，但日本民众从未找到超越或者解脱之法。在此意义上，佛教的影响和日本的社会环境虽然可以称作"无人格"，但这一特征是不尽完善的宗教心理和日本社群主义的体现。至于将日本的这一特征称作"无人格"是否合适，留给读者评判。我们对"无人格"论在阐释日本宗教和社会现象方面的不足进行了探究，本节到此告一段落，不过，这一主题仍然值得深入思索。

第五节　三教中的人格性

尽管人类思维时常缺乏逻辑，令人遗憾，但这注定是我们不完美天性中的一环。正是因为逻辑难以自洽，很少有人会将错误的观点和形而上学的思辨贯彻到底。在日本，社会常识或多或少缓释了佛教的影响。至于日本佛教对人格的作用是如何被削弱的，本节将对其中部分原因加以论述。

首先，日本密宗和显宗存在区别。密宗虽然包含显宗元素，但又为悟性不同的普罗大众提供了多种证悟的方式，它用唱诵佛号、神字符画和神像雕塑普度芸芸众生。不过，相较于密宗本身，这些外显的方法对人格发展的影响颇为有限。

其次，轮回说也消解了密宗对人格发展的影响。轮回说认为，个体死后重生，本性永恒不灭，地狱天界、十世轮回，来世的归宿根据前世的品行而定。轮回说实际是呼吁芸芸众生行使意志，坚持人格。在此意义上，轮回说部分消除了充满宿命与幻相的日本佛教教义所产生的影响。

日本佛教自身的修行方法又进一步削弱了佛家教义的作用。佛教在主张自我无价值、意志无用的同时，却又声称，只有无比坚定地修炼意志，才能实现自渡。日本的禁欲主义所磨炼出的强大意志，难道不是最有力的证据？在意志方面，西方望尘莫及。因此，作为信仰来说，日本佛教阻碍了人格思想的发展，但其修行方法又在自身活动的特定阶段有力地推动了人格的形成。日本民族的禁欲主义相当于人格发展中的一个阶段，体现为一种控制身体的强大意志，使得日本民众思想无论多么活跃，情感多么强烈，也能够不形于色。

与此同时，朴素的儒家伦理又对日本佛教的传播和主导地位造成了极大冲击。显然，孔子不喜思辨，对形而上学与内省之法等闲视之，关注行为本身。孔学精深宏博，以五伦（父子、兄弟、夫妇、君臣、朋友）为纲。因此，尽管儒家学说实际对个性与人格并无训示，却真切地强调人格，并要求保持人格。在孔子的所有教诲中，人格一词的确切含义时而隐晦，时而明确，但从未缺席。

封建时代的日本有许多高尚的品格值得颂扬，这些品格是儒教武士道的产物，也是武士道切实重视人格的有力见证。日本武士道倡导忠、孝、勇、诚、荣誉、克己等美德，尽管从某些角度来看不甚完美，但依然颇为崇高，这些品质的出现正是依赖于人格的发展。

主张日本民族"无人格"的学者每逢言及泛神论时，便滔滔不绝。他们声称，向日本民众传达神之人格思想是极为困难的。虽然某种形式的泛神论是日本有识之士的信仰，但对神格的认知在日本民众之间传播甚广。只需要请读者稍加留心即可。在此意义上，神的人格思想有助于中和日本佛教偏重泛神论与宿命论的倾向。

神道教自始至终都与人格紧密相关：教中的无数神明都是人格化的存在，其中许多是神化之人。最受欢迎的一类，便是那些见义勇为或功勋卓著的英雄。若脱离了人格，拜祭英灵毫无意义。

显宗和神道教持有相同的神格思想。显宗崇拜各种品质特性的化身，比如慈悲之神"观音菩萨"，旅人和儿童的守护神"地藏菩萨"，惩恶之神"阎摩"，以及"不动明王"，这些都是不同神圣品格象征。同时，每位神灵都有较为统一的神像，供人瞻仰。耐人寻味的是，刚传入日本的佛教超然物外，拒绝神明崇拜，今日却对佛像膜拜有加。反观颇为崇拜人格的神道教，却从未对木石神像卑躬屈膝。

相较于佛教和神道教,日本儒家思想的高明之处在于,它暗示了上天具有人格。尽管这一点在儒学中没有对应的术语,也没有明确的训示,但却贯穿了日本经典教育的所有道德观念与宗教思想。日本信众常用汉语词"上天"代指神,该词的字面义是"至上天帝",即宇宙的至高主宰。在此,神以人类统治者的形态出现,自然具备人格。日本人常说的一句话是:"仰无愧于天,俯不怍于地。"

这句话指的是个人对自己生活和行为的自觉,如此一来,人既不会在直面上苍时羞愧难当,也不会在众人面前无地自容。圣保罗也表达了同样的观点,他写道:"我因此自己勉励,对神,对人,常存无愧的良心。"此外,还有一句警言:"天网恢恢、疏而不漏。"这句话常用来表明上天必将惩凶除恶。"上天有口、隔墙有耳"象征着上天能洞悉人的一切。另一则描写上天无所不知的典故更加令人惊奇,那便是"杨震四知"。杨震是公元2世纪中国的一位贤者,有人送来厚礼,并向杨震保证无人知晓此事,他却答道:"天知,地知,子知,吾知,何谓无知者?"这句谴责贿赂行径的俗语在日本家喻户晓。智、见、行、悲、愿的"天"在中日文学中频繁出现,其活动始终与人类最崇高的理想保持一致。

人们普遍认为,因为日语中没有"人格"一词,故日本民众缺乏人格概念。即便将该词告知日本民众,他们也很难心领神会。并且,即使向他们传授神之人格思想,犹豫不决的他们也不应该受到批评。因为我们必须承认,如果"人格"的定义与宣扬日本"无人格"的学者所持有的定义一样模棱两可、自相矛盾,日本民众对神之人格性将信将疑,也是情有可原的。毫无疑问,日语当中没有一个词与西人所说的"人格"相对应,但其他众多术语同样很难在日语中找到对等的词汇。事实说明,日本的哲学未遵循西方哲学完全相同的路线。假如定义明确,我认为,向日本民众传达人格这一概念绝非难事。况且日语中有许多单词代指个性与自我,只是没有抽象的"人格"一词而已。但这也符合日语的总体特征——相较于英语，日语的抽象词汇更少。不过日本新兴文化正在创造并引入抽象词汇，不仅如此，大多数受过教育的日本信众常用"生命""权力""成功"和"爱国主义"等抽象词汇，英语单词"人格"也在其中。

1898年夏，我应邀与克拉克牧师（Rev. C. A. Clark）同至一所佛学院发表演讲。这场30分钟的演讲接近尾声时，一位年轻人起身，用50分钟对日本佛教体系进行了概述，详细阐述因果律的同时，指出上帝观和宇宙观不尽如人意的原因。他提出的种种反对意见在如今的日本颇为流行。比如，若上帝是宇宙的创造者，那么为何有人富足，有人贫苦，有人出身高贵，有人生而卑微？谁创造了上帝？我随即反诘道，因果律的起源又是什么。我已经多次证明，人格概念对日本人来说既不陌生，也不难以理解，只要能够清楚地表述这一概念，哪怕是一位沉浸于佛教思辨的僧人也能理解人格为何物。

在结束对日本人格问题的讨论之前，我们似乎有必要追溯日本人格概念的发展史。结合前文以及民族发展原则一章中的种种论述，日本人格的发展史可以用一段话概括。

部落融合、豪族兴起、国家的建立以及对外建交，这些发展对每个日本人来说意义重大，他们的生活更加丰富，这恰恰是人格发展的重要因素。家庭、部落、氏族、民族和世界是不同的集体，日本民族的个人意志服从于群体意志，以集体而非个人利益为生活目标，非但不是对人格的限制，反而是人格的延伸与发展。神道教和日本的儒学培养了对集体利益的服从，刺激了在此基础上的人格发展。但这些教派存在一定的局限性，它们只关注上层社会与统治阶级，导致日本民众的人格发展极为有限。佛教对日本民族人格发展所做的贡献只限于教诲信众自省与克制证得妙法。但鉴于前文所述的种种不足，日本佛教发展人格的作用颇为有限，只有少数人的人格得到高度发展，民众的人格仍需完善。新日本所面临的问题就在于如何提升大众的人格，而这还需要通过个人主义社会秩序的引入来实现。

在本章的最后，还有一个问题值得关注：人格遗传的本质是什

第五章　人格与宗教

么？人格究竟是生而有之的生物属性，还是与本书迄今探究过的所有日本民族的特性一样，通过社会遗传进行传递？内在人格（先天人格）是区分人与动物的原始禀赋，而外在人格（后天人格）是内在人格在不同人种身上和不同历史时期所表现出来的各种形态。可以肯定地说，外在人格根据社会交往或社会遗传规律进行传递，内在人格却只能由直系后代继承获得，比如，从父亲传递给儿子。外在人格通常无法传递给直系后代，它是由社会决定的，通过社会遗产进行传播，最终为其他人所承袭。但无论是内在还是外在，个体正是通过人格才能挣脱主流社会秩序，从而成为变革社会秩序的一环。社会进步的秘密就在于人格，因此，社会秩序越适宜广泛培养高级的人格[1]，社会进步就越快速、越平稳。

反过来讲，后天人格能否影响先天人格，这是"后天特性的遗传"问题。针对这一问题，我不复冗谈，只提一点：新发展出的人格

---

[1] 似乎有必要简单说明"神的人格"思想以及日本人对这一思想的接受情况。首先，日本民众难以接受神具有人格这一观念，主要原因不在于日语中缺乏"人格"一词，也不在于日本民族思想中的"无人格"特征。我们已经看到，日本民族的整体思想和道德教诲，既暗示了人具有人格这一事实，又包含着对人格的认知。日本的宗教同样在教义中暗示"天"具有人格。我很清楚，"神的人格"思想在哲学方面，或者更准确地说，在形而上学方面难以解释。正是因此，个别日本民众仍然难以接受这一思想。但我坚信，上述困难的根源在于西方。感觉主义的哲学思想导致民众否认事实，甚至否定人的心理本身，这一派思想造成的认知障碍并不亚于纯粹的理想主义，这两种思想都曾引介给日本的有识之士，并激起不少反响。我认为，部分日本信徒质疑神具有人格的真正原因，是该教义发源于日本境外。同样的疑虑也曾在其他国家出现，因此，日本信众的疑惑可以用相同的方式进行解答。我们必须指出，注重感觉的"实证"哲学在解释一切有关生活与现实的重大问题时，都以不可知论收场，这一哲学派别的根本问题在于未能认识到思维在本质上是可知的。格林（T. H. Green）和其他严谨的思想家对上述假设与方法进行了彻底批判，而那些感觉主义的不可知论学派尚未对此作出回应。这些哲学论争需要译为通俗易懂的日语，以供受过良好教育的日本学者和非专业人士参考。因此，塞思（James Seth）、伊林沃思（Patricia Illingworth）这些作家和哲学家的相关论述，特别是洛采（Rudolph Hermann Lotze）对"人格"精彩绝伦的论述同样应该译为日语，呈现给日本的思想家。但我要重申一点，在我看来，日本民众难以接受西方哲学思想，并不是因为日语缺乏"人格"一词，也不是因为日本民族思想的"无人格"特征，更不是因为流传至今的日本各大宗教，而完全是外来的哲学思想与西方科学所致。至少，据我所知，认为这些哲学议题难以理解的人，并不是那些只说日语、只了解日本原始宗教的人，而是那些能够率先接触到西方知识的人，其中不少人曾经在西方学府留学数年。这些人的存在证明日本民族接受新思想的速度极快，至于他们在理解相关哲学理念方面的困难，并非他们自身的原因，而是逐渐累积的结果，阅读西方文学、交往那些对神的存在不以为然的人都有影响。——作者注

促使身体与大脑产生变化,而这些变化能够在亲子之间传递。于是,后天人格会变为先天人格。至于凭借后天人格向先天人格的转化程度,划分民族先进性,这样的标准在我们看来是不存在的。因为,区别各大民族的并非先天人格,而是后天人格。换句话说,后天人格才是各民族社会秩序的产物,通过社会遗传而非生物遗传代代承继。

第六节 何为日本人的本质特征?

在详述日本民族的情感、审美、智力、道德和宗教特征的基础上,我们对其人格问题给予了充分的探讨,试图理解每一种特征与日本封建制度和社会秩序的关联。

或许有读者不满足于本书的研究结果,提出疑问:"如此说来,日本民族不具备区别于西方民族的显著心理特征?东方人在精神和道德上不存在迥异于西人的特性?"针对这些问题,本书给予了否定的答案。不过,考虑到部分读者仍然心存疑虑,我们不妨深入讨论。

科学社会学家和许多旅居作家均认为,东西民族各有其独特的心理特征,正是这些特征使得二者截然不同。来到东方的西人会因为东西文明的迥异特征兴趣盎然、惊讶不已:东方文明的一切外在表现,从每一种思维、艺术、建筑,到神明观、人类观与自然观,乃至语言的发音与结构,似乎都与西方完全不同。不仅如此,当西人在东方各国游历时,尽管发现日本、朝鲜、中国和印度民众存在差异,但依然会对东方民族匪夷所思的相似性印象深刻。

旅行家自然推断,东方民族的根本特征在于其统一性,而且东西方文明是各自民族智慧的产物。这一印象和结论并非只限于偶然到访的旅客,长居日本的西人经年累月间也越发确信东西方人的差异。当西人只了解日本文明的表象时,多会忽略其中令人失笑的一面,对日本文化的便利之处赞赏有加。然而,对日本语言、思维、情感、商业、政治、文学以及娱乐方式的了解越加深入,西人对东西差异的认识越为深刻。比如,日本人的精神世界在西人眼中颇为空虚。于是，长居日本者便以自身经验证明了旅行家匆匆一瞥间的猜想：东西方民族的差异关乎民族性，无法抹除。最终只能给出东方人天性如此的解释。

几乎所有讨论东方民族的文章或书籍中，都会频繁出现上述观点。无论是评论性作品，还是批判性著作，凡是不符合西方传统的事物，都被其作者有意归于东方主义的范畴。

然而，不仅旅居作家和非学术人士认为东方民族具备独有特征，甚至杰出的社会学家也主张这一点。勒庞教授在其《民族心理学》(*The Psychology of Peoples*) 一书中，对此观点大加褒扬，我们不妨从这部耐人寻味的作品中引用几句。"本书旨在描述构筑民族的心理特征，并说明这些特征是如何决定民族历史与民族文明的。"[1] "游历诸国后，有一点让我始终难以忘怀，每个民族都具备一种与其生理特征一致的、无法改变的心理特征。此为民族情感、思想、制度、信仰和艺术之源。"[2] "民族生活、制度、信仰和艺术都是其内在精神的外在表现。因此，一个民族要改变其制度、信仰和艺术，首先须改变其内在精神。"[3] "日本人多半会读个大学或者当名律师，但因此获得的荣耀颇为肤浅，其心理也未能受到影响。任何教育都无法让他们形成西人的思维模式、逻辑判断，乃至性格特点，因为这些皆由遗传造就。"[4] "要想根本改变民族性，唯一可靠的手段是异族通婚，只有遗传才能影响遗传，从而创造出具备全新生理和心理特征的民族。"[5]

我从未贸然否认上述说法，甚至多年来都深表赞同。但本书种种研究无不使我深信，民族性无法改变这一观点并不正确，其论据同样存在疏漏，这才产生了本书所秉持的立场。

---

[1] Gustave Le Bon, *The Psychology of Peoples*, London: T. Fisher Unwin, 1899, p. 17.
[2] Gustave Le Bon, *The Psychology of Peoples*, London: T. Fisher Unwin, 1899, p. 18.
[3] Gustave Le Bon, *The Psychology of Peoples*, London: T. Fisher Unwin, 1899, p. 19.
[4] Gustave Le Bon, *The Psychology of Peoples*, London: T. Fisher Unwin, 1899, p. 37.
[5] Gustave Le Bon, *The Psychology of Peoples*, London: T. Fisher Unwin, 1899, p. 83.

诚然，东西方民族与文明的不同特征多不胜数，但这些特征都是社会发展的差异表现，依赖于社会遗传而非生物遗传。生理差别与生俱来，与人种相关，而且必然存在。社会特征与社会差异则不然，它们主要由个体在后天习得，并取决于社会环境，因为社会环境决定婴儿期及其之后的教育。不仅如此，如果将一个国家或者民族置于适宜的社会环境中，可能会对其制度、信仰和艺术产生深刻的影响，使得勒庞教授等学者所谓无形的"民族魂"发生转变。民族活动形成民族性，因为"功能催生机体"。至于勒庞教授和其他学者将民族魂视为一成不变的事物，我却不认同。社会心理始终不断发展变化，日本就是一个重要实例。就民族与文明的发展而言，无论是退化还是进化，都是连续的过程。进化只是发展的一部分，没有退化，就无法理解进化；作为发展的另一部分，退化更富有意义，因而更具研究趣味。许多冠以进化之名的现代论述，实际上是相对于退化的讨论。

细心的读者已经发现，本书前几章有关日本民族性的讨论，真正的重点在于退化。我们反复回溯这些特性产生的原因，所得答案无不与日本社会秩序相关。我们梳理了日本人的诸多特征，明确了这些特征的产生条件及其在新秩序下的转变过程。事实证明，本书研究的日本民族性绝非生而有之，它不是大脑结构或生物遗传影响下的结果，而是与社会相关。

主张民族心理依靠生物遗传的学者有必要详细阐述东方人的内在特性，并列举西人的根本心理特征。鲜少有人做出这种尝试，即使有所列举，也很难让人信服。尽管勒庞教授指出，民族心理特征与生理特征一样鲜明且无法改变，但他从未做出具体说明，其论证的不足就在于此。若这些差异正如勒庞教授所言如此鲜明，举例说明似是小事一桩。不论着装如何，欧洲人和亚洲人、英国人和意大利人、日本人和朝鲜人、中国人和印度人通常易于区分，因为各个民族的生理特征极为明显，不难描述。如果东西方的心理差异与生理差别同样显著，这些学者为何不对其中差异进行一番描述与分类呢？

第五章　人格与宗教

偶尔有旅居作家在这方面做出尝试，但收效甚微。最近，伦敦《每日邮报》（*Daily Mail*）的某位作者再次指出，对日本人显著特征的分类尝试都是徒劳的。在这篇文章中，该作者提及日本女性地位低下、男性恣情纵欲、娼妓合法合规、男孩天性木讷、轻视西方文明，以及粗鲁对待外宾等现象。不幸的是，上述说法多为谬谈。即便这位作者陈述属实，难道上述表征仅限于日本民族？试想，在过去的西方，女性的地位如何，西方男性的道德品质又是如何？如今欧洲的都市完全不容许娼妓活动？英美都市中的娼妓经营比日本更为高尚？西方国家给予了日本民族和文明普遍的尊重与理解？这些社会表象非日本民族独有的本质特征。

正如我们所见，帕西瓦尔·洛威尔先生从哲学角度细致地分析了日本人的心理本质，并将其称作"无人格性"。前文就这一论述的不足之处展开了充分的讨论。

有说法称，东西方心理特征的区别在于，前者依赖直觉，后者仰仗逻辑。古代日本在教化民众方面全靠学者的直觉而非逻辑推理。抛开仪式和符咒等外在表现不谈，日本的宗教思想便与直觉有关，"悟"正是日本宗教的关键词，信众凭借刹那的直觉自行证悟。日本的道德教化同样具有直觉性。许多教导劝诫只待求知者自行领会其中真意，别无他解。并且，日本教学也旨在直击要点，而不是讲授求索过程。日本人的直觉性无可争议，相关事实俯拾皆是、明白无虞。问题在于，直觉性是否属于民族心理特质，以至于，无论日本人所受教育程度如何，思想都不可避免地被直觉性所控制？西人是否明显缺乏直觉性？如此说来，答案已然呼之欲出。

凡是接受西方教育的日本人都掌握了逻辑推理和逻辑教学，日本传统的直觉教育现已过时。从另一方面看，西方并非没有直觉主义，宗教神秘主义者、信仰治疗师和唯灵论者显然倾向于直觉，传教士和诗人同样是直觉主义者而非逻辑学家。

再者，回顾过去，我们发现，即使是西人，也曾为直觉论所主导。西方的一切原始知识都服从于直觉，其荒诞程度绝不亚于许多至今依然盛行的日本自然观。对先验性思考，或者说对直觉的依赖，正是古代西方科学与哲学的不足之处。科学、哲学乃至宗教中的归纳法和逻辑思维都是西方思想的近代产物。因此，西人习惯对未经研究和实证的直觉知识质疑，近代西方的特点就在于广泛采用归纳法。

现代的进步主要体现于逻辑能力，特别是质疑和检验直觉知识能力的提升。日本人的直觉性和西人的逻辑性同样鲜明，这种说法不无道理，但却忽视了二者的真正区别。一方面，西人综合了直觉与逻辑，将直觉应用于生活的各个方面，但不止步于直觉。同时，直觉知识只有接受彻底的理性批判，才能成为真理，西人不相信未经证实、未经引导的直觉判断。另一方面，日本人并非天生缺乏逻辑能力，当他们接触到西方生活，特别是受到西式的教育后，在逻辑能力方面并无明显不足。

综上可知，尽管区别东西方的心理特征颇为深奥，但仍然是社会特征而非生理特征；它们是文明特征，而非民族本性。

许多细心的西人关注到一个事实：要与日本人建立真正熟络的关系颇为不易。几年前，哈佛大学的一位教授问我："你在日本会感到很难与日本人交心吗？哈佛有许多日本留学生，但我们不过是点头之交。他们似乎将自己包裹在一个我们无法撬开的壳里。"《日本邮报》的编辑谈及"与日本人交心"的困难时表示："日语必不可少，但就算学会日语，依然有其他问题需要克服。至于这些问题究竟是什么，我们已经思考了33年，至今无解。迄今为止，还没有任何外国人成功打入日本的核心交际圈。"

这一点是否属实？如果表述不实，人们为何普遍感到与日本人交心不易？若所言不虚，此现象又该如何解读？与许多宽泛的表述一样，日本人难以交心这一说法是非参半：倘若作为一般经历，我相信其真实性；倘若以此一概而论，我却不敢苟同。这一说法的真实性该如何解释？难道正如部分人所说，日本人难以交心是民族魂的差异及其排他性所致？若是如此，这一解释必然成为公理。我们即将认识到，这一解释依然欠妥，日本人难以交心的真正原因并非难以捉摸。

日本民众的交际之难主要由两类事实造成：其一，日本民族长期被灌输西人意欲侵占日本国土的思想。尽管日本的开明人士早已打消了这种恐惧与疑虑，但普通民众仍然对西人心存芥蒂，他们既不愿西人领导日本政坛，也不会因为受雇于西人而对其竭诚相待。因此，西人无法进入日本政治领域的核心并不奇怪。不仅是日本，美国之外的所有国家或多或少都存在这种现象。其二，东西方不同的社交方式导致两种文明的个体在社会关系上产生了深刻分歧。日本人俯身鞠躬、客套寒暄（aisatsu），认真聆听、不抒己见，交谈时点头称是、逐字推敲，因为日语的精髓就是让人预设言外有意，表达观点时也要字斟句酌。若要示好，西人会与客人伸手相握，直视对方，交谈时直抒胸臆，毫无保留地发表见解，既不多心，也不怕被人误会。所以，直接坦率的西人自然会对含蓄内敛的日本人心存疑虑。若日本人不能开诚布公地与西人交往，那么西人就无法真正与日本人交心。不仅如此，敞开心扉、广泛交友并不符合日本传统。西人的亲和力是个人主义的特征，这在日本封建文明中难以产生，因为当时的头面人物随身配备双刀，一旦受人污蔑或遭到质疑，便即刻报复。民众普遍不露锋芒、循规蹈矩、讲求礼节、言此意彼，这都是封建军国主义下的必要自保手段。日本的社会秩序和语言特点使得日本民族高度关注言行细节，擅长见微知著。日本的社会秩序推动人际关系呈直觉式发展，交往中更加依赖言外之意而非直接表达。在这样的习惯助推下，心存戒备是必然的，有关戒备的训诲也广为流传。"凡遇生人、视为盗贼"这句日本古谚或许是夸张之词，但却较好地诠释了日本人长期以来猜忌同胞、疑心外人的心理常态。因此，日本人的密友相对较少，对西人的交友方式也颇有微词。

考虑到日本社会生活的性质，西人无法融入日本核心交际圈的事实不难解释。蓄养姬妾、钟情艺妓和流连妓院之人，怎能和耻于如此行径之人自由、坦诚地交流？批判日本社会道德现状的正人君子，怎能指望进入日本的核心交际圈？绝无可能。无论日本和西方的商务与外交关系多么的融洽，两种社会生活之间的道德鸿沟实际阻碍了西人的融入。

有说法称，只要西人转变道德观念便可融入。实则不然，日本人识人有术。他们深知，放浪形骸的西人不足为信。尽管有时他们会一起厮混，但这只是基于欲望的萍水之交，而非思维和心灵的深刻共鸣。

所以，思维与心灵相通才是知己交心的秘密所在。对待人生同样严谨，愿意为实现伟大道德目标而共同努力之人，彼此的交情自然日益深厚。如今的日本民众，即使受过教育，也依然与忧国忧民的西人存在差距，双方的人生观几乎背道而驰。倘若他们的交往单纯缘于生意应酬，怎会产生深厚的友谊？不过是泛泛之交罢了。但当他们都秉持严肃的人生观，为实现某种攸关国家和时代福祉的伟大道德变革而奋斗时，他们便会建立起志同道合的联结，逐渐形成真正的友谊。

我对前文日本人难以交心这一论述是否正确的质疑，不仅出于理论上的分析，更有亲身经验加以佐证。许多西方传教士同日本信众和牧师之间情义深厚，这恰恰驳斥了《日本邮报》编辑的断言："迄今为止，还没有任何外国人成功打入日本核心交际圈。"而西人与日本民众难以交心的现象并非源于东西方心理的本质差异，只是不同的道德观、道德目标和风气所致。

另一方面，日本人要想洞察西人的诚心，须丢弃猜忌怀疑，不可臆断西人的言外之意或话语转折，而是根据西人表达的思想进行判断。换言之，东西方必须互相学习并信任彼此的社交之道。鉴于两种社交方式性质不同，双方都很难做到这一点，至于哪方难度更大，我不作评判。

关于东西方心理的本质区别，还有一种宽泛的表述：前者是凝思默想型心理，后者是积极活跃型心理。此说法不无道理，日本人随和、忘时、恍惚的特点与西人的急躁、忙乱和仓促常常形成鲜明对比。日本人来到西方，必先惊讶于西人在日常生活中表现出的充沛能量：西人在家行事风火，在街上"大步流星"，相较于日本人的缓慢步态，西人的行走速度的确能够如此形容。拥挤的街道上，马车、电车、汽车飞驰而过，人际交谈简短仓促，往来从简，至多不过是眼神的刹那交会。人人紧张忙碌、无暇思考。这些便是日本人对西人的评判与描述。

相反，日本视时间为无物。日本人走路缓慢；做生意须深思熟虑；拜访他人的艺术颇为精妙，鞠躬行礼和客套寒暄之后，才将真正目的娓娓道来；娱乐活动更是旷日持久，戏剧演出竟要一日光景。日本民众在家慢条斯理，在街上也不慌不忙。在西人看来，日本人仿佛置身梦境，现实生活也带有梦幻色彩。

如果说上述特征意在表示日本人拥有西人不具备的感知力，不如说西方文明是自由意志的表达，而日本文明是服从权威、遵从命运的表现。日本民族服从权威和命运是因为日本依然是集体社会，而西方是个人主义社会。西人往往自食其力，根据个人能力取得社会地位，自由施展才华，个人能获得的社会荣誉与自身的能力、勇气、独立和坚持成正比。同时，西方社会秩序会筛选这样的有才之士，使其在政界、商界、社会或者学术界内不断进步。可见，西人精力充沛、积极活跃的特征正是得益于个人主义的高度发展。西方文明整体上是自由意志的表现。

日本人的集体性并未给予个人进步的空间，自主上进之人往往受到社会谴责。无条件服从父母、大名、祖先和命运的思想贯穿日本民众的一生。如果被这些思想控制，随性悠闲、忽视时间、恍惚度日、沉思默想的生活便是必然结果。

但问题在于，上述特征是生而有之，还是单纯与社会有关？难道混沌的感悟力是日本人天生的民族性，而积极的自驱力是西人的本质特征？还是说，这些特征会随着社会秩序的变化而变化？我无疑支持后者。日本年轻一代身着西服、腕戴手表、按点赶车，一改旧时慢条斯理的风格，他们如今快步行走，说话直接干脆，差旅相对守时，这些现象都佐证了我观点的正确性。新日本在接触西方时，并未原封不动地照搬个人主义,而是在很大程度上将其收为己用,因此,日本正在与繁忙的西式生活逐步接轨。

随着时间的推移,日本文明将日益显现其强大的意志,同时将不断与融合西方文明。但日本文明能够转型,其根本原因仍然在于个人主义的持续引介。而个人主义之所以能成为社会转型的动力,是因为日本所谓的民族性实为社会属性,并非生理特征。"民族魂"的转变并不依赖于异族通婚,只依靠社会交往接纳新的社会思想与实践。

我们由此得出结论,东西方心理的根本差异完全在于社会差异。同时,这些差异只有通过对比主导两种社会秩序的基础理念,即日本的社群主义与西方的个人主义,才能得到充分阐释。

就东方民族无处不在的统一性而言,如果不是共同心理特征的遗传,又是出于何种原因?这自然是因为他们的文明和社会秩序息息相关。要证明中国、日本、朝鲜、暹罗、缅甸、印度(包括民族学家在印度发现的不同民族)、波斯和土耳其人同宗同源,并且因为共同的生理遗传而具备相同的心理特征,绝非易事。但我们反对这样以生理遗传决定民族心理的观点。自古以来,亚洲大陆各个民族往来不断,最先进的文明、心理、道德和精神借此传递给其他国家。因此,中国文明居于东亚之巅,印度文明对亚洲民族影响深远,这都是不争的事实。东方民族的心理统一性源于其社会和文明的统一,西人的心理统一性亦是如此。东西方之所以在社会、心理和文明特征上如此不同,是因为东西方人类分支经历了隔离进化。而生物的隔离进化又催生了不同的民族,物种既已固定,只有通婚才能改变。相比之下,尽管社会的隔离发展已经形成了不同的社会和心理特征,但这些特征并非一成不变,只要存在紧密的社会交往,施加特定的条件,就会发生变化。

如果区别东西方民族的根本特征只与社会因素有关,我们似乎可以认为,社会交往的结果具有相互性,东西方对彼此的影响不相上下,最终趋于同一水平。但从主导心理和社会交往的规律来看,

第五章 人格与宗教

这一结果并无可能。低级心理特征无法对高级心理特征产生显著影响，落后艺术对先进艺术、原始科学与哲学对发达科学与哲学同理。流体静力学的规律表明，两种流体基于水平和各自质量的差异进行自由交流，最终达到同一水平。而在社会交往中，高等文明不受低等文明的影响，低等文明却会加以改进，假以时日，将在所有重要方面与高等文明提升至同一水平。这一规律意义重大。旅行家却鲜少意识到日本西化的深度和速度，日本民族自身也尚且不具备充分认识，他们知道重大变化已经发生，并仍在不断进行，但未能洞察这些变化的实质，许多民众也不了解这些变化源于何处。日本只有在一些重要方面反超西方，才能对西方产生影响。

因此，正如第一章所说，日本已经形成了东西融合的文明，它不仅将西方文明的外部成果和科学技术引入新的社会秩序，还将西方文明内部的决定原则——个人主义收为己用。不过，正如埃塞俄比亚人无法改变肤色、猎豹无法改变花斑一样，日本永远不会完全西化。此言并非意指日本民族的生理特征及其"民族魂"与东方深刻关联，以致无法进行根本性变革，而是因为日本的社会遗存会不可避免地对一切引入的西方习俗和观念进行改造。尽管日本迟早会形成个人化的社会秩序，但日本社会绝不可能与西方社会完全相同，无数的细节仍将保留日本社会遗存的印记，展现出令西方旅者印象深刻的东方文明。尽管如此，日本文明和社会秩序的西化程度仍然使得了解旧日本社会秩序的民众唏嘘不已。虽然如今的社群主义和个人主义分别是东西方的显著特征，但此二者并非是因为固有的民族性而产生的必然特征。日本将会日益朝着个人主义方向发展，世界各大民族在未来的发展中也将使个人与民族的繁荣所需趋向一致。不过，基本的传统习俗仍将保留下来，为各自的民族和国家赋予独特的心理与社会特征。

结　语

　　本书旨在对日本民族性格的实质及其近代转变进行探究。
　　为此，我们必然要涉足社会科学领域，对许多有问题的概念提出疑问。不过，我们讨论的社会原则有严格的限定，主要探究日本人如何区别于其他民族的社会和心理特征。我们认为，这些特征源于日本主流社会秩序的性质，而不是民族性；并且，各个民族心理特征更多的是缘于社会发展而非生物进化。
　　这一立场以及为此展开的种种讨论蕴含着言外之意。在本书结语部分，似乎有必要使用相关术语简要阐释本书中提到或者隐含的某些社会哲学基本原则。为简洁故，这些阐述将以中规中矩的论点和不加例证的抽象论述呈现。对一般读者而言，这部分将较为枯燥，因此，建议忽略结语内容。
　　首先要明确一点，我们并未对心理生活的起源或者内在本质做出任何解释。我们也不主张社会交往或者社会秩序是催生心理活动的根本原因。我们发现，人类心理在不同民族和文明中有着不同的表现，问题在于，如何对这些表现进行解读，这是本书唯一的疑问所在。
　　心理类型的唯一根源就在于社会生活，脱离了心理，社会交往便无法存在。形成人格化的心理类型正是人类社会生活存在的终极原因。通过刺激或者模仿的方式，对心理活动的表现产生决定性影响的条件数不胜数。这些条件因地域、民族、年龄和政治关系的不

结　语

同而有所差别，为每一个独立族群造就了不同的社会秩序。而这些不同的社会秩序又决定了不同族群独有的心理特征。社会生活和社会秩序都是现实的客观表达，而心理类型具有主观性，所以是更深层的现实。因此，心理与社会不可一刀两断、各自保全，也无法脱离对方，得到完整的解读。它们是同一现实的两种表达，息息相关、互为补充。同样，人们认为生理活动和心理活动密不可分，它们分别是现实的主客观表达，无法单独阐述，但各自有其突出特征，服从于不同的活动与发展规律。

遗传分为两类，一类是生物遗传，传递先天性状；另一类是社会遗传，传递后天习性及其生理结果。生物遗传所传递的先天性状要么是生理特征、解剖学特征，要么是心理特质。社会遗传所传递的后天习性本质上与心理有关，但这些习性也可能促成后天的生理特征，比如饮食、住宿、服装、职业和教育等生理需求。不过，这些需求尚未被生物遗传吸收，纳入先天性生理结构。社会遗传的生理影响存在于每个人的日常生活和生理活动中，与个体成长所在的社会要求保持一致。这些社会要求通过社会秩序对后天心理习惯的影响来实现，而后天的心理习惯则通过社会交往、模仿，以及语言和教育对活动的控制来传递。生物遗传的传递完全发生在出生之前，而社会遗传的传递主要发生在出生之后。

社会遗传的传递并不由血缘关系决定，因此，当外来民族的成员被纳入该社会结构时，也会受到这种传递的影响。尽管给予后代的生物遗传不可避免、完整无缺，但社会遗传在很大程度上是自愿的，其完整度以个体知识水平、目标和努力程度为转移。即使是父母传递给子女的后天社会和心理特征，也取决于他们之间的交往，以及父母将自己的生活模式强加于子女的程度。与父母共享行为、语言，以及社会和心理环境的后代，必然会发展出与其父母相似的心理和社会特征。

发展源于遗传变化。先天生理性状、解剖学特征和心理特征的进化通过生物遗传的转变发生，而社会和后天习性的发展主要通过社会遗传的改变实现。几乎所有的生物学家都认为，生物遗传改变的法则之一在于自然选择性状的改变，但当亲代的后天习性为子代所继承，即便继承程度极为轻微，是否也会由此变成先天性状？这是近年来重要的生物学问题之一。尽管认识到这一问题必然与社会科学存在重要关联，但我们未加以探究。简单来说，个体或群体所习得的社会和心理特征是否会影响先天遗传且可传递的心理类型，以致无论后代成长的特定社会环境如何，都必然展现出这些特征？针对这一问题，早已有广泛研究，我们不做赘述。若只观察那些生理发育水平基本相同的发达民族，我们会问，这些民族是否因为先天继承的心理素质发生改变，从而产生了独有的心理特征，并通过生物遗传传递给后代？对于这一问题，当前的科学社会学似乎给出了肯定的答复，但本书持否定态度。尽管无人主张各民族的心理性完全一致，或者声称不同民族之间的心理差异完全出于社会遗传，但也有人坚称，心理差异通过社会遗传进行传递极有可能是事实，其可能性远超人们的惯有认知。即便这种先天差异存在，也十分模糊、难以捉摸，难以甄别或明确表达，几乎可以忽略不计。

唯一能够有力驳斥先天心理差异存在的论点大致是：假设一个日本婴儿自幼为美国家庭所抚养，不仅衣食与美国人无异，而且被这一家人视若己出，得到细致、耐心的栽培。充分条件是，所有人，包括孩子自己都对他的出身和民族一无所知，如此才能让他被当作该收养家庭和这个民族中的真正成员，仿佛他生来如此。那么这个孩子长大成人之后的心理特征将会如何？如果他表现出像他的日本生身父母一般的心理特征，按照日本人的逻辑思考，倾向于将介词后置，不用代词而是用敬语，颇为多疑、沉迷揣度，打招呼时鞠躬而非握手，坐时偏好席地而非坐具，使用筷子而非刀叉；倘若发展出艺术才能，他会作日本图画，描日本山川、绘和族人像，无法按照西方艺术的标准创作；若要培养诗歌品位，他会格外钟爱十七音的俳句或三十一音的和歌，对朗费罗或莎士比亚兴味索然。简言之，如果他对任何日本独有的风俗、思想习惯、表达方式、情感或意志

结　语

产生偏好，这显然是他的先天遗传所致。但如果此人在上述方面都表现得像一名美国人，所受教育与任何一个美国男孩无异，并且在30岁时被带到日本时依然自视为美国人，那么他在学习日语、在融入和理解日本人方面就会与所有美国人一样困难。由此可以得出结论，此人的心理特征由社会遗传所得，其民族身份同样从社会遗传得来。这一结果将表明，区分不同民族的心理特征与社会而非天性相关。

本书的讨论只涉及社会和心理特征的发展。但即使这一领域并不宽泛，我们也不欲将之囊括无遗，我们主要关注社会现象和心理特征的相互依赖性。社会秩序的发展动因向来不是本书讨论的重点。

隔离是趋异进化的必要条件，可以进一步具化为多种隔离形态，每种隔离形态下的进化法则都不尽相同。简单地说，生物隔离是对存在分化倾向的有机体的繁育活动进行干预，从而防止其无限分化。而社会隔离是对有外部交流倾向的个体交往进行阻碍，从而防止社会差异和心理差异的泛滥。

生物隔离的群体因为隔离婚育，经历了趋异的生物进化，产生了不同的生理统一体，即不同人种。这些固定的人种要想显著改变，只能通过民族通婚才能实现。因为不同群体的成员无法开展社会交往，所以社会隔离的群体经历了不同的社会发展，产生了不同的文明和心理统一体。这些社会或心理群体之间的差异相对可塑、不断变化。任何社会群体要想改变其社会和心理特征，还须改变自身所在的心理环境或社会环境，或者在群体内部发扬鲜明的人格。因此，不同的生物群体能够单纯借助通婚成为生物统一体，而社会和生理不同的群体无需通婚，能够单纯通过交往达成社会和心理的统一。

异族通婚的后代，其心理缺陷或许主要归咎于父母不完全的社会遗传，而非混合的先天遗传。"民族魂"一词，尽管因高度形象具有误导性，但便于描述社会群体的心理统一性。这一特性完全是因为该社会群体中的个体成员在不同程度上拥有共同的思想、理想、思维方式、情感、意志、习俗、制度、艺术和信仰所致。每一个个体在何种社会群体中成长，就会被塑造成何种心理。因此，"民族魂"这一概念是通过有意识和无意识的教育强加给个体的。只要隔离程度完全，社会群体的心理发展就会产生差异，但社会交往越是密切，心理发展越趋于统一。充分的交往可以产生完全的心理统一体。但需要指出，地理上隔离的社会群体要开展充分的交往，几乎无法实现。

民族统一体的基本要素关乎心理和社会，而非生物。相形之下，种族统一体与生物相关。因此，同一民族可以细分为不同的社会和心理群体，而不同民族的成员也可能属于同一个社会心理群体。因此，许多社会学家所谓的"民族魂"并不属实，意义含混。这一术语并不是指代先天的心理类型在种族上的统一，而单纯地是指由社会遗传获得的心理特征在社会意义上的统一，但社会统一体未必属于同一种族。事实上，任何民族在生理上都不会完全相同，任何社群在心理上也不会完全统一。

社会学和生物学一样，功能催生机体，也就是说，活动本身催生执行活动所需的器官或能力。[①] 区分不同社群的心理特征主要（也可能完全）源于不同的社会活动，而这些社会活动又由地理、气候、经济、政治、知识、情感和个人等无数因素决定。

心理群体的可塑性缘于婴儿心智和大脑的可塑性，普通婴儿在任何群体中成长都能较好地习得其中的语言、思维模式和独有特征。这种可塑性能够拓展到何种程度，只有经过细致的试验才能知晓。我们发现，在亚欧民族中，这种学习能力远强于世人所知，但其他民族拥有这样的学习能力也不无可能。

心理群体拥有相对稳定性是因为在所有群体的主体——成年人中，功能已经催生了结构。身体、大脑和思想已经在社会秩序提供的模式下"固定"或者成型。强大到足以改变年轻人的影响对成年

---

① 这种活动是否改变了可传递特性与后天特征的遗传有关。无论是在生物学还是社会学中，功能产生机体一说并不能说明该机体是否能被传递。——作者注

结语

人几乎没有作用。心理群体相对固定，也是由于几乎无法将新的心理影响同时施加给群体内部的所有成员。大多数人对新的心理作用浑然不觉，依然留有旧式心态。改革和变革社会秩序的困难主要出于上述两个原因。

已经结构化或者具体化的民族思想、情感和意志在不同程度上成为一个民族（心理群体）的潜意识，而这些元素恰恰构成了民族"性格"的内涵，其中最主要的民族性关乎神之人格、两性的本质与价值、性格与命运的必然联系、生死的本质和意义，以及道德法则的本质与权威。社会越重视上述关键问题，民族性格便越是崇高而坚定，反之，民族性格便会卑劣而软弱。

一个民族的命运及其历史地位并不由机缘或者环境决定，归根结底，是由该民族自身的性格决定。然而，这种民族性并不是先天的心理遗传，自一开始便完整无缺，也不依赖只从亲代到子代的生物遗传。性格属于社会心理活动的范畴，是社会遗传的主体。通过社会交往，任何心理群体的主要道德品质都能传递给其他心理群体的成员。借助这种方式，一个心理群体的道德品质，以及性格和命运都能得到根本上的改变。

部分思想流传于世，无论这些思想本身多么美丽、真实或者发人深省，也未能成为生活的基础，也未能具化为个体思想或者社会秩序，对个体或群体的性格影响甚微。因此，一个民族的性格，不能以其民族文学中每一种思想的优美和高尚程度来衡量，而只能根据那些已经被吸收并融入该民族社会的思想来判断，正是这些思想决定着一个民族的性格和命运，也正是由于这些思想在社会秩序中存续，民族性格才会固定下来。

进步意味着生命的延伸，是社群与个体的生命在广度与深度、生理和心理方面的发展。真正的进步是平衡的。若无优秀的个体取得的广泛成就，那么社群的高度发展，即高度有序的社会便无法存在。同样，若无情感、智力、意志、社群和个体等全方位的心理发展，对自然的逐步掌控也无法实现。

在历史上，人们最早认识到社群主义原则，但这一原则取得成功，必然离不开一定程度的个人主义，即使这种个人主义十分含蓄。社群主义原则的充分发展离不开个人原则的充分发展，两种进步原则互相补充，无法孤立存在，越是顾此失彼，越难实现进步。文明的停滞正是对上述原则有所偏废、发展失衡的结果。

人格既是进步的原因，也是进步的目标，在社群生活和个人生活中通过主观或者客观的形式表达、实现自我。因此，社会和心理的发展过程归根结底是个人进步的过程。在社会发展与社会科学中，人格这一因素必不可少、至关重要，因为人格决定人类。

个人的进步不仅体现在日益精深的知识上，还体现在细腻而深厚的情感，以及高尚而可靠的意志上。个人发展要想取得进步，须从客观的他律性转变为主观的自律性，即自我调节的道德生活。他须从保守转向开明，在伦理和宗教方面从群体转向个人，须感受到超越社群的规范对社群生活与个人生活日益收紧的约束，并接受最高道德意识的指引，将其纳为宇宙法则。但这意味着，个体须洞察精神的存在，理解永恒法则，并使个人利益、自我与上述法则产生共鸣。唯有如此，个人方能独立自主、自我规范；唯有如此，个人才能成为利他的社群个体并始终如一，才能顺利迎来社群和超越社群的力量对社群和个人生活放宽约束的历史时刻，而这种松弛，正是由日益增多的政治自由，以及有意识地破除原始宗教迷信带来的。

因此，人格进步的过程本质上与伦理相关。如果发达人格普遍实现，便会形成高度有序、不断壮大的心理群体，其群体中成员的分工也会日益专业化。这种社群扩张、组织分化和个体专业化使人们对宇宙的了解愈发深广。这种理解转而变成了对自然的主动把握，于是生活日益轻松、日渐充实。

在此意义上，高度发达、不断进步的文明之基在于符合伦理的自主人格。因此，人格才是进步的标准。单纯以物质安逸，无忧无虑，对自然主宰，物质文明，发达的艺术、文学和音乐，乃至于高雅的文化作为进步的标准，不说完全错误，也是有失公允的。

结　语

　　人格作为一种天性，是人类共有的心理遗产。人格只会从父母传给子女，而且这一传递只取决于亲子关系。人格是一种变化的心理特征，也是一种社会遗产，因而深刻依赖于社会性质与社会发展。

　　日本的社会和心理发展在所有方面都与进化的普遍规律相符。日本人的人格特征和其他心理特征都不是先天遗传的产物，而是社会遗传和社会发展的结果。近来，日本已经与一种新的社会遗传产生接触，正欣然接受其中有关社群和个人生活的新概念和新原则，并努力将这些概念和原则融入自己的社会机体之中。

　　我们深信，这些新事物使日本的社会秩序，以及日本的民族性格和命运，发生了深远而持久的转变。